丝绸之路

Silk Road

The Surviving Treasures from
the Northwest China

大西北遗珍

Edited by Ningxia Museum

宁夏博物馆　编著

图书在版编目（CIP）数据

丝绸之路：大西北遗珍 / 李进增，陈永耘主编．--
北京：文物出版社，2017.10
ISBN 978-7-5010-4794-9

Ⅰ．①丝… Ⅱ．①李… ②陈… Ⅲ．①丝绸之路－历史
文物－西北地区－图录 Ⅳ．①K873.402

中国版本图书馆 CIP 数据核字 (2016) 第 234775 号

丝绸之路 — 大西北遗珍

编 著 者：宁夏博物馆
主　　编：李进增　陈永耘
责任编辑：李　睿
责任印制：梁秋卉
装帧设计：雅昌文化（集团）有限公司
出版发行：文物出版社
地　　址：北京市东直门内北小街 2 号楼
邮　　编：100007
网　　址：www.wenwu.com
邮　　箱：web@wenwu.com
印　　刷：雅昌文化（集团）有限公司
开　　本：635×965 1/16
印　　张：23.75
版　　次：2017 年 10 月第 1 版
印　　次：2017 年 10 月第 1 次印刷
书　　号：ISBN 978-7-5010-4794-9
定　　价：460.00 元

丝绸之路——大西北遗珍

Silk Road--The Surviving Treasures From the Northwest China

主办单位：中华人民共和国文化部　宁夏回族自治区人民政府

指导单位：宁夏回族自治区文化厅

承办单位：中国博物馆协会“丝绸之路”沿线博物馆专业委员会　宁夏回族自治区博物馆

参展单位：陕西历史博物馆　甘肃省博物馆　青海省博物馆　新疆维吾尔自治区博物馆
宁夏固原博物馆　陕西省考古研究院　西安博物院　法门寺博物馆
甘肃省文物考古研究所　甘肃省庆城县博物馆　甘肃省临洮县博物馆
甘肃省天水市博物馆　甘肃省山丹县博物馆　甘肃省武威市博物馆
宁夏文物考古研究所　西夏博物馆　宁夏盐池县博物馆　宁夏海原县文管所
宁夏西吉县博物馆　新疆伊犁哈萨克自治州博物馆　新疆巴音郭楞蒙古自治州博物馆

展览策划统筹：李进增

展览项目负责：陈永耘

展览内容设计：丁延辉　刘艳荣

展览形式设计：王　进　赵　伟

展览制作设计：赵　涛　马伟国

展览文物协调：李海东　张瑞芳

资料提供：陕西历史博物馆　甘肃省博物馆　宁夏博物馆　青海省博物馆　新疆维吾尔自治区博物馆
宁夏固原博物馆　陕西省考古研究院　西安博物院　法门寺博物馆　甘肃省文物考古研究所
甘肃省庆城县博物馆　甘肃省临洮县博物馆　甘肃省天水市博物馆　甘肃省山丹县博物馆
甘肃省武威市博物馆　宁夏文物考古研究所　西夏博物馆　宁夏盐池县博物馆　宁夏海原县文管所
宁夏西吉县博物馆　新疆伊犁哈萨克自治州博物馆　新疆巴音郭楞蒙古自治州博物馆　文物出版社

特别鸣谢：中国国家博物馆　浙江省博物馆

布达佩斯
斯
罗马
雅典
伊斯坦布尔
安卡拉
开塞利
安条克
阿勒颇
巴尔米拉
贝鲁特
大马士革
亚历山大
开罗
佩特拉
黑海
中
海
塔甘罗格
萨莱
巴统
巴库
里
海
阿拉尔克斯
乌尔根齐
西姆肯特
塔什干
布哈拉
撒马尔罕
梅尔夫
巴尔赫
巴米扬
喀布尔
白沙
马什哈德
加兹温
德黑兰
摩苏尔
巴格达
伊斯法罕
亚兹德
克尔曼
巴姆
扎黑丹
坎大哈
巴士拉
伯斯波利斯
霍尔木兹
卡拉奇
麦加
佐法尔
亚丁
阿拉伯海
摩加迪沙
达累斯萨拉姆
印

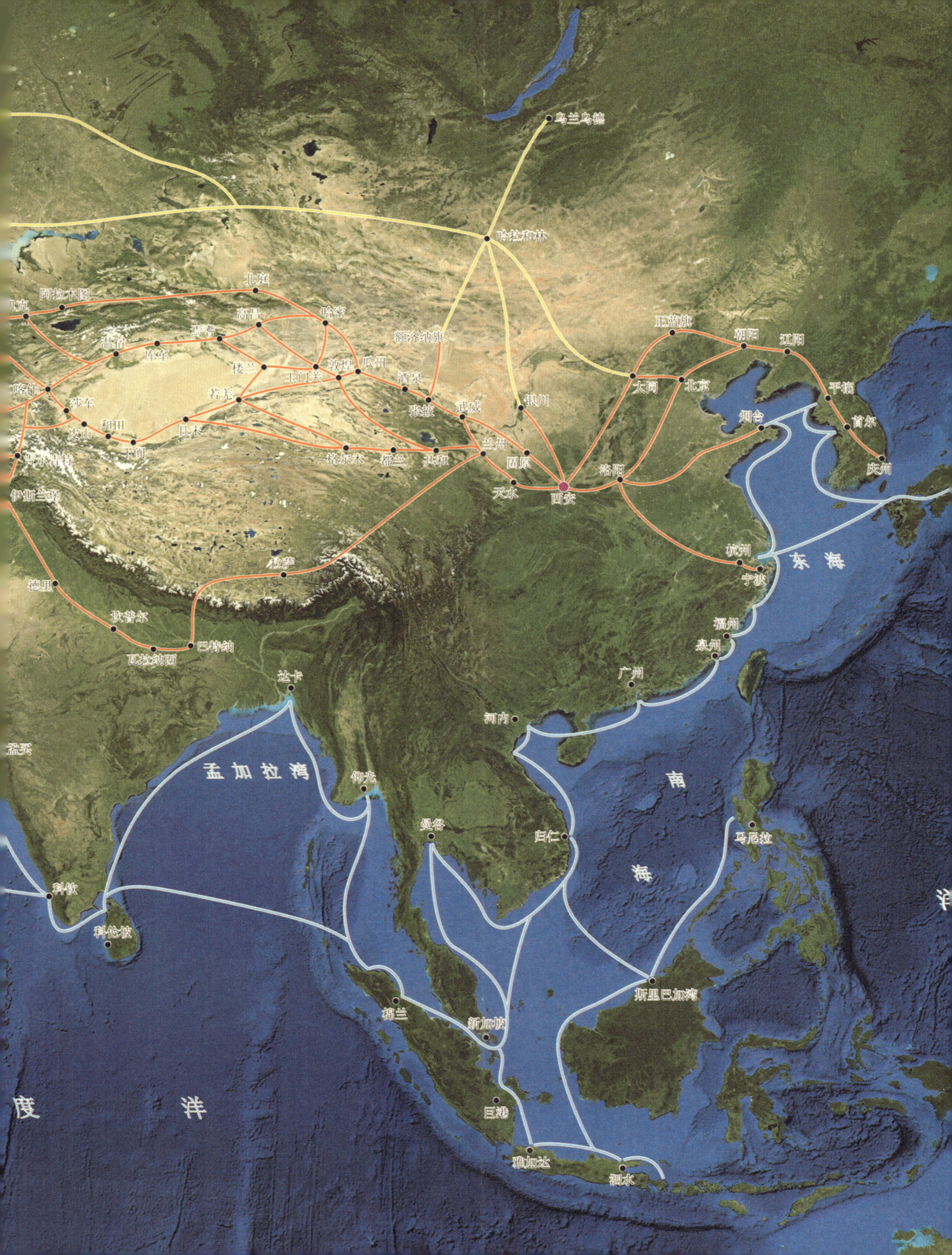
乌兰乌德
哈拉和林
北庭
阿拉木图
高昌
哈密
焉耆
温宿
库车
额济纳旗
楼兰
敦煌
瓜州
玉门关
酒泉
喀什
若羌
莎车
张掖
武威
和田
皮山
且末
于阗
兰州
格尔木
都兰
共和
固原
吉尔吉特
伊斯兰堡
天水
西安
洛阳
银川
大同
北京
正蓝旗
朝阳
辽阳
平壤
首尔
庆州
烟台
杭州
宁波
东海
拉萨
德里
坎普尔
巴特纳
瓦拉纳西
福州
泉州
广州
达卡
河内
孟买
孟加拉湾
仰光
南
海
曼谷
归仁
马尼拉
科钦
科伦坡
斯里巴加湾
棉兰
新加坡
巨港
雅加达
泗水
度
洋

8
新疆
内蒙古
12
宁夏
13
9
青海
甘肃
1
陕西
西藏
四川
重庆
贵州
云南
6
广西
海南

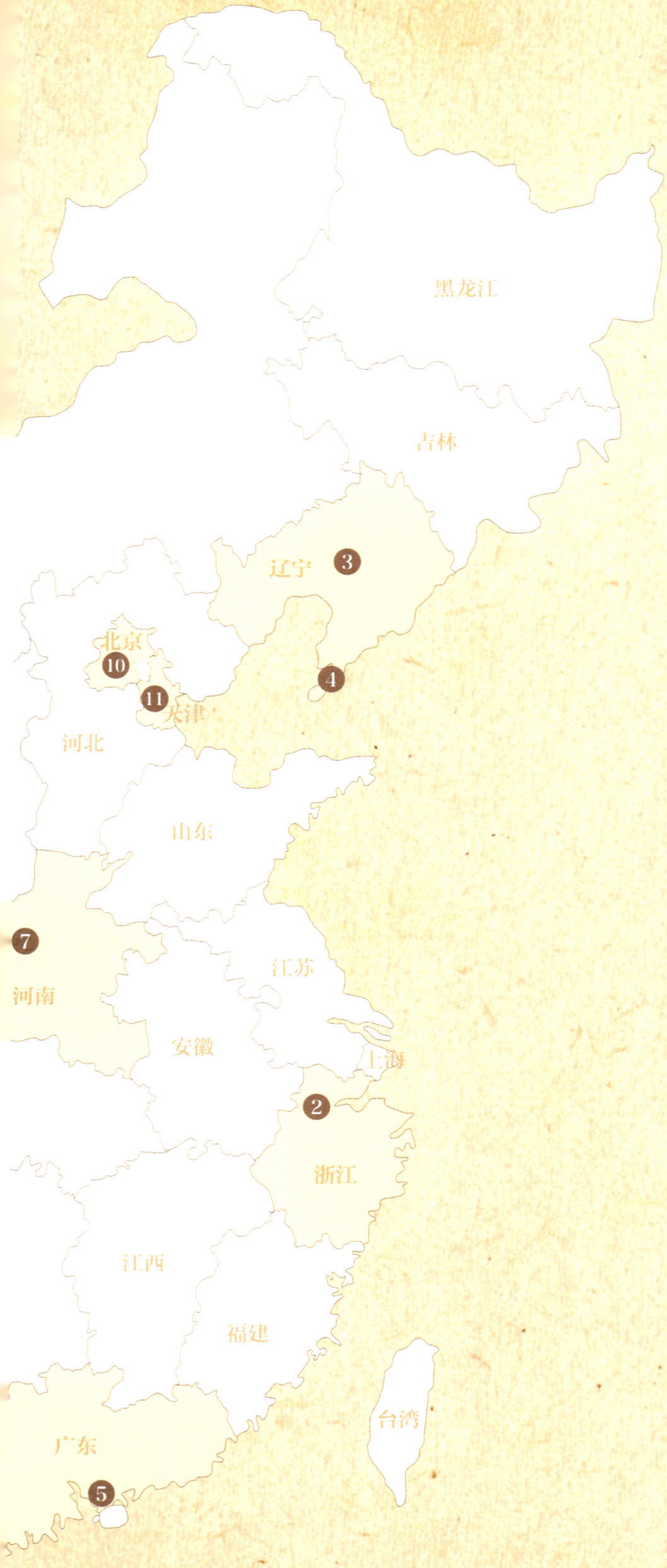

《丝绸之路——大西北遗珍》

巡展一览表

	展出地点		开展时间	展期
1	**第一站**	**西安**		
	陕西历史博物馆		2010 年 8 月 16 日	三个月
2	**第二站**	**杭州**		
	浙江省博物馆		2010 年 12 月 10 日	三个月
3	**第三站**	**沈阳**		
	辽宁省博物馆		2011 年 6 月 14 日	三个月
4	**第四站**	**大连**		
	大连现代博物馆		2011 年 9 月 23 日	三个月
5	**第五站**	**深圳**		
	深圳博物馆		2012 年 3 月 8 日	三个月
6	**第六站**	**南宁**		
	广西壮族自治区博物馆		2012 年 6 月 29 日	三个月
7	**第七站**	**郑州**		
	河南博物院		2012 年 12 月 21 日	三个月
8	**第八站**	**乌鲁木齐**		
	新疆维吾尔自治区博物馆		2014 年 1 月 28 日	三个月
9	**第九站**	**兰州**		
	甘肃省博物馆		2014 年 5 月 18 日	三个月
10	**第十站**	**北京**		
	中国国家博物馆		2014 年 11 月 6 日	两个月
11	**第十一站**	**天津**		
	天津博物馆		2015 年 4 月 10 日	80 天
12	**第十二站**	**银川**		
	宁夏博物馆		2015 年 9 月 6 日	六个月
13	**第十三站**	**西宁**		
	青海省博物馆		2016 年 5 月 1 日	100 天

目录

Contents

前言

Preface

两千多年前，一条始于长安，经河西走廊，穿越天山南北，横跨中亚，直达波斯和罗马的陆上交通古道，成为沟通东西方商贸和文化的重要通路。1877 年，德国地理学家李希霍芬将其命名为“丝绸之路”。

两千多年来，丝绸之路不仅是中国与欧亚非各国之间商业贸易的通道，更是沟通东西方文明的桥梁。正是在丝绸之路的引领推动下，世界开始了解中国，中国开始影响世界。丝绸之路在推动东西方思想交流、文化交融、全球经济一体化、人类文明多样化方面发挥了十分重要的作用。在新的历史时期，随着中国与沿线国家经济文化联系的日益密切，古老的丝绸之路重新焕发出生机与活力，迎来难得的发展机遇。建设“一带一路”，就是我们顺应时代发展潮流的必然选择。

宁夏，曾经是丝绸之路的必经之地和商埠重镇，如今在国家“一带一路”战略中，正在建设开放宁夏、着力打造中阿合作先行区、内陆开放示范区和丝绸之路经济带战略支点。为此，在 2015 年中阿博览会召开之际，宁夏博物馆筹办了 2015 中阿文化艺术展示周——“丝绸之路——大西北遗珍”展览，旨在通过展示西北五省区 18 家文博单位的 201 件（组）珍贵历史文物，多层面、立体化地向观众展示丝绸之路的发展脉络，让广大观众在真切感受丝路文化独特的艺术魅力及其沟通东西文明的历史功绩的同时，对习近平总书记提出的“一带一路”战略构想有更深的感悟和理解。以史为鉴，面向未来，进一步增进宁夏与丝路沿线各国的人文交流与文明互鉴，为开放宁夏建设助力添彩。

宁夏回族自治区文化厅厅长　阮教育

Two thousand years ago,an ancient road that started in Changan,travelled through the Hexi Corridor,the Tianshan Mountains,crossing the Central Asia to Persia and Rome,became an important commercial and cultural trade route linking both the eastern and western ancient civilizations,made famous to the world as "The Silk Road" by German geographer Richthofen in 1877 for it's historical importance in ancient times.

For more than two thousand years,the Silk Road has not only been a commercial trade route between China,Europe,Asia and Africa countries but was also a bridge that linked eastern and western civilizations.driven under the guidance of the silk road,the world began to understand China better and how china's growth positive affect the world development.The Silk Road has always played a very important role in promoting the exchanges of ideas,cultural blends,global economic integration and the diversification of both eastern and western civilizations. Presently in the Silk Road is a new historical period for China and the many countries along the route re-establishing better understanding to include increasingly closer economic and cultural ties.The ancient Silk Road has again re-established it's importance with vigor and vitality ushering in a new era of rare development opportunities for all countries and parties involved. The "Belt and Road" initiative focuses on and follows the developmental trends of modern times the inevitable choice for economic growth development and prosperity of the new millennium.

In ancient times Ningxia province was a necessary part of the Silk Road and an important commercial town for merchant travelling the trade route with new strategies of "Belt and Road" initiative,Ningxia presently is open to developing and enhancing Chinese-Arab business cooperation in area's of inland economic development and the Silk Road strategic pivot. During the 2015 China-Arab fair held in Yinchuan september 10th -13th 2015,Ningxia Museum has organized a 2015 joint Chinese-Arab culture and art week.the exhibition "Silk Road—remaining treasures from northwest of China" plans to show the 201 historic pieces of ancient cultural relics from five northwestern Chinese provinces,collections belonging to 18 provincial museums in China,visitors will truly experience and feel the uniqueness of ancient Silk Road culture and it's historical achievements and effects upon ancient civilization of the past and present for the re-establishment of the "Belt and Road" initiative,proposed under the leadership of general secretary Xi Jinping of the C.PC. and president of China,visitors to Ningxia provincial museum can have a better perspective and clear understanding of the ancient Silk Roads importance in world history to include the new Silk Roads importance in the future events of improving economic and cultural prosperity by further enhancing Ningxia province's mutual beneficial "Win Win" exchanges with all countries involved along "The New Silk Road" economic trade route.

Ruan Jiaoyu,Director General of Department of Culture,Ningxia

致辞

Speech

各位来宾，女士们、先生们：

大家好！

今天，由西北五省区 22 家文博单位联合举办的“丝绸之路——大西北遗珍”展览开幕了，我代表陕西省委省政府对展览的开幕表示热烈的祝贺！向对这次展览提供大力支持的甘肃、宁夏、青海、新疆等省区表示衷心的感谢！

众所周知，丝绸之路始自张骞出使西域，是一条横贯亚洲、连接欧亚大陆的著名古代陆上商贸通道，对亚欧大陆的经济、贸易、文化等产生了巨大的影响。虽然距今已历时两千多年，但由于其历史久远，路途迢迢，文化内涵丰蕴，影响巨大，至今仍被世人所关注。特别是近几年来，中国、哈萨克斯坦、吉尔吉斯斯坦、塔吉克斯坦、乌兹别克斯坦 5 个国家正在积极准备以文化线路的形式将丝绸之路联合申报世界文化遗产。陕西作为丝绸之路的开启之地，省委省政府对丝路申遗工作给予了极大的关注，对丝路申遗有着很高的期许，这次我们联合丝绸之路沿线省份，用历经千年依然光华四射的珍贵实物来还原丝绸之路当时繁荣兴盛的商贸之旅，来反映丝绸之路在东西方文化两千多年的交流中留下的历史文化痕迹，以此让社会大众对丝绸之路有更实质性的了解和认识，对丝路申遗作出有力的援助。

预祝展览成功，谢谢大家！

陕西省副省长　景俊海

丝绸之路犹如地球表面一条绚丽坚韧的纽带，横跨辽阔的欧亚内陆，东西绵延七千余公里，是连接当时世界文明古都长安和罗马的陆上桥梁。在海运兴起之前的漫长岁月里，这条道路穿越高山、大漠、草原、绿洲，使中国与遥远的西方世界之间冲破地域束缚，开始了真正意义上的政治、经济、文化交流，极大地丰富并加速了世界文明的进程。

自先秦起，中国西北部就居留着多种部族，诸戎逐鹿，兴衰离合。公元前二世纪，汉武帝派张骞出使西域，开辟了中国通向中亚，进而抵达地中海沿岸的通道。这条路能将中国的丝绸转运到欧亚，也使欧亚的文明陆续传入中国。大量的中国丝绸经由此路西传，故称丝绸之路。魏晋南北朝时期，频繁的交流和文化的冲击，使东西交通进入了更加丰富与深厚的阶段；尤其西来的佛教，达到空前兴盛，深刻影响了中国传统的思想文化。隋唐盛世，疆域广阔，文化融会贯通，中西往来更加畅通无阻，各国商旅相望于道，丝绸之路臻于最盛期。宋元时期，海上丝路繁荣，陆上交通依旧延续，成为丝绸之路最后的光辉。

丝绸之路在中国境内长达一千七百余公里，自长安经河西走廊，包括原、会北道和青海道，出敦煌、玉门关、阳关通西域。这条沙漠丝绸之路沿线的陕、甘、宁、青、新五省区，留存着大量与中西文化交流相关的遗址和遗物，见证了丝绸之路的开通、延续、兴盛和衰退，吸引了古今中外有识之士探寻的目光和追溯的步履。此次展览，汇集了西北五省区 21 家文博单位的 245 件（组）珍贵文物，其中一级文物多达 144 件（组），再现了昔日丝绸之路的辉煌和今朝依旧的风采。同时，从浙江省博物馆馆藏敦煌文献中，择取 8 件稀见写本入展，共同展示数千年来璀璨耀眼的丝路文明。

浙江省博物馆馆长　陈浩

古老而神秘的“丝绸之路”东西绵延 7000 公里，穿越高山、大漠、草原、绿洲，将亚洲和欧洲连接在一起。作为亚欧大陆的交通大动脉，它不仅仅是东西方贸易交往最重要的通道，更是人类不同地域文明汇聚的桥梁和纽带，历史上，人类众多伟大的发明皆通过这一桥梁向四面八方传播。地处中国西北的陕西、甘肃、宁夏、青海、新疆等省区，是古代丝绸之路的必经之地，留存有大量与中西文化交流相关的遗址和遗物。这些遗存在默默地向世人诉说着曾经的辉煌与伟大，吸引着古今中外有识之士探寻的目光和追溯的步履。

弘扬和传播民族优秀传统文化，是历史赋予博物馆的神圣职责。通过馆际间的展览交流合作，实现文物资源互补、展览资源共享，为全社会提供优质文化产品，已成为国内文博同行的共识。“丝绸之路——大西北遗珍展”是辽博和西北文博界联手为辽沈广大观众奉献的一道文化盛宴。展览汇集了西北五省区 22 家文博单位的 245 件（组）珍贵文物，集科学性与观赏性、时代性与连续性、区域性与整体性、丰富性与简明性于一体，既充分完整又简洁明了地展现了丝绸之路开通、延续和兴盛、衰退过程，又较为全面地反映了丝绸之路的发展脉络和丝路文化，对研究丝绸之路贸易、交通、异域文明、中西文化交流等均有重要的学术价值和文化推广价值。

衷心希望地处东北的辽宁观众在欣赏精美绝伦的丝路文物的同时，能够借此深入了解中华民族的悠久历史和灿烂文化，深刻理解国家间、民族间、地区间相互交流、对话、包容对于人类共同发展的重要性，从中汲取智慧和力量，为加强不同地域和民族间的文化交流，推动人类和平事业的发展做出各自的努力。

预祝展览取得圆满成功！

辽宁省博物馆馆长　马宝杰

在世界文明史上，一条绵延7000余公里、横跨亚欧大陆，并以运送丝绸为主要商品的贸易通道，将东西方两大文明紧密地连接起来，这条贸易通道就是举世闻名的“丝绸之路”。

“丝绸之路”是古代中国通向亚洲中部、西部及非洲、进而连接欧洲及北非海陆交通线路的总称。在东西方海上交通形成之前，陆路交通最主要的就是公元前138年汉武帝派张骞出使西域所开辟的线路。这条线路从长安出发，沿河西走廊出玉门关、敦煌的阳关西行并延伸至古罗马。丝绸之路的凿空和畅通，扩大了东西方两大文明的联系，促进了商品互通有无和文化交流，尤其是佛教东渐与传播，对中国传统文化产生了重要影响。魏晋南北朝时期，连年的战争与纷乱，一度使丝路交通陷入困境。隋唐时期国家统一，丝路往来畅通无阻，各国使臣、僧侣和商人相望于道，商贸活动和文化交流达到了空前的繁荣，盛世下的长安是当时最大的国际大都市。宋元时代，因海上交通兴起而使陆路交通退居其次，随着十五世纪人类大航海时代到来，陆上丝绸之路最终被海上丝绸之路所取代。

丝绸之路古老而神秘，吸引了古今中外众多人的目光和探寻的脚步。由陕西、甘肃、宁夏、青海和新疆五省区22家文博单位首度合作举办的丝路主题大展，以全新的视角诠释了丝绸之路开通、延续、兴盛和衰退的过程。245件（组）展品分别出自丝路沿线百余处历史文化遗迹，其时间跨度从公元前6世纪至公元14世纪。展出的各种精美绚丽的丝织、印染和毛织品，显示出中国古代高超的纺织技术水平；端庄祥和的佛教造像、佛教壁画和敦煌写经，反映了佛教文化在传播中的发展及演变；造型别致的金银玻璃器皿、稀有的宝石、金银币和彩绘胡人俑等，正是东西方交往和文化融合的生动体现；而形神兼备的说唱俑、三彩仕女俑、彩绘舞马俑、打马球俑、三彩骆驼以及线条流畅、典雅富丽的绢画、纸画等，则彰显了盛唐时期社会习俗的万千气象。

置身于琳琅满目的丝路瑰宝之中，仿佛踏上了遥远的古代丝路，听到了大漠深处的驼铃声。人们在领悟丝路文明丰富内涵的同时，不禁会由衷地感叹：伟大的文明，永远的丝路！

大连现代博物馆馆长　刘广堂

首先，热烈祝贺由西北五省区 18 家文博单位精心打造的“丝绸之路——大西北遗珍”特展在深圳隆重举行！

丝绸之路是连接古代欧亚大陆商贸和文明的重要通道，最早于 19 世纪 70 年代由德国地理学家李希霍芬提出并命名，主要是指由长安或洛阳西行，沿河西走廊，横穿新疆，越葱岭，经波斯，再达地中海东岸的陆上商贸通道。

丝绸之路正式开通于西汉张骞“凿空西域”之后，至唐代时达到空前繁盛，正如王维诗中所说：“九天阊阖开宫殿，万国衣冠拜冕旒”。丝绸之路既是运送丝绸、马匹、香料以及珠宝等的贸易商道，更是东西方文化、宗教以及科技等方面交流和传播的桥梁和纽带，东西方文化在此碰撞与融合，创造了绚烂多姿的文明成果，对人类历史发展和进步做出了重要贡献。

深圳博物馆非常荣幸引进这一具有重要意义的大型特展。展览精心遴选春秋至宋元时期各类重要文物 192 件（组），涵盖了青铜器、金银器、漆木器、陶瓷器、丝织品、壁画、佛教造像等诸多类别，较全面地反映了丝绸之路上中西政治、经济、文化等多领域的交流与融合，这是目前最权威、最丰富、最具艺术性的的丝路文明展。

深圳博物馆一贯秉持继承和弘扬中华优秀传统文化的理念，本次展览将有助于了解汉唐鼎盛时期影响深远的国际化的开放文明，感受千年古道的神奇魅力，体会昔日丝路文明的风采和辉煌，增强民族自信心和自豪感。同时，展览也有利于促进深圳公共文化建设，提升城市文化品位。深圳作为现代海上丝路的重要港口，也可从丝路文明和历史中吸收有益经验。希望深圳与西北五省区文博领域继续加强中西文明交流方面展览的合作！

最后，衷心祝愿展览取得圆满成功！

深圳博物馆馆长　叶扬

深圳博物馆

Shenzhen Museum

广西壮族自治区博物馆

Guangxi Zhuang Autonomous Region Museum

1877 年德国地理学家费迪南·冯·李希霍芬在《中国：我的旅行与研究》一书中提出“丝绸之路”一词，或许这只是他个人一时兴致而迸发的词语，但是后来对“丝绸之路”的时空新定义以及在世界范围内的广泛影响，大概是他本人始料未及的。

更早的两千年前，司马迁已在《史记·大宛列传》记载张骞出使西域的事迹。唐代，关于西域的诗篇广为后世传扬。“胡旋女，胡旋女。心应弦，手应鼓。弦鼓一声双袖举，回雪飘飖转蓬舞……”，引发了后人对于西域的无限遐想。

近三十年来，关于丝绸之路的考古发现、探索研究，取得了举世瞩目的成就，于是“丝绸之路”被纳入中外、东西文化交流的学术体系中加以放大和重视。

在此背景下，“丝绸之路——大西北遗珍”特别展览出现在公众的眼前。这是由陕西历史博物馆策划倡导，汇集西北五省区 22 家文博单位精品文物的大型展览。至 2012 年 6 月该展已先后在陕西历史博物馆、浙江省博物馆、辽宁省博物馆、大连现代博物馆、深圳博物馆巡回展出。广西博物馆成为该巡回展的第六站，时间从 2012 年 6 月 29 日至 10 月 10 日。展览共展出 241 件（组）文物，年代从春秋至宋元。这是广西博物馆有史以来同场展出高级别文物数量最多、展线最长的一次引进展览，对展览组织、资金投入、安全保障的高要求也是前所未有的。因为这是来自丝绸之路沿线地区的文物展览在广西的首次展出，社会有很高的期待，观众期待着通过参观展览，来更好地了解丝绸之路，更好地参与到“一带一路”国家战略的各方面建设之中。

这也是一次学习和提高的机会。作为博物馆工作者，通过这个展览的组织实施，我们与参与展览的各馆同行密切配合，他们的前瞻视野、专业水准和职业精神使我们收获良多。

这个展览，作为“丝绸之路”发现与研究的实物展示，为理论探索提供可靠依据，是“丝绸之路”研究与展示的重要一环。在强调文化是软实力、文化是生产力的今天，具有特别的意义。对于丝绸之路的“申遗”工作更是起到了直接的推动作用。

古代中国与外部的交通贸易和文化往来通道，除了经由西北陆地的丝绸之路，还有一条沟通中国与东南亚以至印欧的海上通道，被称为“海上丝绸之路”。《汉书·地理志》记载：“自日南障塞、徐闻、合浦船行可五月，有都元国；又船行可四月，有邑卢没国；又船行可二十余日，有谌离国；步行可十余日，有夫甘都卢国。自夫甘都卢国船行可二月余，有黄支国，民俗略与珠崖相类。其州广大，户口多，多异物，自武帝以来皆献见。有译长，属黄门，与应募者俱入海市明珠、璧流离、奇石异物，赍黄金杂缯而往。所至国皆禀食耦，为蛮夷贾船，转致送之。亦利交易，剽杀人。又苦逢风波溺死，不者数年来还。大珠至围二寸以下……自黄支船行可八月，到皮宗，船行可二月，到日南、象林界云。黄支之南，有已程不国，汉之译使自此还矣。”几十年来在合浦的出土器物中，有不少琉璃、琥珀、玛瑙、水晶制作的各种饰佩品或器皿，这些舶来品证明了合浦作为中国古代“海上丝路”始发港的地位和当时对外贸易的盛况。广西濒临北部湾，面朝南中国海，是连接中国大陆与东南亚的桥头堡，自然成为古代海上丝绸之路的重要组成部分。

2013 年 9 月 7 日，国家主席习近平在访问哈萨克斯坦时，提出了建设“丝绸之路经济带”的战略构想。2013 年 10 月 3 日，习近平主席应邀在印度尼西亚国会发表演讲时指出：“东南亚地区自古以来就是‘海上丝绸之路’的重要枢纽，中国愿同东盟国家加强海上合作，使用好中国政府设立的中国——东盟海上合作基金，发展好海洋合作伙伴关系，共同建设 21 世纪‘海上丝绸之路’”。在 2014 年政府工作报告中，李克强总理提出，抓紧规划建设“海上丝绸之路经济带、21 世纪海上丝绸之路，推进中印缅、中巴经济走廊建设”。“新丝路”的构想，是古代丝绸之路的延续与加强，对于“丝绸之路”的重视，已经提到了国家战略的层面。

我们特意在展览的前言后记中留下伏笔，暗示着不久的将来我们将推出海上丝绸之路的特别展览。

“丝绸之路——大西北遗珍”展览还引发我们的进一步思考，既然北有“陆丝”，南有“海丝”，那么南北两者之间是否有某种通联渠道？近年来，茶马古道研究逐渐受到学界重视。一般认为，作为历史遗存，早在唐代“茶马互市”兴起时，“茶马古道”就已形成，这是一条以马帮为主要交通工具的陆路商贸通道，它沟通中国云贵川藏与印缅及中南半岛以至海外更远区域。这是否可视为中国古代对外经济文化交流的另一条线路？它在北线的“陆丝”和南线的“海丝”的相互关系中扮演何种角色？借助“丝绸之路——大西北遗珍”这个展览，我们亟待深入研究这个新的课题。

广西壮族自治区博物馆馆长　吴伟峰

中原地处华夏腹心之地，是华夏文明的发源地。优越的地理位置和便利的交通条件，使这里四衢通达，水陆汇通，自古以来与周边地区有着十分密切的往来。中原的对外交流历史悠久，尤其是中原与西域之间的物质文化交流相当密切。公元前 138 年，张骞从长安出发，踏上了前往西域的征程。他两次通使西域，开辟了一条千古传颂的中西方交往之路，史称“凿空西域”。此后，豪商贵贾纷至沓来，此路成为中西商贸之路。东汉时期，班超步张骞之后，又两次出使西域，在西域经营 30 年之久，为维护西域的稳定，促进西域与中原汉朝政治、经济、文化的交流，作出了不朽的贡献。公元 166 年，大秦使臣来到洛阳，这是欧洲国家同中国的首次直接交往。

随着丝绸之路向东延伸，中外经济交流繁荣，洛阳成为当时著名的国际大都市。从此，西域各地的使者、商贾来中原者络绎不绝，洛阳城南的“蛮夷邸”和“胡桃宫”就是胡商寓居之地。魏晋南北朝时期，全国基本上处于分裂局面，征战不断。丝绸之路的畅通，加强了中原与西方在政治、经济上的联系。大量西域人涌向中原，尤其是北魏迁都洛阳以后，西域商人到洛阳的人数剧增。北魏时还在这里设立了“四夷馆”。人数众多的胡商积极参与洛阳的商贸活动，推动了洛阳的对外交流。那些被称为“胡商”的粟特人、波斯人、印度人、东罗马人，已成为中西陆上贸易活动的主要中介。他们以洛阳、姑臧为大本营，广泛活动在新疆及内地淮河以北的各个贸易集散中心。

丝绸之路经过几代王朝的开拓，至隋唐时期发展到高峰，它已经成为从中国内地出发，横贯亚洲，连接欧洲和北非，同西方进行政治、经济、文化、艺术、宗教以及科技等交流和传播的漫长交通线。另外，唐代还开辟了与境外交往的水路——“海上丝绸之路”，即从东都洛阳出发向东前往朝鲜、日本。洛阳成为欧亚大陆桥上的国际大都会，丝绸之路上的一颗璀璨的明珠。

到了宋代，东京开封成为全国的政治、经济、文化中心，中原与周边地区依然保持着密切的往来。由于西夏阻隔了西北的丝绸之路，加上经济中心的南移，从宋朝开始，东南沿海的港口成为新的贸易中心。中原的对外交往除利用汴河、江南运河、浙东运河沟通沿海港口与日本、高丽交往，继续开通南下广州与南海诸国及阿拉伯国家的交往外，还有走广济河入济水东去登州与高丽交往的“京东路”和由汴水进入黄河，转行渭水登岸后，由陆路转走通往西方的“丝绸之路”。

两千多年过去了，丝绸之路对人类文明的奉献以及对历史进程的推进依然令世人惊叹和赞赏。为满足广大博物馆观众的愿望，并配合丝绸之路“申遗”，河南博物院与丝绸之路沿线的河南、陕西、甘肃、宁夏、青海、新疆六省区 25 家文博单位联合精选自春秋至宋元各类相关文物 270 余件（组），举办大型特展“丝路遗珍——丝绸之路沿线六省区文物精品展”，再现了昔日丝绸之路的辉煌和今朝依旧的风采。作为反映丝绸之路历史文化的载体，它们无不凝聚着中西方人民的心血，记录着丝绸之路发展的历程。这些风格独特、神奇瑰丽的艺术珍品，为我们了解中华民族融合的悠久历史提供了宝贵的资料。希望本展览在给大家带来精品文物欣赏愉悦的同时，能引导大家重温华夏文明兴盛、发展过程中，丝绸之路所带来的文明融合的贡献，并对今天民族的复兴有所启发。

衷心预祝展览圆满成功！

河南博物院院长　张文军

新疆维吾尔自治区博物馆

Xinjiang Uygur Autonomous Region Museum

新疆古称西域，地处祖国西北边陲、亚欧大陆腹地，总面积 166 万平方公里，周边与 8 个国家接壤。境内著名的昆仑山脉和阿尔泰山脉雄踞南北，成为天然屏障。天山山脉横亘中央，北有准噶尔盆地，南有塔里木盆地，形成了“三山夹两盆”的自然地貌。天山以北广袤的草原哺育了英武骁勇的游牧部落，天山以南塔克拉玛干沙漠边缘的条条河流孕育了独具特色的绿洲文明。这里曾作为古代丝绸之路的重要枢纽，南、北、中三条丝路古道蜿蜒曲折穿境而过，世界“四大文明”在这里交相呼应，自古就形成了多民族聚居、多种宗教并存、文化一体多元的历史格局。

由于独特的自然地理环境，丰富多彩的历史文化遗存在新疆得以完好保存，其种类之丰富、年代之久远、价值之珍贵为世人所瞩目。新疆博物馆馆藏数量可观的纺织品、纸质文书、彩绘泥塑、古代干尸等极具特色的历史文物，不仅充分反映了东西方文明在新疆交流融汇的历史轨迹，更见证了各民族人民共同缔造中华文明的历史进程，是不可替代的具有极高科研、观赏与社会教育价值的实物资料。

为响应国家“一带一路”建设发展战略，并为“一带一路”战略建设提供独有的文化支撑和历史记忆的依托，传承和弘扬丝绸之路优秀的传统文化，我们立足文物实体，“让历史说话，让文物发声”，精心挑选新疆古代丝绸之路沿线的精品文物与陕西、甘肃、青海、宁夏等博物馆联合举办了“丝绸之路——大西北遗珍展”，展出的文物涵盖春秋战国至元代的青铜器、纺织品、泥塑、金器、木简、纸质文书、瓷器等多个文物种类。展览生动再现了活跃在古代丝绸之路大舞台上不同语言和服饰、不同宗教信仰的各民族文化、宗教、艺术、风俗等人文景观，充分展现了东西方文明在古代西域的碰撞、交融、吸纳、传播与发展。

千百年来，丝绸之路作为中西交通的大动脉，承载着中国与世界的交往、对话，彰显了华夏民族开放豁达的文化品格、不朽的文明成果。无论是新疆伊犁昭苏波马古墓出土的金器，亦或是青海都兰热水出土的丝绸、甘肃省庆城出土的胡人俑，还是陕西历史博物馆的陀罗尼经咒，无不向世人诉说着我们共同的文化根脉和共同的民族情感。今天，“丝绸之路”一词早已超越其历史含义，成为一种精神和象征，为当今世界的和平与发展提供了价值典范。

期待本展览为广大朋友带去赏心悦目的“历史与艺术”体验，让我们携手沿着古代丝绸之路，亲身感受古老丝路的文化魅力，共享一场文化盛宴。

新疆维吾尔自治区博物馆馆长　侯世新

大型的公益性精品展“丝绸之路——大西北遗珍”自2010年8月16日首展至今，历时5年，先后在12个省市巡展。展览由丝绸之路专业委员会牵头，西北五省区22个文博机构跨地域协作，集各馆之精藏，打破了行政区域划分上的限制，整合资源，互通有无，通过汇集各省区具有代表性的“丝路”文物或遗存，多角度地展示“丝绸之路”的动态过程。这种全新的办展模式，在国内尚属首开先河，无疑是一大创举。这种系统、全面展示丝绸之路沿线历史文化遗存的联合展览更是难得一见的文物盛宴！

巡展期间，展览受到国家文物局的高度关注，在北京APEC会议召开期间，由文化部、国家文物局与陕西、甘肃、宁夏、青海、新疆、河南等六省区共同主办，以“丝绸之路——大西北遗珍”展为基础，中国国家博物馆特别筹划“丝绸之路”文物大展。通过精选的400余件（组）珍贵历史文物，多层面的向世人展示丝绸之路的历史过往与灿烂成就，以史为鉴，传达不同种族、不同信仰、不同文化背景的国家平等、对话、包容、交流与互惠，共享和平，共同发展的理念。

如今，“丝绸之路——大西北遗珍”省际联展已然成为目前中国最具影响力的高品质品牌展览。这一全新陈展模式所取得的巨大成功毋庸置疑。它所开辟的这种围绕着共同主题，在对馆藏文物和地域文化进行充分研究的基础上，整合博物馆共有资源的新展览模式，促进了馆际人员、资金、学术、信息等方面的交流，从此建立了多向互动的良性发展模式，既延续、拓展了各馆藏品的历史价值，也激活了以展览为媒介的各地文化之间的交流发展，从而带动了整个区域文化、经济的交流和联合发展。这对于今后博物馆筹办展览提供了一个非常好的经验和借鉴。

丝绸之路把中国与世界紧密联系在一起。中国以恢弘的气度和包容的胸襟与世界通好，互通有无，成就了世界东方巨人的地位。今天，丝绸之路早已超越其作为交通干线的定义，成为不同民族、不同文化相互交流与合作的精神象征，为当今世界和平与发展提供了价值典范。这也是“丝绸之路”沿线博物馆专业委员会存在的意义之所在。自成立以来，专委会一直着力于打造跨地域合作大型公益性“寻路中国——丝绸之路”主题系列精品展览，之前摸索出的馆际跨省区合作，打造区域文化精品的模式日渐成熟，先后牵头筹办的大型公益性精品展览“丝绸之路——大西北遗珍”展、“丝路帆远——海上丝绸之路文物精品七省联展”、“相映成辉——草原丝绸之路精华展”、“茶马古道——西部八省区联展”，均取得了巨大的社会效应。目前，我们正在筹办“唐蕃古道文物精品展”，我们希望通过密切合作、积极努力打造出一个能深度阐述中国多民族长期和睦共荣的历史和现实意义的全景式大型展览，力争推出又一个文化精品。

“丝绸之路”中国段必将通过博物馆之间的交流与合作，以最完整的形态展现在世人面前。这将不仅是中国文博界为之自豪的，在世界文博史上也是浓墨重彩的一笔。

甘肃省博物馆馆长 俄军

由国家文物局策划、文化部等单位联合主办、中国国家博物馆承办的“丝绸之路”大型文物展览，是中国国家博物馆迄今为止举办的综合反映丝绸之路悠久历史和伟大意义的最重要的一个展览。

根据考古与文献研究成果，东西方之间的文化交流至少可追溯至公元前1千年左右。公元前5世纪，中国的丝绸等已经远传到希腊等地中海沿岸国家。哈萨克斯坦巴泽雷克冢墓出土的战国花卉凤鸟纹织锦及山字纹铜镜证明了欧亚黄金草原与中国的早期文化交流。但这些交流尚属于邻近地区之间的自然传布。公元前2世纪晚期，随着张骞凿空西域、丝绸之路的开通，这种情况得到改变，东西方之间的文化互动转变成在中原王朝经营下的自觉交流。

丝绸之路以长安或洛阳为起点，经河西走廊、新疆进入中亚、西亚地区，直达欧洲腹地，是当时世界上东西方之间最重要的贸易和文化交流通道。汉朝以降，各王朝都重视经营西域，确保了丝绸之路的畅通，丝路贸易和文化交流进一步发展和扩大，丝绸之路的内涵不断拓展，涵盖绿洲、草原和海上三大干线，形成了复杂的网状道路交通系统，并在唐代达到鼎盛。这一系统将当时的中国、印度、波斯、希腊、罗马、埃及等文明古国连接起来，成为世界各古代文明互相汲取文化营养的主动脉。各国使团、商旅、僧众、艺人、普通民众等往来于丝路沿线，有力地促进了各国之间的政治、经济和文化交流。

“文明因交流而多彩，文明因互相借鉴而丰富”。两千余年来，丝绸之路宛若一架金桥，把中国与世界紧紧联系在一起。中国以恢弘的气度和包容的胸襟与世界通好，互通有无，相互学习，共同发展，不断为古老而深邃的中华文明注入新鲜血液，成就了世界东方巨人的地位。在这过程中，西方的植物、香料、珍奇珠宝、玻璃、金银器和一些珍禽异兽等陆续输入中国，而科学技术和佛教、伊斯兰教等宗教的传入，不仅拓宽了中国人的视野，也深刻影响了中国人的思维和生活。与此同时，中国的丝绸、铜镜、茶叶、瓷器、作物、药材、铁器以及四大发明等也经由丝绸之路传入西方，为世界文明灿烂辉煌的画卷绘上了浓墨重彩的篇章。现代实验科学的始祖——英国的弗兰西斯·培根曾赞颂中国的火药、指南针和印刷术“改变了整个世界的面貌和实物的状况”。

今天，丝绸之路早已超越其作为交通干线的定义，成为不同民族、不同文化相互交流与合作的精神象征，为当今世界的和平与发展提供了价值典范。“丝绸之路经济带”和21世纪海上丝绸之路——“一带一路”的提出和“丝绸之路：长安——天山廊道路网的文化遗产”的成功申遗，正是丝绸之路精神和价值在今天的重要体现，也是“丝绸之路”这个展览举办的特殊意义所在。

中国国家博物馆是向世界展示中华文化的重要窗口，肩负着展示和传承中华民族悠久历史和灿烂文明的伟大使命。在文化部、国家文物局的领导下，在各兄弟博物馆的大力支持下，本展览汇集了精选的400余件丝绸之路的历史过往与灿烂成就的见证物，传达了以史为鉴，不同种族、不同信仰、不同文化背景的国家之间开展平等对话、包容、交流与互惠，共享和平，共同发展的理念。

展览图录的编撰以展览内容的设计为基础，凝聚了各参展单位、文物出版社以及国家博物馆设计、编写人员的智慧和辛劳，在此谨向他们表示衷心的感谢！

中国国家博物馆馆长　吕章申

2000多年前，亚欧大陆上的人民克服重重困难，开启了一条探寻未知世界的探索之路。东西方贸易和人文交流广泛开展、日趋频繁，在这条通路之上逐渐架起一座沟通古代中西文明的桥梁。1877年，德国地理学家、东方学家李希霍芬为这条通路赋予了一个充满诗意的名称——丝绸之路。

千百年来，丝绸之路从长安出发，远抵地中海东岸的罗马，伴随以丝绸为代表的物质文化交流，东西方之间的政治、经济、文化、科技、宗教交流也达到空前规模。驼背上满载的珍宝、香料、特产仿佛在为人类不同文明输送着血液和养分。虽然历经沧桑巨变，但丝路前行的脚步尚未停息。"和平合作、开放包容、互学互鉴、互利共赢"的丝路精神薪火相传，不仅推动了人类文明进步，是古代中西经济文化交流的象征；而且是促进沿线地区繁荣发展的重要纽带，不同地域风格的物质文化层出不穷，并不断交融与碰撞，成为世界各国共有的历史文化遗产。

2013年9月和10月，国家主席习近平在出访中亚和东南亚地区期间，先后提出了共建"丝绸之路经济带"和"21世纪海上丝绸之路"——简称"一带一路"的重大倡议。这一跨越时空的宏伟构想，从历史深处走来，融通古今，连接中外，将中国梦与世界梦更加紧密地联系在一起。2014年6月，在卡塔尔多哈进行的第38届世界遗产大会上，中国、哈萨克斯坦、吉尔吉斯坦三国联合申报的"丝绸之路：长安——天山廊道的路网"成功申报世界文化遗产。可见，"一带一路"的提出与丝路成功申遗赋予了古老丝绸之路以崭新的时代内涵，丝绸之路也面临着复兴的新机遇。

2015年，为了促进丝路文化和精神在天津地区的传播，让公众能够系统全面地了解"丝绸之路"所带来的中西文化交流与融合，切实感受"一带一路"战略构想的现实意义，由天津市文化广播影视局主办，天津博物馆承办，中国博物馆协会"丝绸之路"沿线博物馆专业委员会协办的"丝绸之路文物精品大展"，汇集西北五省（自治区）十八家文博单位以及天津博物馆的206件（组）珍贵文物，呈现在观众面前。其中国家一级文物数量众多，精品荟萃。天津博物馆特别从馆藏文物中遴选出具有丝路特色的敦煌写经等珍贵文物丰富到展览之中，与兄弟单位共同展示璀璨耀眼的丝路文明。

希望此次"丝绸之路文物精品大展"成为承载丝路精神的文明载体，弘扬丝路精神，促进文明互鉴。在以和平、发展、合作、共赢为主题的新时代中，与广大观众一同欣赏这条古老而又充满魅力的交流互通之路。

天津博物馆馆长　陈卓

人类文明自产生之日起，就在纵向和横向两个不同维度上发展，它们不是彼此割裂、孤立进行，而是彼此联系、相互促进。“所谓纵向发展，是指人类物质生产史上不同生产方式的演变和由此引起的不同社会形态的更迭。所谓横向发展，是指生活在各地区的人类活动，由相互闭塞到逐步联系，由彼此分散到联系密切，最终走向整体、统一的历史进程。”丝绸之路正是文明在纵与横两个维度上，不断交替向前发展的最真切的历史记忆。

丝绸之路形成的先决条件，在于亚欧大陆连接为一体。其境内虽有高山、内海、河流等天然屏障，但从未形成真正意义上的完全隔绝。因此，在航海时代到来以前，这样一条交通网道的存在，对于文明的沟通至关重要，可以说，丝绸之路是东西方的大陆桥。至少在 15 世纪新航路开辟之前，世界上也只有亚欧大陆上，才存在各民族、各文明之间的巨大的、持续的相互影响。

这种东西方之间的相互交流，从人类产生伊始就已经存在。只是早期交流相对简单，主要表现为人种的迁徙。人类进入了历史时期以后，相互间的交流则更加广泛。亚欧大陆是世界历史的中心地带，在这里曾诞生过两河文明、印度河文明、爱琴文明、黄河文明等，马其顿帝国、罗马帝国、波斯帝国、贵霜帝国、汉唐帝国等先后在各自的中心区域崛起。丝绸之路架起了一座沟通古代中西方文化的桥梁，物质文化和非物质文化在这里不断碰撞与交融，它是世界逐步从封闭隔绝走向紧密联系的重要纽带。19 世纪，德国地理学家李希霍芬将这条通路命名为丝绸之路。自此，这个充满诗意的名字便响彻人类历史。丝绸作为过往贸易的大宗，成为东西方交流的象征。另外，需要注意的是，丝绸仅仅是一个代表性符号，比宝石、香料、作物等单纯贸易更深刻、更持久的是宗教、思想、技术等的交流与传播，如四大发明西传和佛教、伊斯兰教东渐对于人类历史的贡献要更广泛而宏大。

2015 年，正值中阿博览会召开暨丝路入遗一周年，宁夏博物馆承办“丝绸之路——大西北遗珍”展览，通过西北五省区 18 家文博单位的 201 件（组）精粹文物，全方位、立体化地向广大观众集中展示丝路文化独特的历史韵味。这标志着“一带一路”成为国家战略之际，博物馆人将为之做出无法替代的贡献，这是我们的责任，也是我们的荣誉，我们应当让丝路焕发更加夺目的光彩。

宁夏博物馆馆长　李进增

冬去春来，一转眼“丝绸之路——大西北遗珍”文物精品展已走过了五个春秋。至今仍记得2009年12月，西北五省区六馆馆长齐聚甘肃兰州，共商办展事宜，在达成一致共识、签署联合办展协议结束时手拉手共同合影的那难忘一幕。2010年8月，“丝绸之路——大西北遗珍”文物精品展经过精心筹备，率先在陕西历史博物馆拉开帷幕，从那一刻起，五年来，该展览携22家文博单位，共计245件（套）珍贵文物，由西向东，由南到北，先后步入了十多个省级博物馆的殿堂，展览所到之处无不引起当地观众的参观热潮，各地媒体从不同角度对该展览予以广泛而充分的报道；五年来，借此展览，在全国文博界刮起了一股强劲的“西北风”，充分利用区域外的文化资源，拓宽展览创新视野，实现强强联手、共同打造具有自身特色的展览品牌已逐渐成为业内的一种共识；五年来，围绕“丝绸之路”这一文化品牌，继“丝绸之路——大西北遗珍”之后，又相继推出了“丝路帆远——海上丝绸之路文物精品七省联展”、“草原丝绸之路展”、“茶马古道——八省区文物特别展览”，这一个个展览成果的纷纷亮相，无不得益于中国博物馆协会丝绸之路专委会精心的策划和善做善成的胆识与追求；五年来，各成员单位积极参与，集思广益，友好协商，本着合作共赢的原则，勠力同心、甘于奉献、服务大局，充分体现了一种团队精神和良好的职业道德风范。

当今社会越来越强调资源共享、合作共赢，而博物馆作为拥有独特文化艺术资源的公共机构，在这方面有着得天独厚的天然优势，“丝绸之路——大西北遗珍”文物精品展，无疑是各博物馆充分运用自身的资源优势，着力发挥博物馆的文化表现力和引领力，在提升博物馆行业整体的社会影响力和文化辐射力方面所进行的一次积极而有益的探索。

习近平总书记在首都博物馆参观时指出，要“让文物说话”，激发我们的民族自豪感和自信心，坚定全体人民振兴中华、实现中国梦的信心和决心。“让文物说话，让文物活起来”不仅有可为，还要有所为，更应当大有作为，这就要求我们应当进一步增强工作的紧迫感和使命感，立足“一带一路”等国家宏观战略构想，通过深化馆藏文物研究、凝练跨领域、跨地域课题、筹组主旨性展览，使文物不仅要活起来，还要成为中华文化的承载者和传播者，将博物馆提升为凝聚中国力量、共筑“中国梦”的重要载体和平台，赋予博物馆新的历史使命和时代担当。

“丝绸之路——大西北遗珍”文物精品展经过五年的不间断巡展，即将谢幕画上圆满的句号。五年来，青海省博物馆为能有机会与各兄弟馆、各位同仁共同合作，携手一路走到今天而感到无比的高兴。衷心希望今后能继续加强合作与交流，共同面向未来。勇挑时代所赋予的责任和使命，顺应时代发展要求，不断打造时代精品，让博物馆更好地服务于社会，为弘扬中华优秀传统文化谱写出更绚烂的诗篇。

青海省博物馆馆长　***祝君***

文物

Cultural Relics

第一部分

诸戎逐鹿　丝路萌芽

——春秋战国时期（公元前770—前221年）

春秋战国时期，活动在西北地区的秦人、戎人、匈奴和月支等民族承担着与更远西方交通贸易交流的中介，为后世丝绸之路的贯通奠定了基础。

垂鳞纹秦公铜鼎

春秋（公元前 770 ~ 前 476 年）

高 37.5 厘米，口径 38 厘米，耳径 31.5 厘米

甘肃省礼县大堡子山出土

甘肃省博物馆藏

折沿，方唇，双立耳。敛口，垂腹，平底，三条粗兽蹄足。口沿下饰一周窃曲纹，腹部饰三周垂鳞纹，颈部与腹部之间以两道弦纹相隔。耳外廓饰重环纹一周。礼县大堡子山西垂陵区墓主人有秦庄公、襄公、文公诸说。

秦公铜簋

春秋（公元前 770 ~ 前 476 年）

高 19.2 厘米，口径 17.6 厘米，通宽 31 厘米

甘肃省礼县圆顶山出土

甘肃省博物馆藏

失盖。子母口，口部微敛，扁鼓腹，圈足外撇，下附三个矮小兽蹄足，双兽侧耳，并有珥。口沿下饰一周窃曲纹，腹部为瓦纹，圈足装饰回形纹。整体来说，器物纹饰较为粗犷。器腹内壁錾刻双行六字“秦公作铸用簋”。

铜鍑

春秋（公元前 770 ~ 前 476 年）
高 21.8 厘米，口径 18.8 厘米
甘肃省礼县采集
甘肃省博物馆藏

口微敞，宽折沿，深腹，圜底，喇叭形高圈足，口沿饰索形双直立耳。外腹范铸窃曲纹、凸弦纹和垂鳞纹。圈足上有三个穿孔，铸造较粗。此类器物除用作烹饪炊具外，兼作盛食器。

铜鍑最早出现在中国北方草原，公元前 8-7 世纪伴随欧亚草原民族的迁徙，向西迅速传播，一般认为这次民族迁徙运动的导火索是秦国征伐西戎。考古发掘表明，早期铜鍑主要集中在新疆以西至北高加索及黑海北岸的草原地带，以及南西伯利亚和外贝加尔湖地区，说明正是这些草原民族开始了最早的东西方物质文化方面的交流。

翼兽形铜提梁盉

春秋（公元前 770 ~ 前 476 年）

通高 30.2 厘米，长 20.8 厘米，宽 22.5 厘米

1962 年甘肃省泾川县出土

甘肃省博物馆藏

盉体被设计为一只四足怪兽。兽首微昂，张嘴为流，略翘的短尾为鋬。器腹深圆，粗短而趾爪向前的四腿，即为盉的四足。提梁呈龙形，盖中心亦饰一小翼兽为钮，盖与器身用一小环连接。器腹两侧各浮雕一飞龙，龙体遍饰鳞纹，作回首状，并各有五组扬起的羽翼。两只飞龙恰好构成兽的双翼。

《说文解字》记载："盉，调味也。古器有名盉者，因其可以盉羹而名之盉也。"中国古代贵族在祭祀或宴饮中，讲究按一定比例加水于酒中，用以温或调和酒水的浓淡，所用容器即为盉。

全器从造型到纹饰，涉及兽、鸟、龙三种元素，搭配和谐，浑然天成，其美学构思可谓匠心独具。该铜盉以西亚传说中的有翼神兽为造型，辅以龙、鸟等中国传统纹饰，完美体现了中西文化之间的交流与融合，是丝绸之路开通之前东西方交流的重要物证。

鳞羽形金饰片

春秋（公元前 770 ~ 前 476 年）

纵 12.1 厘米，横 7.65 厘米

甘肃省礼县大堡子山出土

甘肃省博物馆藏

器略呈长方形，一边微弧，中心有三角状凸起，另一边左右各有两个钉孔。片内錾刻纹饰，外层饰两周不封闭口唇纹，内饰两组重环式口唇纹。该金饰片为秦公大墓棺椁外饰物，以小钉固定外表，似作羽鳞状排列。

虎形金饰片

战国（公元前 475 ~ 前 221 年）
长 8 厘米，宽 6 厘米
2006 年甘肃省张家川回族自治县马家塬 M3 出土
甘肃省博物馆藏

两件金饰片均以薄金片捶揲成虎形，大小相同。虎尖耳上翘，大嘴张开，鬃毛卷曲上翘，尾前卷于背部与鬃毛相连，四足着地做行走状。虎身表面依身形压印数道曲线纹。该饰片是马家塬墓地 M3 后室出土车辆车厢侧板上的装饰物。

M3 是该墓地带有 9 级阶梯式墓道的双洞室墓，共随葬车辆 5 辆，其中前室随葬 4 辆。后室随葬的车乘以错金银铁为车厢骨干，厢体侧板以金、银饰片、包金铜泡、铜、锡等制作的动物对其进行装饰，出土时仅残存西边车厢侧板和车轮的部分装饰。车厢侧板两侧各有 2 只虎形金饰，中间夹着青铜铸造的大角羊，侧板中间部分以错金银铁条分割成方块，方块中心以卷云纹银花饰进行装饰。可辨的同样的方块共有 5 组，在方块的十字交叉点上装饰有包金铜泡，车厢侧板边缘部分贴饰汉紫和汉蓝陶珠。整辆车非常豪华，充分体现了墓主人的身份和社会地位。

凤鸟形金饰片

战国（公元前 475 ~ 前 221 年）
长 6.5 厘米，宽 5.2 厘米
征集
甘肃省博物馆藏

该金饰片均以薄金片捶揲出鸟形，大小相近。鸟勾喙，长尾上扬，双足巨大，一前一后抵于胸前腹下。颈、胸、腹以凸起的三组圆点纹装饰。腹、足部有四个小钉孔。据此推测，该饰片应是钉在其他器物上的装饰物品。

神兽形金饰片

战国（公元前 475 ~ 前 221 年）
长 11.2 厘米，宽 6.1 厘米
征集
甘肃省博物馆藏

以薄金片捶揲而成。神兽作站立状，头部微低，大嘴张开，背部隆起，尾巴上翘。腹部中空，内圈一侧为一勾喙鸟首形象。背、尾部共六个钉孔，应为钉在器物上的装饰物品。

对鸟纹金饰片

战国（公元前 475 ~ 前 221 年）

长 5.3 厘米，宽 3.6 厘米

征集

甘肃省博物馆藏

薄金片捶揲而成，呈长方形。同组的三件饰片形制、大小均相同。饰片正中为两只上下相向的凤鸟首，两鸟的巨喙间为一圆球。四周波浪纹似鸟羽。饰片四角有钉孔，应为其他器物上的装饰品。

怪兽纹金牌饰

战国（公元前 475 ~ 前 221 年）

长 6.2 厘米，宽 4.7 厘米

1996 年宁夏固原市中河乡征集

宁夏固原博物馆藏

为腰带组件，模铸成型，背面有一固定用钮。神兽身子为大型猫科动物，头部似狼，上唇朝上翻卷，露出利齿，鬃毛由头部延伸至背部，长尾下垂，上有凹陷窝，原来应镶嵌有装饰物。神兽面颊、颈部、肩部、臀部等装饰螺旋纹，是战国晚期中国北方草原地区常见的装饰纹样。

神兽纹金腰饰牌

战国（公元前 475 ~ 前 221 年）
长 6.9 厘米，宽 4.5 厘米，重 94.2 克
1980 年宁夏固原市三营乡出土
宁夏固原博物馆藏

为腰带的带头，模铸成型。长方形，绳索纹边框内浅浮雕一神兽。神兽勾喙蹄足，头生枝杈状大角，大角末端装饰有带耳的勾喙鸟首，尾端分成两杈，末端装饰有带耳的勾喙鸟首，神兽后肢朝上翻转，肩部、臀部等装饰螺旋纹。

类似纹饰和造型的长方形腰饰牌模具在陕西省西安市北郊乐百氏工地秦墓 M34 有出土；内蒙古伊克昭盟准格尔旗西沟畔 M2 出土一对装饰虎和野猪搏斗纹样的长方形金腰饰牌，腰饰牌背面刻有秦篆文字，年代被推断为战国晚期至秦。研究表明，这类带绳索纹边框、框内装饰动物咬斗纹样，背面有固定用钮的长方形腰饰牌并不是草原文化特色的物品，金腰饰牌铸造成型，与草原上流行的捶揲成型工艺不同，应当是秦国工匠为代表的中原工匠吸收借鉴草原文化因素的新创作。这类长方形腰饰牌出现于战国晚期，当时主要流行于中国北方地区，佩戴者多是草原部族的首领，应是秦国为代表的中原国家为其统治下的草原上层人士颁发的身份标识物，而不是作为与北方草原部族进行贸易的商品。因此，战国晚期的中国北方出土的黄金长方形腰饰牌应是秦国为代表的中原国家官府作坊的作品。这类长方形腰饰牌历经秦朝，盛行于西汉早期，在西汉王朝的版图内有较多的出土，成为饰贝腰带的重要组成部分。

虎噬鹿金扣饰

战国（公元前475～前221年）
直径3.1厘米，高1.2厘米，重26.5克
1981年宁夏固原市头营乡坪乐村出土
宁夏固原博物馆藏

扣饰整体呈半圆球形，铸造成型，背面有一横钮。正面浮雕出两虎两鹿，构成两组相同的虎噬鹿图案。两虎分别咬住两鹿的颈部，两鹿双眼圆睁，后肢朝上翻转，相互交缠，生动而艺术地再现了自然界动物咬斗的场景。后肢翻转的动物纹样是欧亚草原的特色纹样，约于战国中期自西向东传入中国北方地区，成为当地流行的动物纹样。

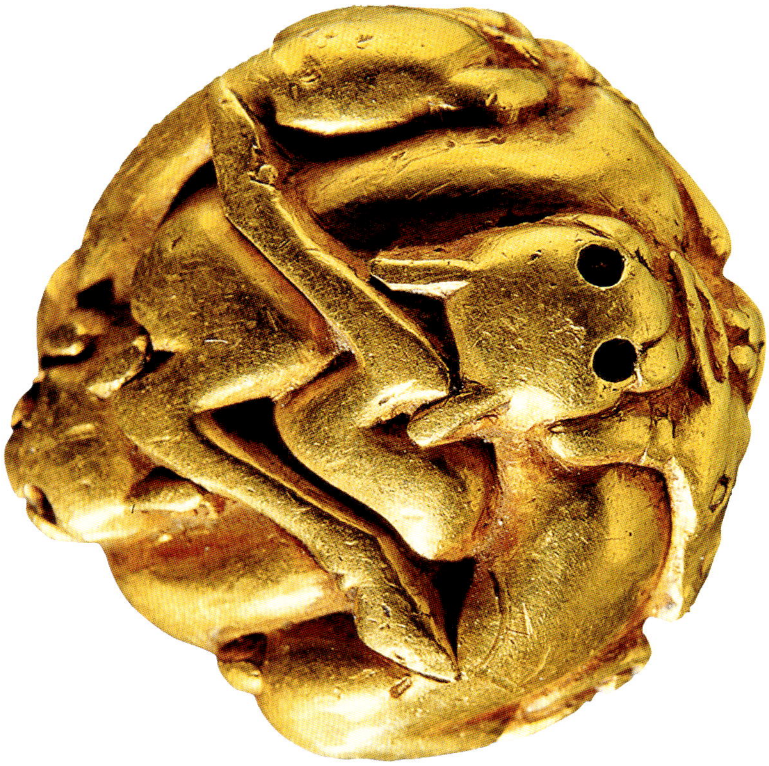

蟠龙纹金饰

春秋（公元前 770 ~ 前 476 年）

长 7.1 厘米，宽 6.1 厘米，高 2.6 厘米

征集

陕西历史博物馆藏

模铸成型。主体图案为龙蛇争斗，由上下两层组成，下部为八条龙相互卷曲盘绕的身体，上部中央为两个龙头一首一尾地咬住一条大蛇的脖颈与身体部分。春秋时期，由于青铜器及青铜文化在社会生活中居于主导地位，金银工艺不可避免地成为青铜工艺的附庸。受到青铜工艺的左右，这一时期以装饰品为主的金银器制作不但多为浑铸而成，而且装饰纹样也大多采用青铜器上的流行纹样，故整体造型古朴生动，恰如其分地反映了当时质朴粗放的社会意识。

对虎纹金箔带饰

战国（公元前 475 ~ 前 221 年）
长 20.5 厘米，宽 3.5 厘米
1977 年新疆乌鲁木齐县南山矿区阿拉沟 M30 出土
新疆维吾尔自治区博物馆藏

金箔带上模压捶揲出两只相对的老虎，二虎张口怒视，双耳直竖，匍匐在地，尾巴上翘，作决斗前的备战状。虎后肢朝上翻转，肩部和臀部装饰螺旋纹，与伊塞克库尔干出土的金饰上装饰的虎纹很相似，属欧亚草原当时流行的动物纹样。带饰上有小孔，可能是缀于其他物品上的装饰品。

虎纹圆形金牌饰

战国（公元前 475 ~ 前 221 年）
直径 5.2 厘米
1977 年新疆乌鲁木齐县南山矿区阿拉沟 M30 出土
新疆维吾尔自治区博物馆藏

该牌饰内随形捶揲出一只后肢朝上翻转的老虎，老虎肩部和臀部装饰螺旋纹，属于典型的欧亚草原风格的纹样。从目前的出土资料看，欧亚草原动物纹身上装饰螺旋纹的做法大约出现于公元前 5- 前 4 世纪，在图瓦乌尤克文化的艾梅尔雷格墓地和萨格利・巴支墓地 13 号库尔干、阿尔泰地区巴沙达尔 2 号墓、南乌拉尔地区伏尔加河南岸菲利波夫卡 1 号库尔干和 4 号库尔干、哈萨克斯坦伊塞克库尔干等都有出土，表明萨彦—阿尔泰地区很可能是在动物纹身上装饰螺旋纹做法的发源地。阿拉沟墓地 M30 金牌饰上的虎纹装饰应源于此。

狼噬牛金牌饰

公元前 3 世纪

长 20 厘米，宽 13 厘米

1994 年青海省海北州祁连县出土

青海省博物馆藏

该牌饰主体纹饰为山峦、森林、狼、牛等。森林中一只狼正咬噬住一头牛的后腿，而牛作痛苦的挣扎。画面线条流畅，动感极强，充分表现出自然界弱肉强食的紧张氛围。牌饰背部略平展，有两个矩形横扣，应为系挂之用。金牌饰是我国北方多以动物为题材的典型饰物，是显示身份等级的标志性佩物。此牌饰器形较大，制作精美，具有很高的文物价值。

虎噬驴透雕铜牌饰

春秋战国(公元前770～前221年)

长13.7厘米，宽8.2厘米

1977年宁夏固原市杨郎墓地出土

宁夏博物馆藏

同墓共出土两件此类牌饰，每件整体造型呈横“B”形。猛虎作行进状，獠牙外露，形象十分威猛，正张口咬噬驴的颈部，驴身翻转，两前足跪地，两后足腾空，搭靠在虎背上，作挣扎状。虎身饰斑纹，驴蹄似凹叶状。两件器物构图相同，左右对称，分别有孔、扣，应相配使用。老虎是北方青铜牌饰中最常见的猫科动物。这种铜牌饰，是作带扣用的。造型完美，栩栩如生地表现了驴被猛虎咬住时竭力挣扎的形态，艺术构思精细巧妙，带有浓郁的游牧民族特色。

人驼纹铜牌饰

春秋战国（公元前 770 ~ 前 221 年）

高 5.1 厘米，长 6.3 厘米

1987 年宁夏彭阳县草庙乡张街村出土

宁夏固原博物馆藏

骆驼四肢弯曲，作跪卧状。昂首，圆眼，长颈。背骑一人，身着长袍，腰系带，下摆宽松，左手握驼鬃，右手倚驼后峰，回首，目视远方。背部饰一桥形纽。

三角形鸟纹银饰片

战国（公元前475～前221年）

边长9.2厘米

征集

甘肃省博物馆藏

以薄银片捶揲而成。饰片似等边三角形，三角形边框内饰镂空的鸟形纹。鸟纹交缠在一起，鸟勾喙，头生耳，是战国晚期北方地区常见的装饰纹样。这种头生耳的勾喙鸟首与陕西神木纳林高兔出土的神兽金饰的首部相同，常用来装饰虎身神兽或蹄足神兽的尾端及大角的末端。银饰片三角形边框顶端各有一个钉孔。从甘肃张家川马家塬墓地出土的类似物品看，这类三角形银饰片应为车轮上的装饰品。

凤鸟纹透雕铜扣饰

战国（公元前 475 ～前 221 年）

长 6.2 厘米，宽 4.2 厘米

1989 年宁夏西吉县新营乡陈阳川村出土

宁夏固原博物馆藏

共出土了 3 件。整体轮廓作一花瓣形。上部为二鸟回首相对，鸟尾合并展开三花瓣，形似凤尾；下部圆形凸起上浮雕一团身小兽。背面有一纽。

三角形虎纹银饰片

战国（公元前 475 ~ 前 221 年）

边长 10.6 ~ 16.1 厘米

征集

甘肃省博物馆藏

相同的饰片共有 2 件，以薄银片捶揲而成。饰片呈三角形，边框角端各有一个钉孔。三角形边框内中部饰两只虎，两只虎的头部与一只前爪相抵。虎的后肢朝上翻转，是欧亚草原后肢翻转动物纹样向中国北方地区传播的结果。从甘肃张家川马家塬墓地出土的类似物品看，此银饰片应为车轮上的装饰品。

铜凿

战国(公元前475～前221年)
长18.3厘米，銎径2.9厘米
1976年新疆巩留县出土
新疆维吾尔自治区博物馆藏

整体呈圆柱形，铸造而成。銎筒圆形，卷沿；凹弧半圆刃，刃部有使用痕迹。为生产工具，是反映当时居民生产状况的很好的实物资料。

铜锛

战国(公元前475～前221年)
长8.5厘米，宽3.8厘米
1973年新疆乌鲁木齐市废品站征集
新疆维吾尔自治区博物馆藏

铜铸，铲形。锛体上部截面为椭圆形，空心，起固定柄的作用，向下渐宽，弧形宽刃，刃为单面。上端侧面为一桥形纽。

铜斧

战国(公元前 475 ~ 前 221 年)

长 8 厘米，宽 5 厘米

1995 年新疆巩留县出土

新疆维吾尔自治区博物馆藏

铜铸。上端为长方銎，下端渐宽，双面弧形刃，呈月牙形。斧的一面有桥形钮，使用痕迹明显。目前，青铜斧在新疆境内的塔城地区、昌吉州、哈密地区和拜城等地都有出土，形制上虽有些差异，但仍有相似之处。

铜鸭

战国(公元前 475 ~ 前 221 年)

高 2.7 厘米，长 3.5 厘米

1977 年新疆乌鲁木齐市鱼儿沟出土

新疆维吾尔自治区博物馆藏

铜铸。鸭子跪在一方形台面上。锈蚀严重，轮廓清晰，有穿孔，是一件佩饰。

双耳圈足铜鍑

战国（公元前 475 ~ 前 221 年）

高 47 厘米，口径 41 厘米

1997 年新疆霍城县南东干乡征集

新疆维吾尔自治区博物馆藏

青铜铸造。直口微敛，斜卷沿，素面，曲腹，双耳，喇叭形高圈足。鍑体和圈足焊接成形。口沿、腹部有擦痕，足经修复。鍑为炊器，在亚欧草原牧业居民中一般也作祭器。

棕地嵌织动物纹褐

春秋战国（公元前 770 ~ 前 221 年）

长 130 厘米，宽 70 厘米

1985 年新疆且末县扎滚鲁克 M3 出土

新疆维吾尔自治区博物馆藏

棕色平纹地上，用红、蓝、淡黄等色线嵌织羚羊、骆驼和似汉隶“五”字纹样的图案。动物图案与象形符号搭配得错落有致，极富艺术性。

第二部分

凿空西域　丝路开启

——两汉时期（公元前206—公元220年）

公元前138年至前125年，汉中人张骞肩负到西域寻求抗击匈奴盟友之使命，无比艰难地辗转于西域诸国，最终带着有关西域诸国的信息回到长安。他的凿空成就受到政府褒奖，他开凿的通西域道路得到保护，使无数西域商旅能将中国的丝绸、漆器和铁器带至中亚、西亚乃至地中海东岸地区，将西域的骏马、狮子、鸵鸟和胡桃、苜蓿、葡萄、石榴等带到中原。

一、张骞使西域　丝路落汉图

汉武帝改变先帝们「和亲」匈奴，维持边境短暂和平的策略，采取联合西迁的月氏夹击匈奴的军事手段，永久地消除威胁帝国甚久的顽敌。他派遣招募到的勇士张骞率使团涉险远赴西域。

张骞奇迹般归来，他用热血躯体蹚出的通道被武帝悉心保护起来。公元前100年、前60年西汉政府先后在西域设立使者校尉和西域都护府（治所乌垒城，在今新疆轮台县），开始中央统治西域的时代，丝绸之路自此畅通无阻。东汉政府在丝路要冲设邮亭，布烽燧，保证商旅交通安全。

彩绘陶武士俑

西汉（公元前 206 ~公元 8 年）

高 42 ~ 50 厘米

2003 年陕西省咸阳市汉高祖吕后墓陪葬坑出土

西安博物院藏

1组6件。头戴各色束发帻，两边有风带附系颏下，额前发际处系一道红色的抹带，发髻结于脑后。上身穿蓝色或红色交领短襦，左衽，内穿甲衣。除一俑双手执物于胸前外，其余俑左手持物自然下垂，右手持物向上举起。陶俑握拳中空，手中执物不见。武士形体修长，双目凝视前方。原有彩绘，部分脱落。

彩绘骑马武士俑

西汉（公元前 206 ~ 公元 8 年）

高 52 厘米

陕西省咸阳市杨家湾出土

陕西历史博物馆藏

泥质灰陶。马、俑、尾分体制作，中空。武士俑头戴赤帻，穿短襦，上身挺直，右手握拳举于胸前，左手握拳作持缰状。马通身施绛红色彩，四腿挺立，鞯子和辔头以黑色勾勒，昂首翘尾作嘶鸣状。骑兵作为一个兵种出现在古代军队中，大约始于春秋战国之交。陕西咸阳杨家湾出土的大批骑兵俑显示了西汉时期骑兵的强大。

陶翼马

汉（公元前 206 ~ 公元 220 年）

高 39 厘米，长 55 厘米，宽 19 厘米

1991 年陕西省西安市灞桥出土

西安博物院藏

泥质灰陶，通施白陶衣，残留彩绘。马昂首前视，四腿弯曲，跪卧于地。头大而吻长，双眼突出，短耳后抿，嘴唇上翻，嘴微张。颈较短，脑后及颈上有整齐的鬃毛，肩生双翼，尾下垂，应为天马。鼻子与尾部各有一个小圆孔，可能用来插物件。

陶翼兽

汉（公元前 206 ~ 公元 220 年）

高 23 厘米，长 44 厘米，宽 25 厘米

1977 年陕西省西安市北郊出土

西安博物院藏

翼兽四足踞地，呈爬行状。巨目长耳，扁嘴翘鼻，塌腰伏身，前腿下卧，后腿蹬地，背生双翼。翼兽是古代神仙思想的反映。在汉代还常常在墓或建筑前设翼兽，头上有单角，背生双翼称之为“天禄”或“辟邪”。此陶翼兽有双角，身有羽翅，形似猛兽，与文献称为神兽的“辟邪”形象正合，“辟邪”意取辟凶去恶，寓意吉祥。

铜翼人像

汉（公元前 206 ~ 公元 220 年）

高 2 厘米

1964 年陕西省西安市红庙坡出土

西安博物院藏

铜人作裸体幼童形，两肋有翼，颈带珠圈，手拿小钹合于胸前，形态自然生动，乖巧可爱。此翼童很像西方神话中的 Eros，造型与汉代艺术的风格迥然不同。其所持之钹又名“盘铃”，四世纪时才传入我国。由此推知，这件器物很可能是通过丝绸之路由西方传入的。

舞蹈女俑

西汉（公元前 206 ~ 公元 8 年）

高 18.8 厘米

陕西省西安市出土

陕西历史博物馆藏

这组陶俑是三个正在歌舞的百戏俑，其中一俑左手叉腰，右手上举，左腿直立，右腿抬起前迈，作舞蹈状。另外两俑头戴巾帻，身穿宽袖长袍，头扭向左侧，双臂伸张，左腿前跨，右腿后伸，整个上身向后倾仰，作舞蹈状。陶俑塑造手法质朴生动，将手舞足蹈的百戏艺人表现得活灵活现。

这组陶俑从五官、身体比例等各方面，都不如汉代早期陶俑那样写实、符合人体解剖结构，但却注重人物神态的把握与刻画，追求神韵的塑造。就其面部五官而言，已经脱离汉初陶俑面部神情严肃之束缚，显得生动活泼，或许是为了表现说唱、舞蹈的特点。俑的造型比较夸张，形态给人以强烈的动感。

张掖都尉棨信

西汉（公元前 206 ~ 公元 8 年）
高 21.5 厘米，宽 16 厘米
1973 年甘肃省金塔县肩水金关出土
甘肃省博物馆藏

红色长方形绢制成，周缘卷边，上方缀系，左右竖排两行墨书篆体“张掖都尉棨信”六字。棨信即信幡或幡信，悬挂于棨戟上，为高级官吏出行的标志，也是通行关禁的证件。

高平道驿置道里簿

西汉（公元前 206 ~ 公元 8 年）
长 13.5 厘米，宽 1.8 厘米
内蒙古额济纳旗居延破城子出土
甘肃省文物考古研究所藏

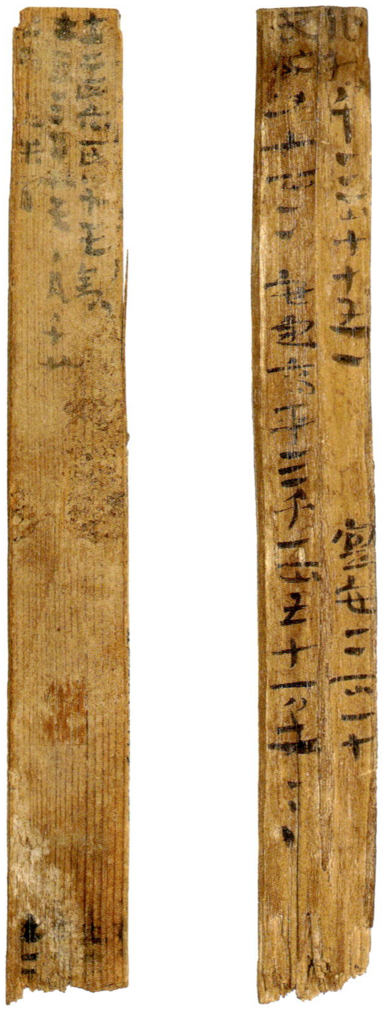

甘肃河西走廊曾出土大量的汉代简牍，其中包括著名的居延汉简和敦煌汉简等，这些汉简与丝绸之路有着密切的关系。透过这些珍贵的简牍资料，我们大致可以了解两汉丝绸之路的路线、走向以及汉政府对丝绸之路的经营管理（如沿途站点的设置等）。高平是汉代安定郡首县，遗址在今固原市原州区。高平道驿置道里簿木简是居延汉简中的道路里程简，记载的是丝绸之路安定段相关里程。

张德芳先生的研究表明：通过出土的居延汉简和敦煌悬泉汉简，我们基本可以弄清楚汉代丝绸之路从长安到敦煌的基本路线、走向、里程以及停靠站体系。丝绸之路从长安至敦煌近 2000 公里的距离，可以分为京畿段、安定段、武威段、张掖段、酒泉段和敦煌段，除了 300 公里的空白段外，其余 1700 公里路段上，设置了 45 个驿置，其中河西四郡 35 个，安定和京畿有记载的 10 个。驿置是汉代驿传机构的名称，“置”一般相当于县级，多称作“县”置，主要建于烽燧旁，是主管信件传递、接待宾客等的独立机构。下设有置、厩、传舍、厨等分支机构，设有啬夫、丞、令史、邮书令史、佐、驿卒、郡府特派置监等官吏。由出土的道里簿简牍可知丝绸之路安定段从月氏到乌氏、泾阳、平林、高平，共 240 汉里，近 100 公里，泾阳至高平之间有一个平林置。

河西道驿置道里簿

西汉（公元前 206 ~ 公元 8 年）

长 18.9 厘米，宽 2.2 厘米

甘肃省敦煌市悬泉置遗址出土

甘肃省文物考古研究所藏

敦煌悬泉置遗址出土的河西道驿置道里簿及额济纳旗居延破城子出土的高平道驿置道里簿，二简相互参补，详细记载了河西部分地区的驿置道里，文字清晰，里程精确，可以复原一份完整的长安至敦煌的里程，对于研究两关以东丝绸之路的行进路线、两汉时期西北地区的驿传设置和详细里程都具有十分重要的价值。两枚汉简上所记载长安至敦煌所经地区如下：从长安出发，在泾川一带过泾河，再经月氏、乌氏、泾阳等县，到固原（高平），不翻越六盘山，经过今天的景泰一带，过黄河进入河西走廊，然后经过今天的大靖一线抵达凉州，再由凉州前往张掖、酒泉、敦煌。

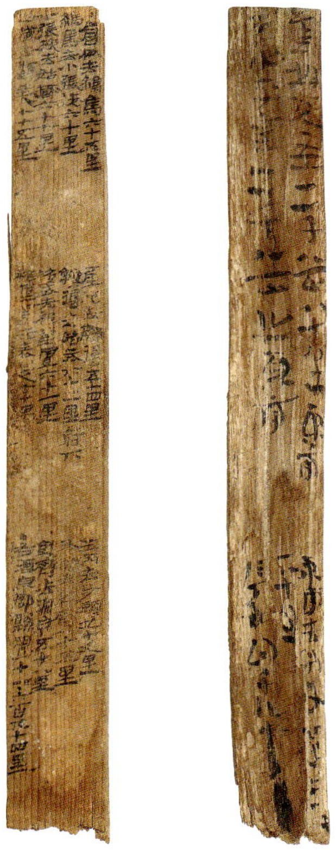

甲渠候官检

西汉（公元前 206 ~ 公元 8 年）

之一：长 18.6 厘米，宽 4.6 厘米

之二：长 15.5 厘米，宽 2.8 厘米

内蒙古额济纳旗居延甲渠候官遗址出土

甘肃省文物考古研究所藏

甲渠官封检，检上写有“甲渠官”三字，表明是发往甲渠候官的邮件。居延都尉封检，检上写有“居延都尉府”五字，表明是发往居延都尉府的邮件。检是文书包装的标识，与信封有近似的功能，这两枚木检的发现有助于我们了解汉代公文和邮传制度。

肩水金关检

西汉（公元前 206 ~ 公元 8 年）
之一：长 13.6 厘米，宽 2.6 厘米
之二：长 15.4 厘米，宽 2.6 厘米
甘肃省敦煌市悬泉置遗址出土
甘肃省文物考古研究所藏

古人在使用纸张以前，将信写于木板上，然后再加一板叫作“检”。在检上写寄信人和收信人的姓名、地址叫作“署”，这是信封的起源。然后将两板合好捆扎，在打结的地方涂上粘土，盖上阴文印章，在黏土上出现凸起的字，这就是“封”，使用的黏土叫“封泥”。这几枚检应是寄往肩水金关和悬泉置的信函封。

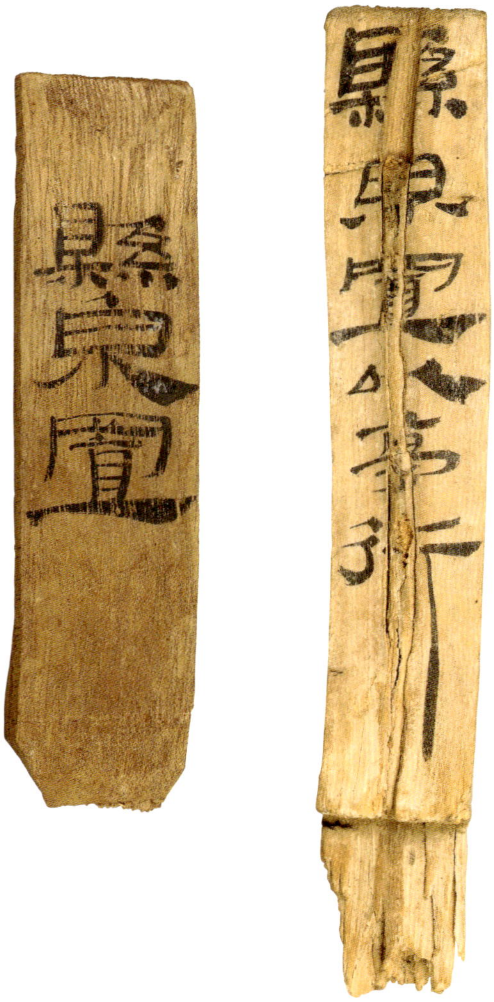

悬泉置检

西汉（公元前 206 ~ 公元 8 年）
之一：长 10 厘米，宽 2.5 厘米
之二：长 13.6 厘米，宽 2.2 厘米
甘肃省敦煌市悬泉置遗址出土
甘肃省文物考古研究所藏

两枚木简上分别墨书“悬泉置”、“悬泉置以亭行”，悬泉置遗址因出土此枚汉简而得名，它是汉代丝绸之路敦煌段上一处集传递邮件、传达命令、接待宾客为一体的综合机构。此处共出土了 23000 余枚木简，其中有大量以悬泉置、悬泉置以亭行为名的文件。这些木简的出土为研究汉代社会历史提供了丰富的文献资料。

二、天马与丝绸 走驿及胡商

为武装骑兵抗击匈奴，汉非常重视马的培育与改良，引进西域良马，在甘肃一带建立育马基地。西汉时期专门用来鉴定大宛良马的铜模范符合《相马经》良马标准。

铜奔马

东汉（公元 25 ~ 公元 220 年）

长 45 厘米，高 34.5 厘米，宽 13.1 厘米

1969 年甘肃省武威市雷台汉墓出土

甘肃省博物馆藏

铜奔马造型矫健壮硕，作昂首嘶鸣、疾足奔驰状。塑造者摄取了奔马三足腾空、一足超掠飞燕的刹那瞬间。飞燕回首惊顾，更增强奔马疾速向前的动势。其全身的着力点集中在超越飞燕的一足上，制作者精确掌握了力学的平衡原理，具有卓越的工艺技术水平。该马按照古代良马标准塑造的，集西域马和蒙古马的优点于一身，尤其表现了河西走马的对侧步特征。该器物构思巧妙，艺术造型精炼，铸铜工艺卓越，被认为是东西方文化交往的使者和象征，1984 年被定为中国旅游标志。

铜车马出行仪仗

东汉（公元25～220年）
从骑（2件）：高39、长37、宽45厘米
执戟骑士俑（2件）：高52.5、长35厘米
执矛骑士俑（2件）：高52.5、长35厘米
轺车（1件）：车高44、长52、宽39.5厘米
斧车（1件）：高58、长38、宽45厘米
辇车（2件）：高40.5、长73.5、宽29厘米
牛车（1件）：高25.9、长67.1厘米
1969年甘肃省武威市雷台汉墓出土
甘肃省博物馆藏

铜车马出行仪仗由38匹铜马、1头铜牛、1辆斧车、4辆轺车、3辆辇车、2辆小车、3辆大车、1辆牛车、17个手持矛（戟）武士俑和28个奴婢俑组成。从骑是墓主人备用的乘骑。持矛（戟）武士俑由武士、矛（戟）、马、鞍组成。轺车系出行仪仗队列中前导车之一，由车、马、伞、御奴组成。斧车系出行仪仗队列中前导车之一，由车、马、斧、御奴组成，是出行仪仗中重要组成部分，车上立斧以示其威。辇车系出行时官吏家眷乘坐之车，由车、马、御车奴组成。牛车系出行时随从官吏乘坐之车，由牛、车、御奴组成。整个仪仗队列气势宏大，铸造精湛，展现了汉代群体铜雕艺术的杰出成就。

木马

西汉（公元前 206 ~ 公元 8 年）

高 54.5 厘米，长 37 厘米

1973 年甘肃省武威市磨嘴子出土

甘肃省博物馆藏

木马高大健硕，作伫立状，俯首嘶鸣，形体比例协调。耳朵、口、鼻刻画生动。用黑彩在口、鼻、唇处勾勒。马鞍施白粉为底，用黑彩勾画波折纹。木马造型质朴，生动传神。

汉向外输出最多的物品是丝绸，对西方世界影响最大。它随着中外使臣和商人的脚步分散至世界各地，极大丰富了中国人传统的地理知识和“天下”观念。

木马

西汉（公元前 206 ~ 公元 8 年）

高 60 厘米，长 59 厘米

1973 年甘肃省武威市磨嘴子出土

甘肃省博物馆藏

木马俯首站立，张嘴露齿，双目圆睁，两耳直竖，脖颈粗直。马的身体壮硕，四肢有力，尾巴短曲。除马鞍底施白彩，其上勾画黑彩，齿露白色外，马身其他部位皆施黑彩，更显其矫健剽悍。

鎏金铜蚕

西汉（公元前 206 ~ 公元 8 年）
长 5.4 厘米，尾宽 0.6 厘米
陕西省石泉县出土
陕西历史博物馆藏

铜质鎏金。全身首尾共计九个腹节，胸脚、腹脚、尾脚均完整，体态为仰头或吐丝状，制作精致，造型逼真。

我国是世界上最早发明养蚕、缫丝、印染和刺绣的国家，是世界公认的“丝国”，养蚕制丝的历史极为悠久，传说“黄帝元妃嫘祖始教民育蚕，制丝茧，以供衣服”。七千年前的河姆渡遗址出土的象牙盅上，有迄今发现的最早的蚕的形象。此外，商周时期玉蚕也时有发现。汉代养蚕缫丝业达到高峰。大的作坊，均为官府经营，织工多达数千人，丝织品颜色鲜艳，花纹多样，做工极为精致。西汉丝织品不仅畅销国内，而且能途经中亚行销西亚和欧洲，中国通往西域的商路以“丝绸之路”驰名世界。据《石泉县志》记载，此地古代养蚕业就很兴盛。由于当时养蚕之风盛行，加之鎏金工艺的发展，因而，有条件以鎏金蚕作纪念品或殉葬品。这件红铜制造，并施以鎏金的家蚕，在全国尚属首次发现，足显其珍贵。

人物图绢地刺绣

西汉（公元前 206 ~ 公元 8 年）
高 7.2 厘米
1959 年甘肃省武威市磨嘴子出土
甘肃省博物馆藏

红色绢质，用绛、浅绿、浅黄、黑色丝线平绣二人像，作对话状，极为生动直观。

织毛锦带

西汉（公元前 206 ~ 公元 8 年）
长 184 厘米，宽 13.5 厘米
征集
甘肃省博物馆藏

长条形，一端粗，另一端较细，棕色底，其上隐约可见纹饰，已漫漶不清。

白色棉布衣袖

汉（公元前 206 ~ 公元 220 年）
长 43 厘米，宽 17 厘米
1984 年新疆洛浦县山普拉墓地 M1 出土
新疆维吾尔自治区博物馆藏

由原白色平纹棉布缝制而成，上宽下窄。汉代，中国内地不种棉花。棉花原产地在巴基斯坦一带，至迟在南北朝时期传入我国，但是多在边疆种植。内地大规模种植棉花并把其织成材料是在宋末元初。这件白色棉布衣袖的出土揭示了当时特定的历史文化背景，对于研究当时该地区居民服饰文化有着重要的价值。

人物印染花布

东汉（公元 25 ~ 220 年）
残长 85 厘米，宽 48 厘米
1959 年新疆民丰县尼雅 M1 出土
新疆维吾尔自治区博物馆藏

呈长方形，出土时已经残破。蓝色棉布地上印染白色图案，图案装饰在方格内。上端格内残留狮尾和动物蹄纹样。下面长横格内有长龙、飞鸟和鱼纹。左下方格内为袒胸露怀的半身菩萨像，高约 21 厘米，菩萨双目斜视，神情恬静，项饰璎珞，双手捧着盛满葡萄的筒形角状容器，身后有圆形头光、背光。从人物造型看，具有较强的犍陀罗佛教艺术风格。这件文物不仅是研究佛教美术的珍贵资料，而且还是研究古代新疆蜡染工艺的重要实物，具有很高的学术价值。

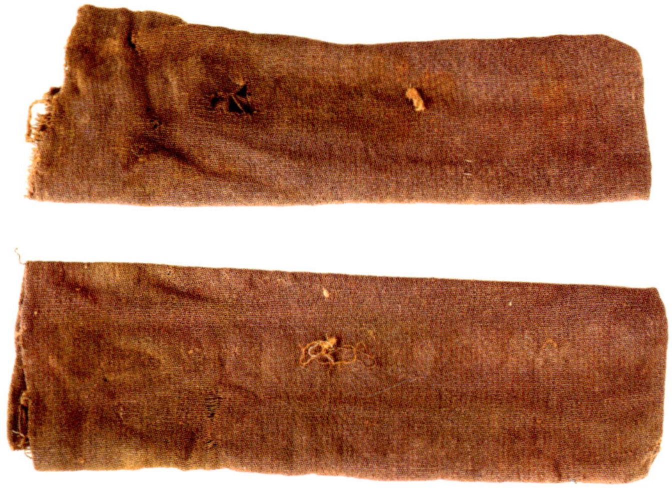

紫红色棉布手套

东汉（公元 25 ~ 220 年）
长约 28 厘米，宽约 9 厘米
1984 年新疆洛浦县山普拉墓地出土
新疆维吾尔自治区博物馆藏

长方形，局部残。手套由一块长方形棉布纵向对折、两侧缝合而成。棉布为平纹组织，印染成紫红色，其中一只稍残。

“大长乐明光承福受右”锦片

东汉（公元 25 ~ 220 年）
长 25 厘米，宽 48 厘米
2003 年新疆乌鲁木齐市征集
新疆维吾尔自治区博物馆藏

蓝色底，上有紫红、姜黄、绿等颜色的动物图案，并织有“大长乐明光承福受右”字样。这件锦片可能是裤筒或袍袖的缘边，展开呈长方形，四面都是残边，织锦面上有一条纵向的接缝，接缝处恰是由两个幅边相接。

“延年益寿大宜子孙” 锦鸡鸣枕

东汉（公元 25 ~ 220 年）
长 46 厘米，宽 16 厘米，高 10 厘米
1959 年新疆民丰县尼雅 M1 出土
新疆维吾尔自治区博物馆藏

基本完好，局部有血迹。枕由一块“延年益寿大宜子孙”文句锦缝缀，中部是鸡身，两端各有一鸡首。鸡首相背，缝制出了尖嘴、圆眼及冠、颈等。眼睛由三层圆绢片叠放而成：底为白绢，中上皆为红绢，冠作锯齿状，由天青和白绢组成。枕芯是植物茎杆。在古代，鸡也是德禽。雄鸡司晨，寓意勤奋劳作。锦上的“延年益寿大宜子孙”字样，表现了人们渴望生命的延续和对子孙的美好祝愿。

勾连纹缀织裙

汉（公元前 206 ~公元 220 年）

裙摆残宽 92 厘米，残长 63 厘米

1984 年新疆洛浦县山普拉墓地出土

新疆维吾尔自治区博物馆藏

裙料为棕、红、黄、姜黄、橘红等颜色组成的宽带纹布，织绦显白、棕、姜黄、红、绿、天蓝、橘黄等色纹样。这件缀织残裙织造工艺成熟，装饰图案风格多样，色彩艳丽。

菱格三角纹栽绒毛毯

汉（公元前 206～公元 220 年）
长 43 厘米，宽 17 厘米
1984 年新疆洛浦县山普拉墓地出土
新疆维吾尔自治区博物馆藏

此栽绒毛毯残片的主要图案为菱格纹和三角纹。从里到外分别是宽 2 厘米的涡状云纹、宽 3.5 厘米的红色素带、宽约 0.6 厘米的黄色素框、宽约 2 厘米的锯齿纹带、宽约 2 厘米的涡状云纹。中间是蓝黄色菱格纹，菱格长 4.6 厘米，宽 2.6 厘米。此毯采用棕褐色毛线作经，红色毛线作纬，经纬线织成纬面效果的平纹，色彩鲜艳。

三、铸币宜经济 方寸介贸易

丝路贸易促进汉朝手工业、商业和铸币业的发展，中西货币沟通交流的意义重大。

金饼

汉（公元前 206 ~ 公元 220 年）

直径 6.2 ~ 6.5 厘米

1999 年陕西省西安市谭家乡十里铺村出土

陕西历史博物馆藏

西汉时期的黄金铸币，在陕西省西安市十里铺共出土 219 枚，重量达 54000 多克，枚重 247 克左右，数量之巨实属罕见。均为圆饼状，正面经过捶揲内凹，有裂纹状褶皱，绝大多数打有戳记或戳印，部分金饼兼有刻划的文字、符号等刻铭。《尔雅·释器》载曰："黄金为之璗。其美者为之镠，……饼金为之钣。"因此，金饼也可称作钣，通作版，一般用于赏赐或馈赠，并非流通货币。已出土的金饼表明，其尺寸和重量均不一致，大者直径多为 5 ~ 5.6 厘米，小者直径约 3 厘米。有的大金饼上标刻有"一斤"、"令之一斤"、"令一"等符号。这种大金饼是"麟趾金"的一种，上面刻的"令之"即"麟趾"的俗写。朱活先生经过考证后认为"汉代较大的金饼 1 枚为 1 斤，1 斤值万钱"（朱活：《古钱新谭》，山东大学出版社，1992 年）。这么多金饼的出土，为我们研究西汉时期的商品经济与贸易的发展以及黄金币制等提供了丰富资料。

“大泉五十”陶钱范

汉（公元前 206 ~ 公元 220 年）

长 13 厘米，宽 9 厘米，高 9 厘米

青海省海北州海晏县西海郡故城出土

青海省博物馆藏

夹砂粗陶，呈砖红色。钱范为圆角长方形，平底。范面斜排两行钱样，并书阴文“大泉五十”。钱范是古代铸造金属货币的模子，一般称为钱模，质地有陶、石、铜、铁等类。西海郡故城出土的钱范，证明汉代青海地区在中央授权下可以直接铸造货币，是研究当时政治经济制度的重要实物资料。

贵霜钱币

公元 1 ~ 3 世纪

之一：直径 2.7 厘米

之二：直径 2.5 厘米

陕西历史博物馆藏

贵霜帝国是公元 1 ~ 3 世纪存在于中亚的古代强国，鼎盛时期，其疆域包括今中亚、阿富汗及印度、巴基斯坦北部，是地处东西方通道上的重要国家，中国称之为“大月氏”。贵霜王朝中晚期的货币形式完全摆脱了希腊钱币的影响，货币正面是身着长袍的国王站立像，背面是印度宗教中的某种神像。这种货币一直使用到贵霜政权停止铸币为止。

汉代钱币

汉（公元前 206 ~ 公元 220 年）

陕西历史博物馆藏

大泉五十　布泉　半两

大布黄千　货布　一刀平五千　差布五百　幺布二百

汉初承秦制沿用半两钱，改铸了许多小钱，先后出现“榆荚半两”、“八铢半两”、“四铢半两”等。“半两”名实不符。公元前 118 年，汉武帝下令废除汉初郡国制币权，改由中央统一铸币。设“上林三官”，即钟官（掌铸钱）、辨铜（掌原料）、均输（掌制范），组成中央铸币机构，负责铸造五铢钱，也称上林钱和三官钱。五铢钱质量高，改变了货币混乱现象，有利于中央集权和经济发展。西汉晚期，王莽建新朝，托古改制，滥发货币。刀币和布币都在改革中恢复，但从形态上与春秋战国时的并不相同。由于币制复杂混乱，导致民间交易很不顺，并且每次改制的钱币不断缩小，价却越来越高，实质上剥削了普通民众的财富。币制改革的失败也是新朝迅速灭亡的原因之一。尽管王莽的改革是失败的，但他所发行的一系列钱币却是古钱史上的精品。其货泉、大泉五十、六泉十布、契刀五百、一刀平五千等钱币品种，多采用悬针篆的字体，制作十分精美。

第三部分

民族融合　丝路交通

——魏晋南北朝时期（公元 220–581 年）

魏晋南北朝时期，占据河西地区的诸政权「疆理西域」，极力保证丝路畅通，西域诸国也积极与中国交往，丝路贸易与文化交流较两汉进一步扩大。西域时尚珍品大量输入，印度佛教先经丝路传入中亚和西域，然后于西汉晚期进入中原内地，由宫廷和上层社会逐渐传布民间，形成空前狂热的佛教崇拜之风。

一、通衢与延绵　宝物辗流转

曹魏扼敦煌，西晋控尼雅，五凉据高昌，北魏治西域，胡商自由往来于丝路，云集都市，「天下难得之货，填列阛阓之间。」

仪仗俑

北周天和四年（公元 569 年）

镇墓兽（2 件）：高 8.5、6.9 厘米，长 18.5、16 厘米

镇墓武士俑（2 件）：高 18.2，长 19.2 厘米

具装甲骑俑（2 件）：高 17.5，长 17.6 厘米

骑马乐俑（6 件）：高 15.2，长 14.2 厘米

文吏俑（5 件）：高 12.4 厘米

武官俑（5 件）：高 12.7 厘米

侍女俑（5 件）：高 13.8 厘米

笼冠俑（5 件）：高 12.5 厘米

胡人俑（5 件）：高 13.2 厘米

风帽俑（5 件）：高 13.8 厘米

1983 年宁夏固原市南郊乡深沟村李贤夫妇合葬墓出土

宁夏固原博物馆藏

此组仪仗俑 9 类共 42 件，均为泥质灰陶。

镇墓兽俑，两件造型基本一致。颈背上有一独角，昂首仰视，怒目圆睁，口露獠牙，相貌狰狞，作匍匐状。兽面以墨线勾勒。

镇墓武士俑，一位武士环目、阔口、有须，头戴圆顶兜鍪，身着铠甲，甲片以墨线勾勒，边沿涂红色，肩加披膊。大腹凸出，右臂下垂，左臂屈于胸前，手作执物状，拳心有孔。另一位武士头戴尖顶兜鍪，中起脊棱，前有冲角，两侧有护耳。身着鱼鳞甲，肩加披膊，下裹裙。

具装甲骑俑，头戴尖顶兜鍪，中起脊棱，额前有冲角，两侧有护耳。身着铠甲，甲片为长方形，以墨线勾勒，外穿黑色披风。两臂弯曲至胸前，双手作执物状，左拳心有孔。所骑骏马身披鱼鳞状铠甲，甲片

以墨线勾勒，呈站立姿势。

骑马乐俑，头戴黑色风帽，身着交领宽袖长袍，右手置于腹间，左手举至唇边，鼓腮作吹奏状，亦有双手执排箫者。马头垂，呈站立姿势，通体施褐色或白色，以墨线勾勒细部。马头较小，短颈，腿部粗壮，辔鞍俱备。

文吏俑，头戴小冠，内穿衫衣，外着交领宽袖袴褶服，腰束白色带，并勾以墨色，左手置腹际，右手屈于胸前，均作持物状，拳心有孔。

武官俑，头戴小冠，身着红色圆领长袍，下着裙。双手拱于胸前，两臂弯曲处各有一圆孔。

女侍俑，头戴小冠，身穿交领衫，外着长裙，腰束带。双手置胸腹间作持物状，通体绘白色。

笼冠俑，头戴笼冠，细部用墨线勾勒。身穿圆领大袖衫，外着红色长裙，双手屈至胸前作持物状，拳心有孔。

胡人俑，深目高鼻，头发卷曲。袒胸，内穿宽领衫，外披红色风衣。双手置胸腹间作持物状。两臂弯曲处各有一插物孔。

风帽俑，头戴风帽，内穿圆领衫，外披褐色风衣，下着裤，足蹬靴。双手置胸腹间作持物状，两臂弯曲处各有一插孔。

环首铁刀

北周天和四年（公元 569 年）
长 86 厘米
1983 年宁夏固原市南郊乡深沟村李贤夫妇合葬墓出土
宁夏固原博物馆藏

铁刀刀柄包银，环首，木质刀鞘，外涂褐色漆。刀鞘包银，鞘口及中上部向外各有一附耳，亦为银质。铁刀单面刃，年久锈蚀不能拔出刀鞘。此刀出土于木椁右侧，应为李贤的佩刀，也是目前所发现的北朝墓葬中唯一一件保存完整的铁刀。刀鞘一侧上下有两个纵装的附耳，双附耳悬刀的方式可使刀保持一定倾斜的角度，有利于迅速拔刀，这种佩刀法对于佩戴长刀的骑士尤为适用。美国大都会博物馆和赛克勒博物馆各藏有萨珊时期的双附耳长刀一柄，据传发现于伊朗北部，时代为公元 5-6 世纪。新疆克孜尔石窟壁画也出现有类似双附耳长刀，相似的例子还有山西太原北齐娄睿墓壁画、陕西咸阳唐苏君墓壁画和太原金胜村唐墓壁画中武士或侍卫佩带的双附耳长刀，其中苏君墓侍卫所佩带的是一柄环首双附耳长刀。唐代双附耳长刀还东传至日本，正仓院所藏有双附耳的“金银钿装唐大刀”，日本奈良高松冢古坟也出土过带有唐代工艺风格的银质刀耳。目前所见的萨珊双附耳刀均不是环形刀首，仅有大都会博物馆所藏据传出土于洛阳附近的一柄环首双附耳刀与李贤夫妇墓环首铁刀最接近。

有研究者认为双附耳及佩刀方式并非源自萨珊波斯，波斯常见的是利用刀鞘上所附的桥状穿孔，或刀鞘两侧扣子竖直悬刀的方式，如著名的萨珊狩猎银盘上所见；双附耳刀及倾斜悬刀的方式很可能是在 4 世纪晚期至 5 世纪早期时，从中亚嚈哒人的统治地区传入波斯的。这一时期，中亚粟特地区壁画上确实有不少双附耳刀倾斜佩戴的图像实例，从现存并不完整的图像看，其中有相当一部分双附耳刀为环首形式。李贤夫妇墓出土的带鞘环首铁刀很有可能产自中亚。

金戒指

北周天和四年（公元 569 年）

外径 2.4 厘米，内径 1.75 厘米

1983 年宁夏固原市南郊乡深沟村李贤夫妇合葬墓出土

宁夏固原博物馆藏

戒指环状，戒面为一枚圆形青金石，直径 0.8 厘米，平坦的表面上凹雕一位女神。根据出土情况分析戒指为李贤夫人吴辉所有。

古代东方文明中使用的青金石产于阿富汗地区。青金石硬度不高，易于进行加工，最常见的方式就是抛光和雕刻，在宝石抛光平面进行凹雕的技术源自两河流域和伊朗高原，并且延续数千年。这枚戒指上凹雕的女神，应为琐罗亚斯德教掌管江河和生产的女神“阿纳希塔”。琐罗亚斯德教经典《阿维斯陀》将阿纳希塔描述为细腰紧束、婀娜多姿的形象。从现存萨珊文物中保留的图像来看，阿纳希塔或赤身裸体，或身着华服，常手持一棵植物处于拱门之下，拱门有时候变化为女神手持的类似花环之物，花环两端下部还连接着两条绶带。

李贤夫妇墓出土的这枚戒指的戒面上雕刻的就是赤身手持花环状物的阿纳希塔，这一形象与美国加州大学伯克利分校收藏的一枚萨珊印章上的阿纳希塔形象极为相似。克利夫兰艺术博物馆所藏的一件萨珊银盘上也是类似的形象。从雕刻技术和图像主题来看，这枚戒指可能原产于萨珊波斯。

持刀武士图壁画

北周天和四年（公元 569 年）

高 134 厘米，宽 63.5 厘米

1983 年宁夏固原市南郊乡深沟村李贤夫妇合葬墓出土

宁夏固原博物馆藏

武士面相丰满，留三绺胡须，头戴高冠，身着裲裆明光铠，内穿袴褶服，衣纹飘逸，足穿麻履，左手执仪刀，右手屈于胸前，站立作守卫状。武士图人物形体高大，鼻、眉、眼用黑线条勾画，周围用浓淡适宜的淡红色晕染。面部神情严肃，身着铠甲，执刀站立，给人以庄重肃穆、威风凛凛之感。

李贤墓壁画的发现，第一次展现了北周绘画的风采。壁画以写实的手法，反映了墓主人生前富贵豪华的生活。壁画在风格上较多地继承了汉魏时期古拙粗放的风格，所用色彩鲜艳，人物形象生动，笔法流畅粗放。画法上用白色灰浆作底衬，黑色粗线勾勒人物外形轮廓及衣纹服饰，并充分使用逐层晕染手法来表现人物面部和服饰。这批壁画填补了北周时期我国绘画史的空白，尤其是红粉晕染法的使用，更是一个重大发现，它继承了汉魏绘画的风格，开启了隋唐壁画的一代新风，具有承上启下的作用，在我国绘画史上占有重要的地位，并为研究古代服饰、古代建筑等提供了重要的资料。

陶骆驼俑

北周天和四年（公元 569 年）

通高 18.4 厘米，长 20.5 厘米

1983 年宁夏固原市南郊乡深沟村李贤夫妇合葬墓出土

宁夏固原博物馆藏

泥质灰陶。手工捏制而成，空心。通体施褐彩。昂身站立，双峰，峰间驮一饱满的囊袋。双峰驼在汉唐时期分布于中国西北、蒙古、中亚等地，而单峰驼则多分布于气候更加温暖的北非、西亚等地。骆驼能够负重物长途跋涉，也可供人骑行，在跨越千年的丝路贸易史上发挥着重要的作用。

北朝时期陶俑中的骆驼形象较之前代更加准确和丰富，或驮人载物，或由胡人牵引。驮载物品的骆驼形象到了这一时期才大量涌现出来。驼背上的物品主要是商队贩运的货物和旅途中所需的生活用品，货物如丝束、布匹、兽皮等在骆驼俑中都很常见；生活用品大到夜宿所需的帐篷，小到饮水之用的扁壶都在骆驼俑中出现过。总体而言，西魏北周地接西北，得地利之便对骆驼习以为常，所出驼俑较为简单粗略；而疆域更接近中原的东魏北齐对骆驼如同对待西来的商品一样充满好奇和热情，制作出的驼俑复杂而精美。奢华的鎏金银胡瓶和朴素骆驼俑同出于李贤夫妇墓，既符合李贤身份地位，又反映出原州地处丝绸之路要塞，驼队频繁往来的情况。

胡人牵驼画像砖

南北朝（公元 420 ~ 589 年）
长 18.7 厘米，宽 15.5 厘米
2000 年青海省湟中县徐家寨出土
青海省博物馆藏

灰色方砖，一面平素无纹，另一面浮雕模印胡人牵驼。胡人深目高鼻，头戴尖顶卷沿帽，身着交领衫，左手拄杖，右手执缰。骆驼身躯高大，双峰高耸，背有鞍鞯，昂首甩尾阔步而行。

灰陶载物骆驼俑

北朝（公元 386 ~ 581 年）
高 20 厘米，长 19 厘米
征集
陕西历史博物馆藏

骆驼昂首挺立，驼峰之间的驮架上放有已经束好的丝绸，还挂有旅人娱乐用的乐器，反映出当时丝路驼队准备就绪、整装待发的场景。南北朝时期，北方政权采取了一系列措施以促进丝绸之路上的贸易往来，陆上丝绸之路的路线在原有基础上向北向南扩展，与此同时，立足江南的六朝政权积极发展海外关系，使海上丝绸之路逐渐向南海、东海延伸，与波斯、南亚、大秦（东罗马）、东南亚、朝鲜、日本等地区和国家都建立了密切的贸易往来关系。这件灰陶载物骆驼俑是这一时期东西方交流的物证。

彩绘载物跪起骆驼俑

北周（公元 557 ~ 581 年）
高 30 厘米，长 30 厘米
征集
陕西历史博物馆藏

骆驼两前腿跪地，后腿直立于长方形踏板上，做准备起立状。双峰两侧搭有驮架，上有货物。在西行的丝绸之路上人们最得力的帮手就是吃苦耐劳的骆驼，因此，它成为了在这一时期的文物中最常见并且刻画最细腻的动物。现实生活中形体硕大、行走迟缓、举止笨拙的骆驼，经过工匠的艺术加工，都显得十分敏捷俊美、强劲雄壮。这一件北周时期的彩绘载物骆驼就体现了双峰驼高大的身材，也体现了骆驼在丝绸之路上给人们带来的方便和在中外物资文化交流中所起的巨大作用。

彩绘载物骆驼俑

西魏（公元 535 ~ 556 年）
高 21 厘米，长 21 厘米
1984 年陕西省咸阳市胡家沟侯义墓出土
陕西历史博物馆藏

骆驼昂首扬颈，背上有长方形垫板，是为驮架，驮架上有一大束丝绸。这件骆驼似为单峰驼，驼身较小，四腿修长，产于阿拉伯和北非等地，较为少见。北朝时期，随着来华胡人的增多，以骆驼载物从事商品贸易的商队频繁往来于丝绸之路上，这件器物就是当时商队载物骆驼的生动写照。

透雕铜铺首

北魏（公元 386 ~ 534 年）

高 11.2 厘米，宽 10.5 厘米

1981 年宁夏固原市东郊乡雷祖庙村北魏墓出土

宁夏固原博物馆藏

形状略呈正方形。铺首整体为兽面，上、中部为透雕。两侧对称饰二龙，龙头相对，龙尾交错，正中一人头梳高髻，着紧身衣，双手叉腰分腿站立在龙尾相交处。下部兽面大眼圆睁，三角高鼻，双角上翘。整个铺首装饰线条粗细匀称，各类形象浑然一体。

透雕镂空牌饰

北魏（公元 386 ~ 534 年）
高 7.5 厘米，宽 11 厘米
1981 年宁夏固原市东郊乡雷祖庙村
北魏墓出土
宁夏固原博物馆藏

整体呈椭圆形，由双龙交缠构成一主体图形。二龙张口吐舌，怒目圆睁，龙尾卷曲。二龙背上各立一凤，嘴、爪、尾部均紧贴龙背。正中一人头梳高髻，身着带风帽服饰，双手插于腰际，两腿分立，肩臂间有天衣缠绕，显得威武有力。

魏率善羌佰长铜印

北魏（公元 386 ~ 534 年）
通高 2.6 厘米，宽 2.2 厘米，纽高 1.9 厘米
1984 年宁夏泾源县白面镇征集
宁夏固原博物馆藏

方形，印面为阴文篆书“魏率善羌佰长印”七字。以俯卧骆驼作印纽，腹下及前后蹄间凿一圆穿，驼毛刻画逼真，若隐若现。以牲畜作印纽是新莽到西晋十六国时期官印的特征。此印为北魏政权颁发给羌族首领的官印，十分少见。羌人是古代居住在西北部的少数民族，分为百五十种。西汉时期，最先归附的羌人有研种、留河二支，汉武帝征伐四夷，“北却匈奴，西逐诸羌”，羌人不得不向西迁徙。到北魏时期，对羌人示以怀柔政策，为其首领颁赐印信。

萨珊波斯银币

北朝（公元 386 ~ 581 年）
直径 2.5 ~ 3 厘米
1956 年青海省西宁市隍庙街出土
青海省博物馆藏

这组银币为萨珊卑路斯王时期（公元 457 ~ 483 年），共出土 76 枚。银币花纹大体为一种类型，但由不同的印模压印出来。按照正面王者肖像的不同可分为两种，A 式：15 枚，币正面铸半身王像，面均右向，王冠前有一新月，冠侧面和后部都有雉堞形饰物，为波斯宗教中“天”及祆神奥马兹德的像徽，冠顶和前部各有一新月，冠顶的新月托住一个圆球，冠后有两条飘饰，脑后有球形发髻。由脸前至肩部处有钵罗婆文的铭文 KADIPIUCI(主上、卑路斯)。B 式：61 枚。正面是王者的肖像，不同的是王冠的前后面都有一对翼翅，系波斯宗教中以鹰为太阳的象征，冠顶前有一条和髻后相对称的带形物由肩部飘下。两种类型的币背部花纹都是萨珊银币的拜火教祭坛，坛上有火焰，火焰的两侧是五角星（六角形）和新月及祭坛两侧相对而立的祭人，且背部多有铭文，左侧为纪年铭文，右侧表示铸币地点。

魏晋南北朝时期，原为辽东慕容鲜卑一支的吐谷浑人占据了青海，打通了南北东西各方的通道，丝绸之路青海道开通，成为中原与西方进行联系的枢纽，波斯银币的出土无疑是中西文化交流的产物，《隋书·食货志》：“河西诸郡，用西域之金银钱，而官不禁”，说明了该历史阶段外国金银币在河西一带流通的合法性。波斯萨珊银币的出土反映了公元 4 世纪末到 6 世纪初西宁在中西贸易往来的交通线上的重要地位，也充分印证了丝绸之路青海道文化交流和商业贸易的繁荣盛况。

罗马金币

北朝（公元 386 ~ 581 年）

直径 1 厘米

1999 年青海省海西州乌兰县铜普大南湾出土

青海省博物馆藏

金币正面是皇帝半身像，头部带冠并插有翎羽，冠两侧的珠饰垂于耳部，头戴缀联珠的球形王冠，身着交领铠甲，冠带及盔甲均用联珠纹表示，胸前用波浪纹表示衣服的褶皱。币面左侧有一圆球，其上是十字架，右侧为“ANVSPPAVG”字符。金币的背面是一个背插翼翅的直立羽人，应为胜利女神像，右手持权杖，左手托一十字架，侧身向右作前行姿态，币面右侧环有字符“AAVGGGE”。这枚金币属东罗马帝国查士丁尼一世时期（公元 527 年 ~ 公元 565 年）的金币“索里得”。

丝绸之路青海道是我国古代沟通东西方贸易的一条著名古道，秦汉以前习惯称“羌中道”。汉唐以后随着东西方贸易不断扩大，青海道在国际贸易中占据了显赫地位。这枚金币的发现印证了中国与东罗马帝国之间的经济往来的史实，是反映东西方文化交流的重要遗物，是丝绸之路青海道沟通中原与西方的物证。

萨珊波斯银币

北魏（公元 386 ~ 534 年）

直径 2.7 厘米，重 3.5 克

1981 年宁夏固原市东郊乡雷祖庙村北魏墓出土

宁夏固原博物馆藏

正面外侧饰一周联珠纹，中为萨珊朝卑路斯王的侧面头像，王冠上部有翼状饰物，冠顶有一新月托一圆球，前部有铭文，但已模糊不清。背面中央为拜火教祭坛，祭坛上火焰两侧有星、月，坛两侧站立着两位祭司。右侧祭司背后文字应是铸造地点的缩写，左侧祭司后应为铸造年代铭文，但非常模糊，难以辨认。

莲瓣纹高足鎏金银杯

北朝（公元 386 ~ 581 年）

通高 8 厘米，直径 9.6 厘米

1973 年新疆吐鲁番市阿斯塔纳出土

新疆维吾尔自治区博物馆藏

敞口，弧壁，高圈足。杯外壁下端为一周仰莲纹，上端为一周花瓣纹，通体鎏金，现大部分已脱落。莲瓣纹是阿斯塔纳墓葬特有的纹饰，在陶器、木器上均有体现，这也反映出当时高昌地区佛教非常盛行。

狮纹银盘

公元 5 ~ 6 世纪

高 3.8 厘米，口径 21 厘米

1989 年新疆焉耆县老城村出土

新疆巴音郭楞蒙古自治州博物馆藏

敞口，窄沿，斜方唇，浅弧腹，小圜底。外壁自唇下至底部旋纹处共有 118 道竖高凸棱，盘内有一圈旋纹，中间阴刻一狮两树和山石图案，狮呈行走状。树一高一矮，根于山石中，枝上结有果实。底部为 3 圈旋纹，最内圈旋纹中间有凹坑，为镟车加工所留。该银盘是一件来自西方的器物。

七鸵纹银盘

公元 5 ~ 6 世纪

高 3.5 厘米，口径 21.2 厘米

1989 年新疆焉耆县老城村出土

新疆巴音郭楞蒙古自治州博物馆藏

银盘圆唇，敞口，浅弧腹，盘内壁饰七只鸵鸟，底心一只，周围六只，身姿既有变化又有重复，皆单线平錾，阴纹内涂金。鸵鸟原产西亚和非洲，汉代时输入中国，被视为珍禽。使用金银器皿不是中国固有的习俗，公元 5 世纪以后由于受到外来文化的影响，开始在上层社会日益流行。中国金银器制作工艺主要吸收借鉴自西亚波斯萨珊王朝和中亚粟特，尤其与粟特关系更为密切。该盘即为粟特制品，很可能是经过丝绸之路贸易到达新疆地区的。

粟特文银碗

公元 5 ~ 6 世纪

高 7.4 厘米，口径 21 厘米

1989 年新疆焉耆县老城村出土

新疆巴音郭楞蒙古自治州博物馆藏

该银碗通过镟车进行加工修整，敞口，平沿，小方唇，自唇下至圈足的外壁有 60 道凸起的直棱，圈足焊接，高 2 厘米，碗底及圈足外壁各刻有一行铭文。有专家认为这两处铭文是一组中古波斯文数字，但读法尚未确定，有可能是表示器物的重量，另一种可能是指银器的价值。由此可知，这件银碗是来自波斯萨珊王朝的器物，与同出的七鸵纹银盘和狮纹银盘都是丝绸之路的物品。

东罗马鎏金银盘

公元 4 ~ 5 世纪

高 4.6 厘米，口径 31 厘米，底径 10.9 厘米

1988 年甘肃省靖远县北滩乡出土

甘肃省博物馆藏

该盘圆唇，浅斜腹，小平底。原是鎏金，现大部分已脱落。盘内满饰浮雕花纹，分三圈置列：外圈饰相互勾联的葡萄卷草纹，其间栖有小鸟等小动物；中间一圈浮雕古希腊奥林匹司十二神的头像，每个头像左侧各有一只动物；盘中央为高浮雕的倚豹、手执权杖的酒神，是银盘的主题花纹。在圈足内底部有点状铭刻文字一行，这是在中国丝绸之路上发现的重要罗马文物。

鎏金银壶

北周天和四年（公元 569 年）
高 37.5 厘米，最大腹径 12.8 厘米，重 1500 克
1983 年宁夏固原市南郊乡深沟村李贤夫妇合葬墓出土
宁夏固原博物馆藏

墨涅拉俄斯与海伦　　帕里斯与阿芙罗狄蒂　　帕里斯与海伦

鎏金银壶主体纹饰展开图

该壶鸭嘴细颈，上腹细长，下腹圆鼓，高圈足座，单把，壶把上铸一深目高鼻带盔形帽的人物头像。壶颈部、束足处和底座边缘各饰联珠纹一周，壶腹下部雕刻一周细线水波纹，水波纹中有两只怪兽相向追逐一条鱼，鱼尾甩出水面。壶腹中部一周铸有三组浮雕人物图像，每组各有一对男女，反映的是希腊神话金苹果之争故事中的三个场景：帕里斯的审判、诱拐海伦及海伦回归。

据考证，这件鎏金银壶是波斯王朝的酒具，萨珊时代在中亚的巴克特利亚地区制造，是萨珊工匠模拟希腊图像的产物。银壶形制完全沿用萨珊王朝金银器的风格，但壶把上的人头形象与萨珊波斯人形象有别，属中亚巴克特利亚人。这件萨珊风格制品的出土，不仅为中西文化交流增添了一份重要的资料，其在全世界现存的萨珊系统的金银器中，无论是制作工艺，还是表现内容都是绝无仅有的。

金项圈

北魏（公元 386 ~ 534 年）

宽 12 厘米，重 43.2 克

1987 年宁夏固原市寨科乡李岔村北魏墓出土

宁夏固原博物馆藏

素面，空心，用 0.5 毫米厚的金箔卷制成管状，呈“U”形。管中部直径 0.9 厘米，两端直径 0.2 厘米，两端又各卷成直径约 0.3 厘米的小圆环。

镶松石金耳环

北魏（公元 386 ~ 534 年）

直径均为 4.8 厘米，其一重 14.7 克，另一重 16.3 克

1991 年宁夏固原市三营乡化平村北魏墓出土

宁夏固原博物馆藏

椭圆形，大小不一。环两侧及正面嵌绿松石，错位排列，数量不等。

金扣蚌壳羽觞

魏晋（公元 220 ~ 420 年）

长 13.7 厘米，宽 10 厘米，高 4.2 厘米

1985 年青海省西宁市南滩砖瓦厂出土

青海省博物馆藏

羽觞即羽杯，也就是耳杯，为椭圆形器皿，直口，浅腹，圜底，两侧各有一半月形耳，如鸟的双翼，故名“羽觞”。南朝梁元帝萧绎在《采莲赋》中吟道：“鷁首徐回，兼传羽杯”。盛行于战国到魏晋时期，为日常生活用具，多以木胎作器，也有铜质耳杯。

蚌壳镶金口的耳杯极为罕见。此器以较大的蚌壳做杯身，蚌壳口沿处用贵金属黄金镶边，口缘两侧有横柄，制作精细，造型优美圆润，光泽晶莹锃亮，白色蚌壳与金色镶口交相辉映，和谐自然。它应为主人生前喜爱和使用之物，同时也体现出其主人显贵的身份和地位，器具本身十分华贵，是一件难得的艺术珍品。

玻璃盘

北周（公元 557 ~ 581 年）
高 3 厘米，口径 10.8 厘米
1988 年陕西省咸阳市出土
陕西省考古研究院藏

该盘敞口，圆唇，斜腹，小底微凹。内壁光滑，饰两周弦纹和三周磨花。磨花为圆形或椭圆稍内凹的小平面。颜色黄中泛绿，呈半透明状，且有小气泡。此物系无模自由吹制成型，装饰风格为典型的萨珊王朝玻璃装饰风格，但器形却不似萨珊王朝玻璃制品。与此盘形状和装饰类似的玻璃盘曾在伊拉克出土，故推测，该盘应是受罗马玻璃器影响的萨珊王朝玻璃制品。

玻璃碗

北周天和四年（公元 569 年）
高 8 厘米，口径 9.5 厘米，腹深 6.8 厘米
1983 年宁夏固原市南郊乡深沟村李贤夫妇合葬墓出土
宁夏固原博物馆藏

玻璃碗，淡黄绿色，胎体内含有很小的气泡，透明度好，直口深腹。口沿有水平磨痕，外壁分布有上下两圈凸起的圆饰，上圈 8 个下圈 6 个交错分布，底部也是一个直径较大的圆饰。玻璃碗体和圆形凸起纹饰为一次吹制而成，之后再进行打磨加工，使得圆饰更加突出，圆饰表面也经过后期打磨成凹球面。此玻璃碗透亮又有多个球面，从任何角度观赏都晶莹剔透而又富于光泽变化，充分发挥了透明玻璃的特点，在当时是非常珍贵的物品。

研究者认为这类装饰风格的玻璃器是从波斯萨珊王朝传入的产品，原产于伊朗高原，在王朝疆域内流行于 4 ~ 7 世纪。在中国境内发现的李贤墓玻璃碗和西安东郊清禅寺玻璃瓶分别出土于有纪年的墓葬（公元 569 年）和遗址（公元 589 年），为此类风格玻璃器传播至中国提供了更加精确的时间，即公元 6 世纪后半期。日本冲之岛也发现过凸起圆饰的玻璃器碎片，制作工艺和风格与该件玻璃碗相同。除凸起圆饰的玻璃器外，其他类型的萨珊玻璃在中国新疆、宁夏、陕西、山西、北京、江苏、湖北以及日本都曾被发现。从伊朗高原到中国，再到日本，包括凸起圆纹饰玻璃器在内的多类萨珊玻璃器的广泛分布再现了丝绸之路上物质文化的丰富传播和交流。

彩绘陶罐

高昌王国（公元 460 ~ 640 年）
高 10.7 厘米，口径 8.5 厘米
1960 年新疆吐鲁番市阿斯塔纳出土
新疆维吾尔自治区博物馆藏

侈口，方唇，窄折沿，束颈，溜肩，垂腹，平底，颈部系绳。除口沿处施一周红彩外，罐身通体饰黑彩，以黄彩粗线勾勒出草叶形状，并用红彩和白彩点绘装饰，腹部以一道弦纹将装饰图案分成两部。器物整体装饰风格颇似三彩。

玛瑙印

萨珊帝国（4 ~ 7 世纪）
高 2.2 厘米，长 2.5 厘米，宽 1.5 厘米
1959 年新疆巴楚县出土
新疆维吾尔自治区博物馆藏

为琥珀色玛瑙质，呈椭圆形，人像印押。浅浮雕刻制。印押中的男子深目高鼻，长发，头戴向上翻卷的宽沿圆形高帽。脚穿长靴，腰间系裙。肩挑鱼和草，作侧身挑担走路的姿势。人物比例适中，栩栩如生，非常生动的刻画出龟兹人的形象。

二、丝绸灿若霞　丝路促贸易

为满足丝路贸易需要，中国丝织品纹饰中出现了符合西域审美情趣的纹样，中西合璧的新风格使出口丝绸更具魅力。

蓝地对羊灯树纹锦

北朝（公元 386 ~ 581 年）

长 24 厘米，宽 21 厘米

1972 年新疆吐鲁番市阿斯塔纳 M186 出土

新疆维吾尔自治区博物馆藏

该锦为整幅织物中残存的半幅，一侧有完整的织物幅边，属夹纬经二重平纹织物。锦以绿色为地，用红、黄、绿、白四种颜色显示花纹，染色中的青、黄未见褪变，依然鲜艳。从残存画面看，全幅为对称两列横式纹样。图案以灯树为主体，树的基干如台座，枝叶呈塔形，六只花灯分三层作塔式排列，树的边缘织出放射线，表示夜晚树上花灯发出耀眼光芒；灯树上方为葡萄树和对鸟，灯树之间的上部空隙填以背向的对鸟，灯树下面为伏卧的对羊，羊的颈部系有绶带，一对夸张的大角向后弯曲着。锦上的主体纹饰表现的是古代中原地区上元节火树银花不夜天的情景，表明中原地区上元节之夜张灯结彩、普天同庆的习俗在北朝时期已经传播到了西域地区。

“吉”字纹织锦

北朝（公元 386 ~ 581 年）
长 57 厘米，宽 8 厘米
1960 年新疆吐鲁番市阿斯塔纳 M169 出土
新疆维吾尔自治区博物馆藏

此织锦白地，显红、黑二色龟背纹和“吉”字。织锦是用两种以上的彩色丝线提花交织的多重织物，质地厚重，织纹精细，色彩瑰丽。

印花棉布

北朝（公元 386 ~ 581 年）
长 11 厘米，宽 7 厘米
1959 年新疆于田县屋于来克遗址出土
新疆维吾尔自治区博物馆藏

蓝地显白色花纹，棉布残缺较大，花纹已不能辨识，但色泽保存较好。

对鸟对兽纹绮

北朝（公元 386 ~ 581 年）
长 30 厘米，宽 30 厘米
1960 年新疆吐鲁番市阿斯塔纳 M303 出土
新疆维吾尔自治区博物馆藏

平纹地起斜纹花的单色织物，其上依稀可见对鸟与走兽，残损严重。

三、丝路好风光　旖旎田园景

河西走廊位于丝路咽喉地段。嘉峪关市东北新城堡附近一片长达20公里的墓葬群全面展示了魏晋时期河西地区社会生活全貌。

双驼图画砖

魏晋（公元 220 ~ 420 年）
长 35.5 厘米，宽 17 厘米，厚 5.3 厘米
1972 年甘肃省酒泉市果园乡出土
甘肃省博物馆藏

画像砖正中绘一大一小两只双峰骆驼，左侧绘大树一棵，大骆驼昂首啃食树叶，小骆驼也做昂首欲吃状，画面极为生动。图案外围绘一周红色边框，左上角略有残损。

扬场图画砖

魏晋（公元 220 ~ 420 年）
长 34.8 厘米，宽 17 厘米，厚 4.5 厘米
1972 年甘肃省嘉峪关市新城出土
甘肃省博物馆藏

扬场是一种农业劳动，就是将打下来的谷子等作物扬洒一下，借风力把壳吹去留下谷子。画面中的这位农夫头戴角巾，身着长衫，手持四齿长叉作奋力扬起状。嘉峪关图画砖上的绘画以中国传统的写实手法为主，笔法简练，形象生动，早于莫高窟艺术，填补了魏晋时期绘画艺术的空白。

驿使图画砖

魏晋（公元 220 ~ 420 年）

长 35 厘米，宽 17 厘米，厚 5 厘米

1972 年甘肃省酒泉市果园乡出土

甘肃省博物馆藏

砖为米色底，画面上绘一个邮驿使骑在黑鬃马上，头戴黑帻，身穿皂缘领右襟宽袖衣，足蹬长靴，左手持通过关卡、驿站时的信物——棨传文书。驿骑四蹄腾空，信使则稳坐马背，反衬出驿马速度的快捷与信使业务的熟练，特别是传说图中的驿使脸上五官独独缺少了嘴巴，意在表明昔日驿传的保密性，这种真实而又写意的手法，对后世中国的绘画艺术产生了深远影响。《驿使图》生动地再现了当时西北边疆驿使驰送文书的情景，也是我国古代邮驿使较早的形象资料。这块写实砖画在我国邮政史上具有重大意义。20 世纪 80 年代初，在世界万国邮政博览大会上，此画曾作为中国邮政的标志物。为纪念中华全国集邮联合会第一次代表大会的召开，邮电部曾于 1982 年 8 月 25 日发行《驿使图》纪念邮票（小型张）一枚。

绿釉陶扁壶

北魏（公元 386 ~ 534 年）

残高 11.3 厘米，宽 9.5 厘米

1986 年宁夏固原市粮食局家属院工地出土

宁夏固原博物馆藏

扁腹，两侧起脊，双耳，其中一耳和口部残损，釉面部分剥落。腹部饰乐舞图，三人翩翩起舞，中间一人在圆台上舞蹈。周围花树下乐人伴奏，形象极其生动。画面表现的应是北朝时期自中亚传入我国的胡腾舞与胡旋舞。

执团扇侍女壁画

北周天和四年（公元 569 年）

高 136 厘米，宽 69 厘米

1983 年宁夏固原市南郊乡深沟村李贤夫妇合葬墓出土

宁夏固原博物馆藏

此壁画位于墓室西壁（南端第二幅）。人物面相丰满，细眉，长耳，头梳高髻，面颊晕染成粉红色。内着圆领衫，外着无领宽袖服，腰系带，下裹裙。左手持团扇，右手持物屈至胸前。

陶牛车

北魏（公元 386 ~ 534 年）
牛高 21.9 厘米，长 31.5 厘米
陶车通高 24.6 厘米，长 20.4 厘米
驭者通高 34.5 厘米
1984 年宁夏彭阳县新集乡石洼村北魏墓出土
宁夏固原博物馆藏

由牛、车和驭者组成，均为泥质红陶。

陶牛，中空，双角上曲，昂首而立，尾部下垂，体浑圆，角与腿分别另制后用石灰黏合。

陶车，敞篷，车身两侧有高栏板，栏板内外绘有红色条状纹饰，前后各有一柱。栏板及柱顶有圆形、方形穿孔。据车上穿孔位置，应有木质车辕。车轮为陶制，原应有十六根木质辐条，已朽。辐条两端分别用石灰固定在车轮及车轴上。

驭者，面施粉，无须，头戴软帽，身着对襟短衣及长裤。双臂前屈，手作握拳状，拳心有孔。

绿釉饮酒胡人俑

北朝（公元 386 ~ 581 年）

高 10 厘米，宽 6 厘米

1979 年陕西省西安市南郊草场坡出土

西安博物院藏

红陶质，除头部外，通体施绿釉。胡人头戴尖顶毡帽，帽檐下前额处露出卷发，浓眉深目、高颧骨、鹰钩鼻、络腮胡。身穿左衽长袖衫，作蹲坐状，两腿间夹一小口、方腹、平底带有方形矮足的扁方壶，右手平置膝上，左手握一筒形小杯置于膝端。胡人双腿间的方扁壶当为盛酒之器，亦可称为酒坛，手中之杯当为酒杯，塑造了一个嗜酒如命的胡人形象。

西汉张骞出使西域，开辟了丝绸之路，加强了中原与西域少数民族之间的联系，沿途各地区各民族之间的经济贸易、文化交流更加繁荣，各地商客频繁来往于迢迢丝路上，并深入内地。长安城作为丝绸之路的起点、商业和文化交流的中心，有不少异域胡人生活在这里。这件俑正是生活在长安城的胡人的形象，从他腿夹酒坛手握杯自斟自饮以及惬意的表情看，胡人很满意在长安城的生活。

胡人俑在汉代仍较少见，到唐代才大量出现。唐代胡人俑大都表情凶悍、体格健壮、大腹便便，所表现出的人物神情大都坚毅自信、雍容大度。该俑形体单薄、姿态平庸，但面部表情却十分生动，与唐代胡俑形成了鲜明的对比。

骑马伎乐俑

北朝（公元 386 ~ 581 年）
之一：高 34.5 厘米，宽 30 厘米
之二：高 35.2 厘米，宽 32 厘米
1996 年陕西省西安市北郊董家村出土
陕西省考古研究院藏

之一：马头部塑造细腻，两耳竖直，其间有一螺旋状角伸向前方，并用阴线刻划出眼睛和鬃毛。马口中有衔，头部塑出辔头，马鬃塑造成高棱状，向两边分披。配有马鞍。陶马体态较丰满，四足与踏板连成一体。骑马的陶俑头戴冠，双腿跨于马背，双手握一圆筒状乐器，已将半个脸部遮挡，作出奏乐姿势，乐器形态似为“筒”。总体而言，马与俑皆造型简洁，制作精细。

之二：陶马两耳竖直，阴线刻划出眼睛。马口中有衔，头部塑出辔头，马鬃亦塑成高棱状，鬃毛阴线刻划并向两边分披。陶马体态健硕，四足与踏板连成一体。骑俑头戴冠，双腿跨坐于马背，左手握拳中空，原应有物，右手执槌，置于右腰侧之小腰鼓上。

骑马伎乐俑是继西安南郊草场坡北朝墓、长安县北朝墓等之后，在西安地区出土的又一批北朝乐俑实物，但与后者又有一定的差别。这一批乐俑的出土，将更加丰富我们对北朝及其丧葬制度的认识。

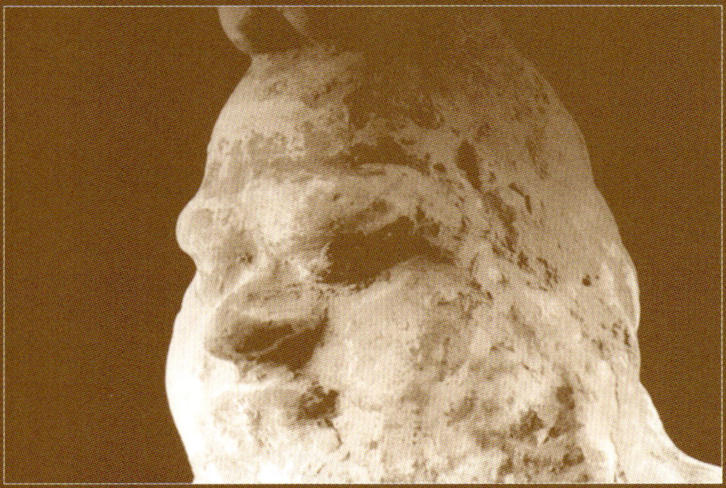
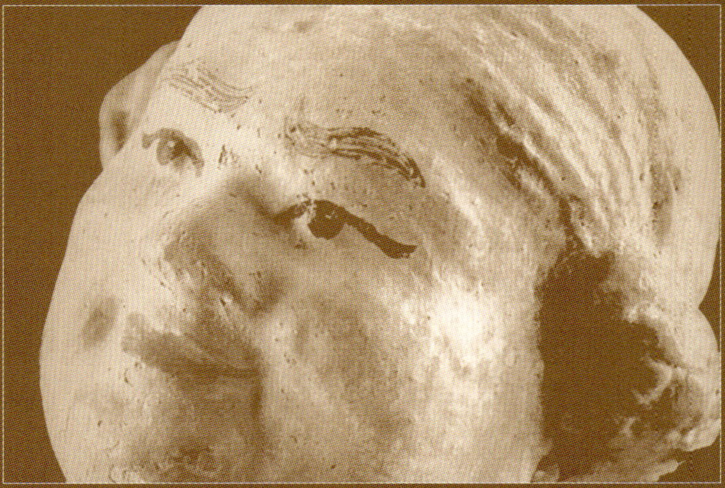
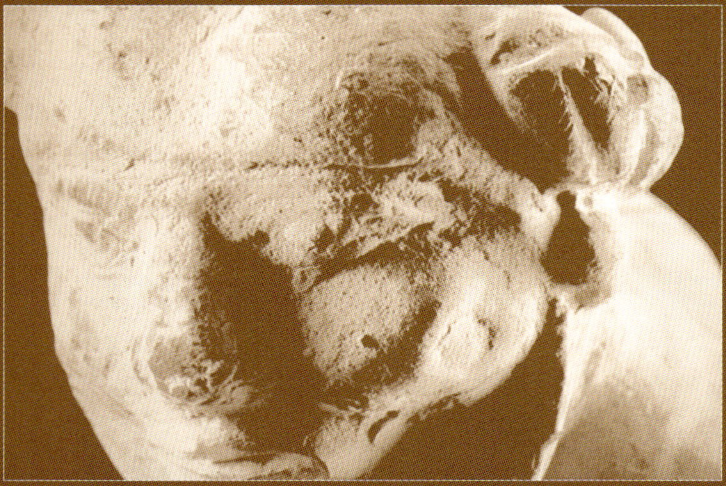
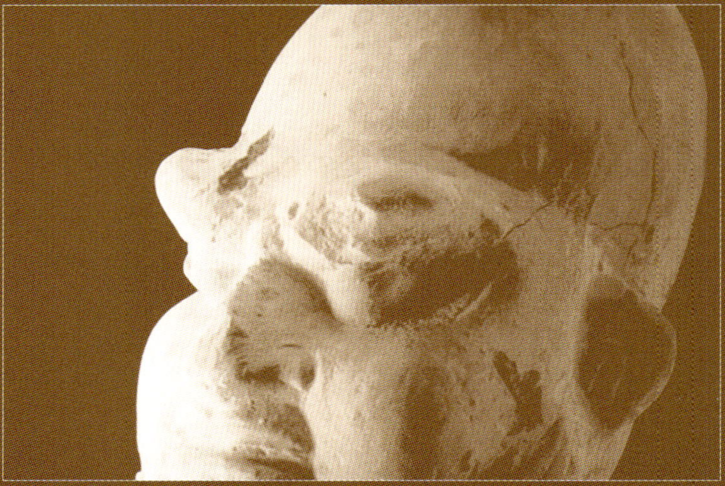
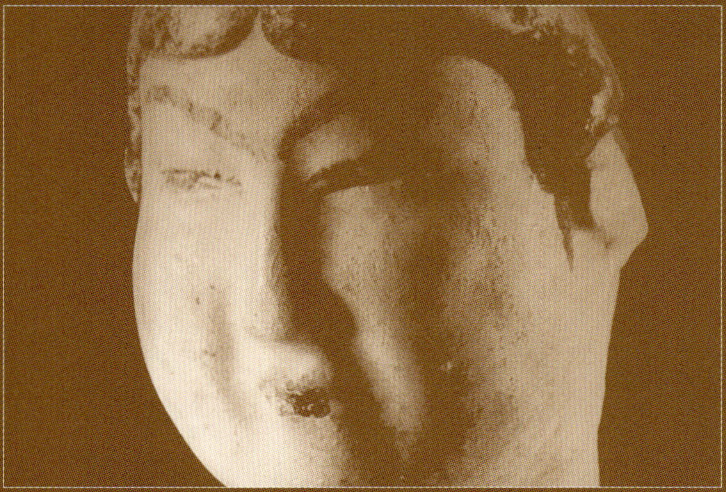

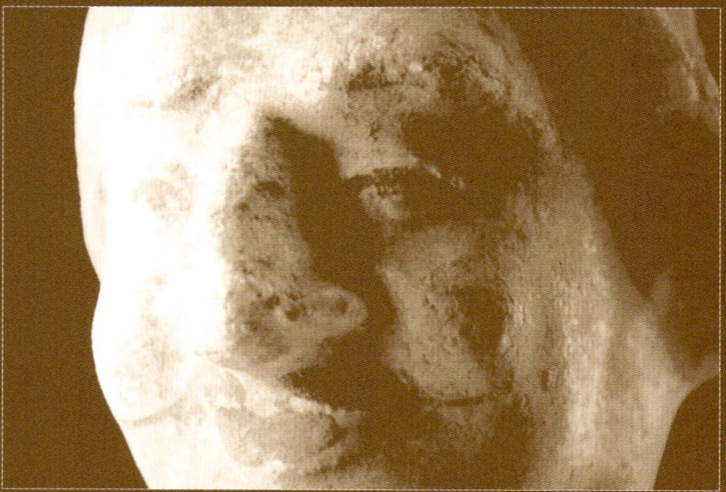

第四部分

盛唐气象　丝路繁荣

——隋唐时期（公元581—907年）

唐王朝在丝路沿线建驿站，设关卡，通过陇右道、北庭都护府、安西都护府等机构直接经营、管理丝路贸易。天山南北葱岭内外，烽戍逻卒，万里相继。各国商旅相望于道，丝路臻于最盛期。

一、丝路连东西　贸易达四方

经唐朝中央政府积极建设，丝路通畅繁荣。「伊吾之右，波斯以东，商旅相继，职贡不绝」，极大丰富了唐人的文化生活。

（一）胡商贩客

胡人商队沿丝路辗转往来，足迹遍布大江南北。流寓唐境的胡人极大丰富了唐人的生活，民族融合对多元化社会结构和多民族人口构成影响深远。

黑人俑

唐（公元 618 ~ 907 年）
高 15 厘米
陕西省西安市南郊出土
陕西历史博物馆藏

陶质，彩绘大部分剥落。均呈立姿，头发卷曲成螺旋状，厚嘴唇，一副憨态可掬的黑人形象。其中一俑着短裤，袒露上身，左手握拳，右手抱腹；另一俑双手握拳，着长袍，袍襟绾于腰部。

黑人是由西方商人经丝绸之路带到中土的，后进入唐代贵族府中为奴，名“昆仑奴”。关于唐代黑人的来源，学界有两种说法，一是来自东南亚皮肤较黑的民族，一是漂洋过海来到中国的非洲大陆的黑人，其中除了个别人从事商贸活动外，多数人可能是被阿拉伯商人等贩卖给当时的达官贵人为奴，终生留在中国。

三彩胡姬俑

唐（公元 618 ~ 907 年）

高 20 厘米

1960 年陕西省乾县永泰公主墓出土

陕西历史博物馆藏

俑头梳双垂髻，面庞饱满，修眉深目，高鼻丰颐。身穿袒胸窄袖衫，肩披蓝色披帛，下穿褐色曳地长裙，头微左转，双手拢于腹前，作垂首侍立状。此俑外貌特征与唐墓中出土的其他女俑颇有不同，不似中原女子，很可能是西域进贡来的侍女。唐墓中西域妇女形象的陶俑较为少见，但唐代诗人屡屡咏及胡姬，如诗人李白有：“落花踏尽游何处，笑入胡姬酒肆中”的诗句。此俑的身份虽不是当垆卖酒的胡姬，而是供人役使的女侍，但从其容颜身姿也可以领略诗人笔下“胡姬貌如花，当垆笑春风”的动人姿态。

彩绘胡姬俑

唐开元十二年（公元 724 年）

高 26 厘米

1991 年陕西省西安市新筑乡金乡县主墓出土

西安博物院藏

头梳刀形高髻。上着淡黄色窄袖襦，内衬半臂，下着橘红色曳地长裙。双手交至腹前，中间有圆孔，原当持物。此俑眉、眼、鼻等细部与其他女俑迥异，眉略高而眼略深，鼻子略宽扁，脸庞圆润，嘴角略翘，疑为胡姬。

三彩胡人俑

唐（公元 618 ～ 907 年）

高 28 厘米，宽 13 厘米

1978 年陕西省西安市东郊出土

西安博物院藏

俑头发梳至两侧耳上部成髻，深目大眼，双目向右上方观望，身着翻领紧袖胡服，腰系带，足蹬靴，双手握拳，左手低，右手高，作拉持缰绳状，双脚微向两侧分开，站立于方形踏板上。白胎，质坚硬，头部露胎施粉，长袍以黄褐色釉为主，局部点缀绿彩，衣领釉色为白斑绿釉。

盛唐时期的三彩及彩绘胡人牵马、牵驼俑皆造型生动，同出的牵马、牵驼俑，多戴幞头，身穿翻领交襟长袍，下穿小口窄裤，足穿尖头长靴，深目高鼻，须发浓密，神气十足，塑造出充满活力的胡人形象。

胡人俑

唐（公元 618 ~ 907 年）

（1）三彩胡人牵驼俑

高 29 厘米

（2）三彩胡人俑

高 43 厘米

（3）彩绘胡人俑

高 47 厘米

（4）彩绘胡人俑

高 27 厘米

（5）三彩胡人牵驼俑

高 30 厘米

陕西历史博物馆藏

（1）胡人眉目隆起，鼻梁高挺，嘴唇宽厚，面部有一周络腮胡须。头戴黑色幞头，身着翻领长袍，腰系带，足蹬靴，双手似控缰，立在踏板上。身体施黄绿釉，头部釉已脱落。人物神情逼真，双目传神。

（2）胡人眉骨凸出，双目深陷，鼻头宽阔，上唇有一绺八字胡须。头戴黑色幞头，身着翻领长袍，腰系带，双手拉缰绳，衣纹褶皱刻画细腻。身体施褐绿色釉，部分釉已脱落。

（3）胡人额头隆起，深目塌鼻，嘴唇扁平。发髻结于脑后，身着圆领宽袖长袍，腰系黑色銙带，一侧袍襟绾于腰际，露出双腿。两手执于身侧，身体微向左倾，注目远视。俑身原施彩绘，惜已脱落。

（4）胡人深目高鼻，眉骨凸出，脸周有络腮胡子。头戴黑色幞头，身着圆领长袍，腰系带銙，腹部浑圆。身体站立在踏板上，头微微向后扬起，左手放在胯部，右手抚胸，神情专注。所施彩绘已经脱落，只有面部隐约可见红色。

（5）胡人深目高鼻，眉头和脸颊肌肉凸出，嘴唇上抿。头戴黑尖顶帽，帽顶向右后方微倾，身着翻领长袍，一侧袍襟向后卷起，露出左腿。双手上举作牵引缰绳状。身体施黄绿釉，头部露胎未施釉。脖颈处有修复痕迹。

（4）

（3）

（1）

（2）

（5）

（二）骏马鸣骆

唐朝政府大量引进西域良马。“既杂胡种，马乃益壮。”马政业发达，至开元十三年养马总数达43万匹。“沙漠之舟”骆驼被誉为丝路象征，驼铃叮当声响彻丝路沿线。

卧驼及骑驼俑

唐（公元 618 ~ 907 年）

高 50 厘米，长 62 厘米，宽 28 厘米

1985 年陕西省西安市韩森寨出土

西安博物院藏

骆驼曲颈昂首，背有双峰，四腿弯曲，跪卧于地。驼背上骑一男俑，俑为胡人形象，深目高鼻，头戴尖顶虚帽，身穿圆领紧身袍，双腿着裤，足蹬长筒靴。胡俑双臂折断，身体前挺，瞪眼发怒，扬鞭拉缰似在驱驼起身。人物富于动态，而驼为静态，一动一静，相互对比，形象生动。

三彩载物骆驼俑

唐（公元 618 ~ 907 年）

高 51 厘米，长 45 厘米

1983 年陕西省西安市机械化养鸡场出土

西安博物院藏

左右合模制成。骆驼形体高大，双目圆睁，昂首嘶鸣，尾上卷，四腿立于方形踏板之上。驼背上配有带花边的鞍鞯，双峰之间搭着驮囊。骆驼脑后、颈下、驼峰和腿根饰细线纹。通体施以褐、绿、蓝、白等色釉，腿膝盖以下不施釉。该器物构思巧妙，造型生动。唐代工匠们在简单概括的基本形体构成的“骨架”上，用准确、生动的肌肉刻划加以装饰，使这件载物骆驼达到一种独特的艺术效果。唐诗中有“东来橐驼满旧都”之语，唐墓中出土的大量骆驼和骑驼出行的胡人俑，正是唐代中外交流和丝绸之路中西往来活跃繁盛景象的写照。

彩绘陶骆驼俑

唐（公元 618 ~ 907 年）

高 74 厘米，长 55 厘米

1987 年陕西省西安市韩森寨出土

西安博物院藏

骆驼形体高大，曲颈昂首，背有双峰，立于长方形踏板上。比例匀称，造型生动。

彩绘陶骆驼俑

唐（公元 618 ~ 907 年）

高 87 厘米，长 66 厘米

2005 年陕西省西安市公安局移交

西安博物院藏

双峰驼，昂首挺胸，立于长方形踏板之上，现已修复完整。2003 年 4 月 9 日西安市公安局文物市场科在电子城鑫园小区收缴。

彩绘胡人牵马俑

唐（公元 618 ~ 907 年）
高 58 厘米
1987 年陕西省西安市韩森寨出土
西安博物院藏

胡俑头发梳成中分，发髻结于脑后，侧首凝视左方。身着翻领窄袖长袍，右手弯曲执于胸前，两腿自然分开。右肩斜挎一只囊具于左腋之下，应为旅途中盛水的器物。该胡俑选取日常牵马或驼的造型，是穿行于丝路的掮客的真实写照。

彩绘陶马俑

唐（公元 618 ～ 907 年）

高 80 厘米，长 67 厘米

1987 年陕西省西安市韩森寨出土

西安博物院藏

立马高大，两耳直竖，双目圆睁，作嘶鸣状，胸肌宽阔，筋肉坚实，四肢矫健，神采飞扬。造型简洁生动。

彩绘胡人牵驼俑

唐（公元 618 ~ 907 年）
高 56 厘米
1973 年新疆吐鲁番市阿斯塔纳 206 号张雄夫妇墓出土
新疆维吾尔自治区博物馆藏

胡人头戴翻红边白毡尖顶帽，身着及膝绿色翻领掩襟袍，胸前左侧衣领外翻，露出红色衬里，上绘树草和蜜蜂图案。该胡俑通体分成十块雕刻，胶合成型后再施彩绘。这种木俑同墓共出土两件，但衣服颜色不同。该墓还出土有体形相当的木马、木骆驼等。阿斯塔纳古墓群位于吐鲁番市东南 40 公里的三堡乡戈壁荒漠中，是西晋至唐代高昌居民的公共墓地，此地区有以木俑随葬的旧俗。随着中原以泥俑随葬的习俗的影响，到唐武周时期，当地墓葬中随葬泥俑逐渐增多，至唐西州时，泥俑已取代木俑成为随葬的主流。由于当地气候干燥的特殊条件，这些随葬物得以保存至今。

三彩马俑

唐（公元 618 ~ 907 年）

高 49 厘米，长 51 厘米

1951 年陕西省文管会移交

陕西历史博物馆藏

马为棕色，膘肥体壮，颈项高耸，神气十足。马鞍施彩绘的障泥垂于腹两侧。马首辔饰齐全，配以绿色杏叶形垂饰。

马，对于唐朝统治者来说具有极其重要的战略意义，《新唐书》载：“马者，国之武备。天去其备，国之将亡。”因此，对来自突厥或与突厥有血缘关系地区的良马以及龟兹、于阗、大食等国进贡的宝马，唐朝政府均设专门的机构和官员负责管理，精心养驯。到七世纪中叶，唐王朝已创纪录地拥有各种马七十多万匹。

铜骆驼壶

唐（公元 618 ~ 907 年）
长 10.5 厘米，宽 4.7 厘米，高 6.7 厘米
宁夏西吉县出土
宁夏西吉县博物馆藏

铜壶为伏卧的骆驼造型，前驼峰作器盖，上有圆形穿孔。骆驼双眼圆睁，昂首前视，双峰耸起，比例匀称，神态逼真。

三彩胡人牵驼俑

唐（公元 618 ~ 907 年）
俑高 76 厘米，驼高 93.4 厘米
1965 年甘肃省秦安县叶家堡出土
甘肃省博物馆藏

陶胎，质较松。胡人俑身施黄绿色釉，头微微向右扬起，右手握于胸前，左手握于腰间，呈牵驼状。俑身穿翻领大衣，内着红色衣衫，足穿长筒靴，站立于踏板上。骆驼通体施褐色釉，昂首向上，张口露齿，双峰较高，四腿直立于长方形踏板上。该组牵驼俑形象写实，生动地表现了丝绸之路上的西域胡商形象。

牧马图屏风画

唐（公元 618 ~ 907 年）
长 75 厘米，宽 57 厘米
1972 年新疆吐鲁番市阿斯塔纳 M188 号墓出土
新疆维吾尔自治区博物馆藏

该屏风画共 3 幅，绢质，每幅均画有一棵枝叶繁茂的树，树下有一人在放牧一马，或立或行，空中燕雀飞翔，画面上端画有示意性远山。人物面目清秀，动态自然。线条粗细较均匀，用笔洗练。马匹毛色多用晕染，树干有深浅变化，树叶用双钩填色法。

墓主人为昭武校尉沙洲子亭镇将张公夫妇，夫人麹仙妃葬于开元三年（公元 715 年），男主人入葬略晚。在现实生活中，屏风是一种重要的陈设家具，上面绘有书画作品，既可以体现主人的身份，又能反映主人的品味。另外，屏风在唐代也是一种极为重要的绘画载体。实际上，壁画墓中的屏风画像也是对居室中所陈设的绘画作品的模拟。牧马屏风图原裱在屏风木框上，为实物屏风画，出土时均位于象征卧榻的土台旁边，应是对居室卧榻周围屏风的模仿。

彩绘花鸟纸画

唐（公元 618 ~ 907 年）
长 42 厘米，宽 29.5 厘米
1968 年新疆吐鲁番市阿斯塔纳出土
新疆维吾尔自治区博物馆藏

此画可能是一幅花本。上半部绘两只衔着花枝的鸳鸯，分别立于两朵盛开的莲花上。下半部绘两只鸟作翻飞状，共衔一枝倒垂的莲花，展翅飞翔于花卉和彩云间。该纸画运用墨线勾勒轮廓，然后敷彩的技法，有晕染效果。色彩分别为黑、绿、紫红、绯红、橘黄、蓝等色。

牵马图壁画

武周圣历二年（公元 699 年）

高 69 厘米

1986 年宁夏固原市南郊乡羊坊村梁元珍墓出土

宁夏固原博物馆藏

该壁画位于第三天井东壁。人物面颊涂红，双目前视。头戴幞头，身着土黄色圆领长袍，腰束带，足穿乌靴。双手置于胸前，左手执缰，右手执鞭，侧身作行走状。马身涂红色，目前视，背置鞍鞯，鞯下有黑色障泥，鞍上搭土黄色鞍袱，右侧两腿着地，左侧两腿提起，作行走状，马尾紧束上翘。

牵马图壁画

唐圣历二年（公元699年）

高79厘米

1986年宁夏固原市南郊乡羊坊村梁元珍墓出土

宁夏固原博物馆藏

该壁画位于第三天井西壁。人物面颊涂红，双目前视。头戴幞头，身着深红色圆领长袍，腰束带，足穿乌靴。双手置于胸前，左手执鞭，右手执缰，侧身作行走状。马身涂白色，目前视，背置鞍鞯，鞯下有黑色障泥，鞍上搭着土黄色鞍袱，左侧两腿着地，右侧两腿提起，作行走状，马尾紧束上翘。

二、倾国又倾城　靓丽时世妆

唐代女性热情开放，大胆接受西域服饰，引领服饰新潮流。女性服饰、发饰、面饰造型多样，融合多种外来元素，华丽夸张，美艳绝伦。

彩绘木俑

唐（公元 618 ~ 907 年）

高 33.8 厘米，宽 10.8 厘米，厚 7.7 厘米

1958 年青海省西宁市南滩出土

青海省博物馆藏

该立俑面饰白彩，身着红彩袍衣，面部丰满。手臂用浮雕法刻出，五官及衣纹用线刻法表示，虽然刀法简练，但神韵生动。木俑体态丰满，具有盛唐时期的典型风格。

彩绘木俑

唐（公元 618 ~ 907 年）
高 34，宽 10.8，厚 7.7 厘米
1958 年青海省西宁市南滩出土
青海省博物馆藏

该立俑发髻高盘，饰以黑彩，面饰白彩，身穿绿衣红裳，拱手站立，面部丰满。手臂浮雕刻出，五官及衣纹用线刻法表示。刀工简洁，衣带动感强烈，形神兼备，尽显唐代风格。

持杯女子图绢

唐（公元 618 ~ 907 年）

长 80 厘米，宽 75 厘米

1972 年新疆吐鲁番市阿斯塔那 M187 出土

新疆维吾尔自治区博物馆藏

绢质。图中托盏侍女发梳平髻，阔眉，额间描花钿，面颊涂红，身着蓝色圆领印花长袍，腰系黑带，下穿晕裥长裤，足穿麻鞋，双手托茶盏，上承高足杯；中间的侍女身穿蓝色圆领印花长袍，下穿晕裥长裤，足穿翘头鞋；另一侍女穿红色圆领印花长袍，下穿晕裥长裤，足穿麻鞋，手执棋子罐。托盏侍女较完整，其余两侍女甚残。

盏托为中国传统的饮具，一般与盏配合使用。而高足杯的形制源自地中海地区，通过西亚、中亚传入中国并大受欢迎。使用者通常直接持握杯足，不搭配托盏，如房龄大长公主墓壁画所绘一手持胡瓶，另一手持高足杯的侍女。这幅绢画所描绘的中国传统器皿与外来器物的组合使用，极好地再现了中西文化的碰撞与交融。

仕女俑

唐（公元 618 ~ 907 年）

（1）彩绘女立俑

高 40 厘米

1955 年陕西省西安市东郊韩森寨出土

（2）彩绘女立俑

高 33 厘米

1952 年关云樵捐

（3）彩绘持杯女立俑

高 24 厘米

1951 年陕西文物处移交

（4）彩绘女立俑

高 50 厘米

陕西省西安市西郊纺织厂出土

（5）三彩女立俑

高 24.5 厘米

陕西历史博物馆藏

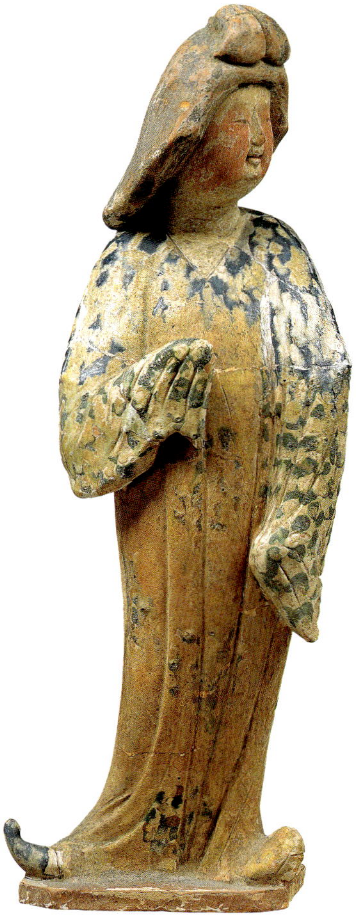

（4）

（1）

（1）女俑发髻向头部两侧垂下，眉目纤细，面颊丰腴。身着红色圆领宽袖长袍，双手交握于胸前，衣纹用几笔疏朗的线条刻画出来。人物神情恬淡，自然站立。彩绘剥落严重。

（2）女俑头梳盘桓髻，鼻梁高挺，朱唇小口。上身着袒胸团花衣，衣袖垂过膝盖，下身着拖地的红色条纹状“波斯裙”，双手执一高脚杯于胸前，凝神站立，仪态端庄。原有彩绘已大部分脱落。

（3）女俑头梳双刀半翻髻，细目小口。身着圆领曳地长袍，外罩红色覆肩帔帛，双手交握于腹前。清秀婀娜，苗条雅致。女俑身材颀长，身形不似盛唐丰腴，当属唐代初期。彩绘已大部分脱落。

（4）女俑头顶两小髻向前额耷垂，鬓发及肩。丰颊细目，抿唇含笑，神情闲适。身着白地绿花交领襦裙，曳地裙幅之下露出高头丝履。两手隐于袖中，左手下垂，右手曲臂胸前，仪态雍容优雅。女俑衣纹流畅、肌肤丰润，颇具杜甫诗《丽人行》“态浓意远淑且真，肌理细腻骨肉匀”的意味。衣服和身体的关系表现得非常准确，衣褶随形体动作折叠起伏，两手执袖处衣纹密集，充分体现了衣服柔薄的质感。

（5）女俑上身着蓝色交领衣，下身系黄色高腰长裙。头顶结单髻，两侧发髻垂于耳，形成“倭堕髻”，眉目清秀，神态恬静。双手拱于腹前，衣袖自然垂落，似在静静地凝神思索。

（3）

（5）

（2）

彩绘胡服女立俑

唐（公元 618 ~ 907 年）
高 50.3 厘米
1952 年陕西省咸阳市杨谏臣墓出土
陕西历史博物馆藏

头戴红色翻缘式绣花浑脱帽，身穿翻领窄袖胡服，领角及襟边用赭、绿、黑三色彩绘牡丹花纹，腰系黑色蹀躞带，带銙突起，左边挂有鞶囊，下着绿色紧腿裤，足穿赭色低勒靴，胸前朱书“阿谏”二字。

唐代上层社会的好胡之风引导了整个社会的审美潮流，胡酒、胡舞、胡乐和胡服成为当时盛极一时的长安风尚。胡服的主要特征是简洁、方便活动。如头戴锦绣浑脱帽，身穿翻领窄袖锦边袍，下穿条纹小口裤，足穿透空软锦靴，腰间有若干条蹀躞带。蹀躞带本是北方游牧民族的装束，但在唐代两京，尤其受到妇女们的喜爱，只是省去了原来的“七事”，改成了狭窄的有长有短的皮条作为服装的装饰，饰品的造型也颇具异域色彩。

男装女立俑

唐（公元 618 ～ 907 年）

高 39 厘米

1955 年陕西省西安市郭家滩出土

陕西历史博物馆藏

女俑绾髻包裹在黑色幞头之内，身穿圆领直裾曳地袍服，双手拢于袖内。面容圆润姣好，曲眉细目，姿态婀娜。

幞头、袍服、靴子为唐代男子服装。唐代妇女穿男装是流行风尚。同为男装俑，但在艺术表现中却有清楚的性别区分。男俑脸形有棱角、较粗糙、有皱纹、胡须，浓眉大眼，姿态矫健挺拔，特征鲜明；女俑则眉目清秀，脸庞圆滑，有时还描眉点唇，线条柔和，姿态袅娜，与男俑形成强烈对比。唐代女子不仅穿着汉式男装，有时也着胡服男装。如此开放的审美和着装观念与唐代开放和交融的文化有着很大关系。

骑马女泥俑

唐（公元 618 ~ 907 年）

高 46 厘米

1972 年新疆吐鲁番市阿斯塔那 187 号墓出土

新疆维吾尔自治区博物馆藏

仕女五官端庄秀丽，头戴帷帽，左手持缰绳，端坐马鞍之上，为当时典型的贵族妇女骑马出行之形象。

彩绘侍女泥俑

唐（公元 618 ~ 907 年）

通高 28.6 厘米

1973 年新疆吐鲁番市阿斯塔纳出土

新疆维吾尔自治区博物馆藏

女俑圆脸，倒八字眉，丹凤眼，额际用红彩描出花钿，双唇紧闭，面目清秀，头梳圆髻。内穿红色襦衣，外着绿色短袖衫，下穿红色曳地长裙，肩披绿色帔巾，帔巾一端自然垂于身前。右手自然下垂，左手弯曲置于腰部，神态略显拘谨。该俑表现的是一位在贵族家庭中侍奉主人的侍女形象，似在听候主人的吩咐。

戴幂篱女骑俑

唐（公元 618 ~ 907 年）

高 37.3 厘米，长 26 厘米

1972 年陕西省礼泉县郑仁泰墓出土

陕西历史博物馆藏

女骑俑圆脸，阔眉朱唇，头戴帷帽，乳白色圆领窄袖袍服外套带花边的黄色半袖，下着淡黄色裥裙，足穿尖头鞋，骑在一匹带红斑的黄马之上，左手勒缰，双目前视，神情悠然，高贵典雅。

窄袖袍服和裥裙都是受胡风影响产生的装束，尤其便于骑马出行活动，而帷帽是唐初非常流行的出行装备，可以说这尊戴帷帽骑马女俑是初唐女子出行的真实写照。

彩绘文官泥俑

唐（公元 618 ~ 907 年）

通高 14.3 厘米

1960 年新疆吐鲁番市阿斯塔纳出土

新疆维吾尔自治区博物馆藏

该俑头戴黑色幞头，圆脸。黑彩描绘出眉毛、眼睛和唇须，红彩点唇。短颈、窄肩、长身。身着红色圆领长袍，两手拢于袖内，置于腰腹部位，腰系黑带，脚蹬黑靴（或鞋），挺直站立，表现的是唐代西州文质彬彬的文官形象。

三、胡乐与胡舞 时人竞纷泊

西域的音乐舞蹈沿丝路不断传入中原，「羌笛陇头吟，胡舞龟兹曲」风靡巷间闾里。唐的《十乐》（《燕乐》、《清乐》、《西凉乐》、《天竺乐》、《高丽乐》、《龟兹乐》、《安国乐》、《康国乐》、《疏勒乐》、《高昌乐》）中有八部域外乐舞。

胡旋舞石刻墓门

唐（公元 618 ~ 907 年）
单扇门高 89 厘米，宽 43 厘米，
厚 5 厘米；上、下圆柱形门枢
高 13 厘米，直径 10 厘米
1985 年宁夏盐池县苏步井乡窨子梁唐墓出土
宁夏博物馆藏

每扇门均呈长方形，上下有圆柱状榫，两门闭合处各有一孔，出土时有铁锁锁扣。每扇石门正中浅雕一个跳“胡旋舞”的男伎。所刻男伎为典型胡人形象：虬髯卷发，深目高鼻，宽肩细腰，体魄健壮。身着紧身圆领窄袖长衫，下身着紧腿裙，足蹬长筒皮靴，站立在一块编织精美的小圆毯上，双人对舞。舞姿造型略有不同，左边舞伎侧身回首，左脚立在圆毯上，右腿后屈，左臂抬起后扬，右臂屈至头顶；右侧男伎右脚立毯上，左腿前伸，双臂上屈，至头顶上方合拢。两人均手举长巾，熟练挥旋。四周剔地浅浮雕卷云纹，似舞伎腾跃于云气之中，造成流动如飞的艺术效果。整个画面构思精妙，主题突出，人物面部表情生动自然，体态轻盈健美，舞姿迅疾奔放，充满欢乐生活气息。

根据盐池县窨子梁唐墓出土墓志记载，墓主人卒于武周久视元年（公元 700 年），墓志中使用了许多武周时所造的字。从志文“大周……都尉何府君墓志之铭并序”、“君……大夏月氏人也”等清楚得知，墓主人为月氏人，何姓。何姓是西域康国昭武九姓中的一支。

伴随着丝绸之路的开通，中原与西域在经济、文化上的交融日益密切。根据史料记载，“胡旋舞”主要来自中亚“昭武九姓”中的康国、史国和米国等。这几个西域方国都属于隋唐时期的粟特人国家。唐代石刻胡旋舞墓门的发现，反映出中、西亚乐舞对宁夏地区文化艺术的深刻影响，是中西文化交流十分珍贵的遗物，是西域文化艺术与中原地区石雕工艺有机结合的结晶，也是当时北方民族大融合历史背景的实物见证，揭示出宁夏在丝绸之路上的重要地位。

鎏金铜胡腾舞俑

唐（公元 618 ~ 907 年）
通高 13.5 厘米
1940 年甘肃省山丹县征集
甘肃省山丹县博物馆藏

胡腾舞俑头戴卷檐尖顶帽，身穿紧身窄袖长衫，外罩对襟半臂，足蹬翘头软靴，身后背一个酒葫芦。双臂伸展，长袖翻飞，裙角轻扬，一足立于半球形垂瓣莲托上，另一足斜向外踢出，造型传神。其形象与唐诗中描绘的胡腾舞场景极为相似。胡腾舞是唐代著名的健舞，舞蹈以跳跃和急促多变的腾踏舞步为主。

羽人瓦当

唐（公元 618 ~ 907 年）
直径 13 厘米
1986 年青海省民和县川口水泥厂出土
青海省博物馆藏

泥质灰陶。器形呈圆饼状，正面饰有一带翼人物，上身赤裸，双手合十于胸前，双翼平展，发髻高耸，浓眉大眼，面相丰腴。腹部以下饰横纹裳，瓦当边缘饰一周联珠纹。这种题材的瓦当唐代并不多见，羽人形象应为西方文化融入本土文化的反映。此件瓦当制作精良，形制规整，文化特征明显，散发出唐代自由包容的艺术风格。

骑马男泥俑

唐（公元 618 ~ 907 年）

高 11.7 厘米，长 14 厘米

1960 年新疆吐鲁番市阿斯塔纳 M336 出土

新疆维吾尔自治区博物馆藏

马作飞奔状。马背上骑一男俑，头发结辫绕头一周，双目凝视前方，身子微倾作控缰状，上衣下裤，足蹬黑靴。飞奔的马全身赭黄色，背部装马鞍，双目、鬃毛、缰绳等，均以黑色线条勾勒成。马的头部及四肢有残损，经修复而成。

黑人百戏俑

唐（公元 618 ~ 907 年）

通高 13 厘米

1960 年新疆吐鲁番市阿斯塔那 M336 出土

新疆维吾尔自治区博物馆藏

该俑由细泥捏塑再施彩绘而成。黑色卷曲短发，大眼厚唇，皮肤黝黑，上身裸露，下身着橘红色短裤，赤脚。右臂向上抬起，手握拳内弯；左臂弯曲于左大腿前，握拳与右手相对，手中均有孔，似握有物，但已遗失，现手中所持之棍为修复时所加。

黑人俑又称昆仑奴俑，“昆仑”一词在中国古代除指昆仑山之外，还泛指黑色，唐人史籍笔记中的黑人泛指卷发黑肤，被贩卖或进贡入唐，从事马夫、奴仆、艺人之类低贱工作的外国人。昆仑奴多在乐舞戏弄中出现，如《旧唐书・音乐志》记载唐代盛行的一种“太平乐”，又叫五方狮子舞中“二人持绳秉拂，为习弄之状。五师子各立其方色，百四十人歌太平乐，舞以足，持绳者服饰作昆仑象”。从这段文字来看，这件黑人俑应是手持绳子进行舞蹈的昆仑奴。

舞马俑

唐（公元 618 ~ 907 年）

长 10 厘米，高 13 厘米，身宽 5.5 厘米

1960 年新疆吐鲁番市阿斯塔那 M336 出土

新疆维吾尔自治区博物馆藏

马作白色，立姿，马体中空，四肢做成人腿形。骑者通身着绿衣，戴黑色幞头，足穿黑靴，右臂伸向前方，左臂弯曲置于腰侧，做表演状。

彩绘黑人舞俑

唐开元十八年（公元 730 年）

高 50 厘米

甘肃省庆城县出土

甘肃庆城县博物馆藏

舞俑头扎红带，深目高鼻，表情严肃，耳戴长饰，着圆领紧身袍，前衣襟扎于腰间，腰带上系一小囊，穿豹纹裤，黑靴。全身皮肤黝黑。两手前后高举，作牵引绳索状。神态生动，衣着独特，是唐俑中不可多得的艺术精品。

说唱俑

唐（公元 618 ~ 907 年）

高 7 ~ 8 厘米

1983 年陕西省西安市西郊俾失十囊墓出土

陕西历史博物馆藏

这是五个盘腿而坐的乐师和一位交脚而坐的表演者组成的说唱组合，他们头戴幞头，身穿圆领袍服。五个乐师手中分别持琵琶、箫、横笛、答腊鼓和笙。其中，说唱者和打鼓者深目高鼻、络腮胡须，为典型的胡人形象。这些说唱俑动作协调、配合默契、表情生动，似乎沉醉于说讲的故事中。中国古代把说唱表演与乐舞、杂耍等统称为百戏。唐墓中出土了很多类似的说唱俑群，其人数不等，表演者的国别也不同，说明演出的内容和曲目、表演的效果也不同。这组陶俑所表现的就是唐代胡人乐师们演出说唱曲目的精彩场面。

彩绘打马球俑

唐（公元 618 ~ 907 年）

高 8.5 厘米，长 14 厘米

陕西历史博物馆藏

两位骑者头戴幞头，两腿夹紧马身，左手持缰，右手似挥球杆，纵马作疾驰状。马球运动又称为“击鞠”、“击毬”或“打毬”，马球起源于何处，学术界说法不一。目前主要有三种观点：源于波斯、源于吐蕃和源于中原。中国打马球最盛时期为唐代。上至贵族，下至平民皆为之疯狂。当时长安城内打马球的球场遍布宫城、禁苑和贵族宅第。即便是到晚唐时期，国事艰难，皇帝对打马球的喜好依然不减。唐僖宗李儇甚至自诩为打球状元。唐代马球运动的兴盛，不仅是唐朝国力强盛的原因，更是马球运动自身的魅力所致。这两件打马球俑，生动地再现了唐代马球运动的激烈场面。

白陶诞马

唐（公元 618 ~ 907 年）
高 47 厘米，长 50.5 厘米
陕西省礼泉县张士贵墓出土
陕西历史博物馆藏

白陶马造型别致，右前蹄抬起，张嘴勾首做舞蹈状。墓主张士贵生前为柱国大将军，正二品，墓中共出土了四匹此造型的马，符合《新唐书·仪卫志》中“二品，心幡四，诞马四”的记载。

诞马是古代官员卤簿中不施鞍驾车的马，诞马的抬蹄动作似在舞蹈，然而与唐中宗和唐玄宗驯养的舞马的记载尚有区别。

四、西域金银器　花枝盛唐春

西方金银器优美的造型与纹饰极大丰富了唐代上层的物质和精神生活，促进了唐代金银制造业的快速发展。

六棱提梁银罐

唐（公元 618 ~ 907 年）
约高 20 厘米
征集
陕西历史博物馆藏

银罐整体为六棱形，侈口束颈，丰肩鼓腹，盖顶饰宝珠形钮，肩两侧饰铺首衔环，用以勾连提梁。

罐是唐人日常生活中常用的器物。银罐的制作应受到陶瓷器造型的影响，但陶瓷器因本身材质的局限，无法安装弧形提梁，而金银器不受限制，可以铆接固定提梁，更便于使用。

鎏金凸花银盘

唐（公元 618 ~ 907 年）
直径 15.5 厘米，高 1 厘米
1972 年 1 月 1 日陕西省西安市雁塔区曲江乡西曲江池村出土
西安博物院藏

同出两件。银灰色，浅腹六瓣花形，平折宽沿，浅弧腹，平底。内底一茎折成圆形的花草，其上四朵宝相花，枝头一朵五瓣花瓣绽开，花朵硕大，居于中心；另三朵花蕾含苞待放，花朵表面鎏金。银盘通体以模具冲压而成。盘体内侧的花草纹饰，表面鎏金凸出、光滑，纹饰属先鎏金而后于金表面錾刻而成。相应外侧凹陷素面，无加工痕迹，原应镶嵌于它物之上。

唐代常见各种鎏金银器皿，鎏金有通体鎏金和局部鎏金，局部鎏金在唐代金银器皿中最常见，其方法有两种，一是刻好花纹再鎏金，主要流行于唐前期，二是鎏金后再刻花纹，主要流行于中晚唐。由此可以确定这两件银盘的时代属晚唐时期。

素面大银碗

唐（公元 618 ~ 907 年）
高 7.3 厘米，口径 18.4 厘米
1970 年陕西省西安市何家村出土
陕西历史博物馆藏

敞口，喇叭形圈足与器体焊接在一起，通体光素。碗内底留有墨书“十四两半”四字。唐代一两等于今天的 40-43 克；何家村唐代窖藏出土的器物中多见以墨书标记自重。由于器物的重量现在可以称出，再结合其自身的墨书记载，该器物便成为研究唐代衡制的重要的实物资料。

素面银盒

唐（公元 618 ~ 907 年）
通高 2.8 厘米，直径 8 厘米
1970 年陕西省西安市何家村出土
陕西历史博物馆藏

圆形，盒盖与底部微隆，素面。浇铸成型，然后再经掏镗加工，在盒内壁、盖心及底心处可见抛光遗留的螺旋纹痕迹。盒盖与盒体子母口扣合严密。该盒制作精良，工艺娴熟，技艺高超，是一件难得的工艺品。

鎏金铜覆面

唐（公元 618 ~ 907 年）

高 30.5 厘米，宽 18.5 厘米

1982 年宁夏固原市南郊乡王涝坝村

史道德墓出土

宁夏固原博物馆藏

1 组 11 件。根据人面各部位形状，用鎏金铜皮打压制成。

额饰：1 件。圆形直径为 1.9 厘米，半圆形直径为 3 厘米。上部为半月形，半月形中间托一圆形，下端残缺。

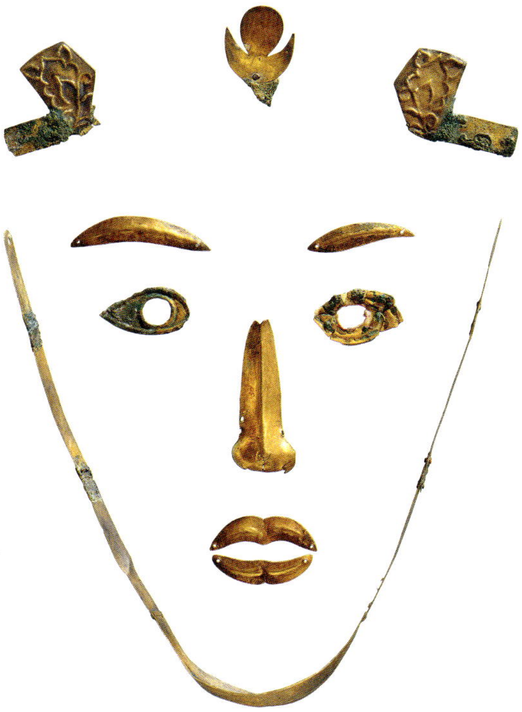

鬓饰：2 件。长 5.1~4.8 厘米，宽均 3.8 厘米。形制相同，均有残缺。下有一个条形扁片，其上焊接一个长方形片饰，一角削去，上捶揲凸起的叶纹。

眉饰：2 件。长 5.9~4.5 厘米，宽 1~0.9 厘米。形似柳叶，面凸背凹，两端尖弯，各有一个穿孔。

眼饰：2 件。长 4.3~3.9 厘米，宽 2~1.9 厘米。上锈蚀，左眼稍残，上有圆孔，圆孔边缘起凸棱，端有一孔。

鼻饰：1 件。残长 6.3 厘米，最宽处 2.5 厘米，高 1.5 厘米。形似鼻状，上端稍残，有一圆孔。中部起脊，较平直，背面凹下，下端有两孔。两侧有斜对三穿孔。

唇饰：2 件。长 4.4~4 厘米，宽均 1 厘米。合起后形似上下嘴唇，表面稍鼓，背凹，两端稍尖，端有两孔。

颌饰：1 件。长 17.3 厘米，宽 1.4 厘米。两边为长条形，上端呈圆形，有一个穿孔，每侧由三节铆接而成，上两节有四叶状铆片，四叶间各有一个铆钉，下端由两铆钉直接铆制，中部形似枣核。

覆面主要部位均用铜片打压而成。其上多有穿孔，作用是与丝织物缀合。这具完整的金覆面出土于唐仪凤三年（公元 678 年）史道德墓，墓主人为中亚粟特人。新疆地区东汉至隋唐时期的墓葬中，发现有不少覆面，但多为织物，极少见鎏金铜覆面。覆面额饰为半月形托一圆球或太阳，可能与粟特人信仰的琐罗亚斯德教有关。

包金西方神祇人物联珠饰牌银腰带

唐（公元 618 ~ 907 年）

通长 95 厘米，宽 3.3 厘米

征集

青海省博物馆藏

腰带用银丝编制而成，呈长条形，上饰有七块圆形包金牌饰，牌饰上铸压出西方神祇人物图案，反映了当时社会的宗教意识和审美情趣。牌饰上的人物线条流畅，形象逼真生动，牌饰边缘以联珠纹为装饰图案。腰带头部为两块边缘各有九颗联珠排列成的方形牌饰，上面饰有站立的武士。此腰带工艺精湛，文化特色较为浓郁，是中西文化交流的见证。

联珠纹是由大小相同的圆圈或者圆珠连续排列而成的一种装饰图案，盛行于萨珊时期的波斯。盛唐时期，传统的联珠纹样形式特点随着“丝绸之路”的开放被打上了新的审美烙印，联珠纹饰成为唐代非常流行的装饰艺术元素。该金牌腰带以七个圆形联珠纹牌饰和两个方形联珠纹牌饰组成主题图案，此种装饰风格，正是这一时期传统图案吸收外来文化艺术的结果。

动物纹圆形金饰

唐（公元 618 ~ 907 年）

直径 3 厘米，厚 0.3 厘米，重 2.6 克

1982 年宁夏固原市南郊乡王涝坝村史道德墓出土

宁夏固原博物馆藏

圆形，打压制成，单面花纹。正面边饰一周花瓣及联珠纹样。正中为一兽面，短颈，垂首，背弓起，长尾，尾端卷起。金饰外缘有四孔对称，中间两个一组共六孔，呈“品”字状排列。

镶金嵌珠宝玉带饰

唐（公元 618 ~ 907 年）

复原后长 150 厘米

1992 年陕西省长安县南里王村窦曒墓出土

陕西省考古研究院藏

这件玉带由扣、銙、环、扣眼、铊尾及鞓组成，鞓为皮制，出土时已经朽坏。銙、环、铊尾皆以玉为缘，内嵌珍珠及红、绿、蓝三色宝石，下衬金板，金板之下为铜板，三者以金铆钉铆合，造型精巧，装饰豪华，是一件不可多得的艺术珍品。

蹀躞带流行于北周至初唐。按形制和用途的不同大体可分为三种：一为附环带，所附环用来配物；二为有孔带，銙上镂孔，取代了环的作用，蹀躞系在长方形孔内；三为銙带，窦曒墓出土的这件鎏金嵌珠宝玉带饰就属于銙带。何家村发现的此型玉带最多，很可能是 8 世纪中叶前最流行的带具。

五、绝域琉璃光　五色文彩殊

西方玻璃器皿以其珍稀和雅致备受隋唐上流社会的喜爱，无模自由吹制的玻璃技术由西向东传入中国，使中国的玻璃生产出现了质的飞跃。

宝相花纹带盖滑石盒

唐（公元 618 ~ 907 年）

口径 8.5 厘米，高 4 厘米

征集

陕西历史博物馆藏

滑石雕刻，质地晶莹剔透。圆形，子母口扣合。盒盖上刻有宝相花纹。宝相花纹是唐代常见的一种装饰纹样，原型主要来自莲花。经过工匠们艺术化的创造，使其具有了丰满繁盛、雍容华贵的时代特点。

绿玻璃瓶

隋（公元 581 ~ 618 年）

高 8.4 厘米，腹径 7 厘米

1986 年陕西省西安市长乐路隋舍利墓出土

陕西历史博物馆藏

主体呈绿色透明圆球体，模制成型。瓶口为管状，口部微外侈，中空，与瓶身相接。颈部最下面有一圆形二层台，肩部有四个对称凸起的倒三角，腹部是四个凸边凹心的圆形装饰，瓶底圈足外撇。玻璃瓶小巧玲珑，晶莹剔透，出土于西安市的一个舍利墓，根据出土墓志，其所在地在当时隋大兴城的清禅寺，出土时玻璃瓶放置在一件米黄色的瓷瓶口沿上。

琉璃碗

唐（公元 618 ~ 907 年）

高 12.6 厘米，口径 9.3 厘米

1985 年陕西省咸阳市底张湾韩寀墓出土

陕西省考古研究院藏

敞口、圆唇、深腹，腹壁微弧，圈足微撇。器身半透明，通体为淡绿色。造型简洁，不加任何纹饰。

该器形与湖北唐代李泰墓出土的绿色玻璃碗相似，是典型的中国传统器形，应该是从西亚引入钠钙玻璃吹制技术后在国内生产的。

玻璃瓶

隋（公元 581 ~ 618 年）

高 15 厘米

征集

陕西历史博物馆藏

这件玻璃瓶无色透明，无模吹制而成。器壁附白色风化层，肩部以上更为明显。瓶口为凤首造型，圆腹，平底，底部有凹陷，把手一端连接口部，另一端连接肩部。该器物无论从器形还是制作工艺来看，都是一件经由丝路而来的舶来品。

鎏金水晶坠饰

唐（公元 618 ~ 907 年）

残长 4 厘米，宽 2.6 厘米，厚 1.2 厘米

1985 年宁夏固原市南郊乡羊坊村史索岩墓（公元 644 年）出土

宁夏固原博物馆藏

通体呈不规则形，上嵌水晶。水晶泛蓝，莹润通透，表面鼓起，上有几处凹痕。水晶之下为一鎏金铜底托，底托完全依水晶形状制成。下部稍翘，上有短柄，柄环已残损。

墓主史索岩是北朝至隋唐时期固原地区另一个史姓家族的重要成员。从其夫人安娘的粟特安国出身，以及其侄史道德墓志记载的信息来看，史索岩家族也是粟特地区史国人后裔，并且同史射勿家族一样，经河西走廊迁徙至固原。

宝石印章

唐（公元 618 ~ 907 年）
直径 1.6 厘米，厚 0.5 厘米
1986 年宁夏固原市南郊乡小马庄村史诃耽墓（公元 669 年）出土
宁夏固原博物馆藏

呈圆形，深蓝色，边缘部分微微透明，一面抛光，一面中央雕刻卧狮。狮子圆眼，高鼻，下颌有须，颈部鬃毛直竖，身体光滑，头偏向正面，为卧伏状，长尾卷曲。面部清晰，动感强烈，雄壮威武。狮身后立三棵树状物，顶似花蕾。四边有一周铭文，铭文属中古波斯帕勒维铭文系统，依照萨珊朝习惯，文字以逆时针方向书写，可译为："自由，繁荣，幸福。"

宝石印章经科学无损测试分析，其质地为石英单晶体。印章雕刻采用的是西亚传统的凹雕技术，雕刻面光滑，刀法娴熟有力，无辅刀痕迹。狮子是一种强有力的野兽，中亚、西亚为其主要产区。猎狮传统在西亚地区由来已久，猎狮的行为旨在表现萨珊帝王好战成性的内在品格。狮子凶猛顽强的一面，衬托出萨珊王无所畏惧的勇敢。

墓主史诃耽为史射勿长子，文献中载有其传，曾任长安中央政府的"中书译语人"，也就是中书省的翻译，这很有可能与粟特商业文化中注重多语言培养的传统有关。他在朝中任职三十载，不断升迁，还随皇帝封禅泰山，因此，超迁官职，致仕后还乡原州。墓志记载史诃耽"门驰千驷"、"家累万金"，这应该是家族经商多年积累的财富，其墓中所出宝石印章很有可能来自家族沟通中西的商业活动。

六、丝路贸易兴　货币广流布

唐代丝路贸易繁荣，胡商云集关内外，中外货币流动频繁，促进了商品经济和对外贸易的发展。

萨珊波斯银币

公元 7 世纪
直径 3.1 厘米
1959 年新疆乌恰县出土
新疆维吾尔自治区博物馆藏

正面为国王半身像，背面为祆教祭坛，周边有星星抱月等简单图案，正面边缘空白处压印的是阿拉伯文“以安拉的名义”。阿拉伯帝国是公元 7 世纪初至 13 世纪中叶由阿拉伯人建立的伊斯兰哈里发国家。在完成了对阿拉伯半岛的统一之后，自第二任哈里发欧麦尔在位期间开始，发动了一系列的对外战争。第三任哈里发奥斯曼·伊本·阿凡期间消灭了萨珊王朝。阿拉伯人灭掉萨珊王朝后，在初期由于还没有建立一套统治机构，仍保留了原来的税收制度和货币，因而在钱币上仍旧沿用库斯老二世或耶思提泽德三世钱币形制。钱币还是银制，上面的王像和祭火坛全都没有改变，比原来的萨珊银币略小，但文字方面则加用阿拉伯文，钱币上的纪年仍然是库斯老二世或耶思提泽德三世在位年数的延续。由此可以推知，乌恰出土的这些萨珊银币的铸造年代应该在阿拉伯帝国消灭萨珊王朝之后。

萨珊金币仿制品

直径 2 厘米，重 7 克

1985 年～ 1986 年宁夏固原市南郊乡羊坊村史铁棒墓（公元 670 年）出土

宁夏固原博物馆藏

单面压花纹。正面上方有一小穿孔，穿孔口有打磨过的痕迹。中为一国王侧面肖像，头戴王冠，脑后飘发，眼睛较大，鼻子凸尖，身着铠甲，颈部有项圈。周有一圈铭文，但除个别字母外，大都不可辨识。经初步研究，此枚金币为萨珊阿尔达希亚三世金币的仿制品，在中国境内属首次发现，具有极为重要的意义。

东罗马金币

查士丁尼二世时期（公元 567 ～ 578 年）

直径 2.1 厘米，重 4.6 克

1995 年宁夏固原市南郊乡小马庄村史道洛墓（公元 658 年）出土

宁夏固原博物馆藏

正面为皇帝查士丁尼二世的正面肖像，头戴珠饰皇冠，两耳侧垂珠饰，上方刻拉丁文皇帝的名字。即［DN］（Dominus Noster. 我等之王）［I/VSTI]NVS（Justin. 查士丁尼）PPAVG（Perpetuus Augastus，永远的尊者，皇帝）。背面有立像和几个字母，但非常模糊。在肖像的上下边缘各打有一圆孔。孔径约 2 毫米，是从正面冲打的，圆孔周边没有磨损，表面略有凸凹，可能是打孔时造成的。

东罗马金币仿制品

约公元 6 世纪

直径 1.9 厘米，重 0.8 克

1985 ~ 1986 年宁夏固原市南郊乡小马庄村

史诃耽墓（公元 669 年）出土

宁夏固原博物馆藏

边有弦纹，单面花纹。正中为一东罗马皇帝肖像，头戴盔，身着铠甲，肩扛一短矛。有一周铭文，铭文大多已变形，除个别字母外，很难辨认。根据钱币上的图案判断，该金币仿制品大约是仿照公元 5 世纪或 6 世纪东罗马某一皇帝的金币制造的。

东罗马金币仿制品

约 6 世纪

直径 2.4 厘米

1985 年宁夏固原市南郊乡羊坊村史索岩墓（公元 664 年）出土

宁夏固原博物馆藏

圆形，有被剪过的痕迹，仅余中间部分。很薄，单面花纹，上下均有一个穿孔。正面为一东罗马皇帝半身肖像，头戴盔，身穿铠甲，肩扛一短矛，耳际似有飘带。虽有铭文，但大都难以辨认。根据钱币上的图案判断，该金币仿制品与史诃耽墓出土的金币仿制品都是仿照公元 5 世纪或 6 世纪东罗马某一皇帝的金币制造的。固原隋唐墓地金币的出土，使人们对于北朝至隋唐时期途经原州的丝绸之路有了更进一步的认识。

东罗马金币仿制品

约公元 6 世纪

直径 2 厘米，重 4 克

1982 年宁夏固原市南郊乡王涝坝村唐史道德墓（公元 678 年）出土

宁夏固原博物馆藏

圆形，双面打押图案，币面上方有一穿孔。正面中为东罗马皇帝侧面肖像。头戴盔，身着铠甲，肩扛短矛。边饰一周铭文，字迹不清。背面中央为一胜利女神像，模糊不清，上有一周铭文，无法辨认。

《延寿四年参军顯祐遗言文书》

高昌王国（公元 460 ~ 640 年）

之一：纵 27 厘米，横 22 厘米

之二：纵 28 厘米，横 12 厘米

之三：纵 27.5 厘米，横 12 厘米

1964 年新疆吐鲁番市阿斯塔纳 M10 出土

新疆维吾尔自治区博物馆藏

纸本，墨书，共存文 15 行，楷体。该文书是延寿四年丁亥岁闰四月八日，参军顯祐写的一份遗嘱，将自己的葡萄园等留给姨母和其他一些财产的安排。在第一、二、三行上方空白处有朱色倒右手掌印纹。

之二

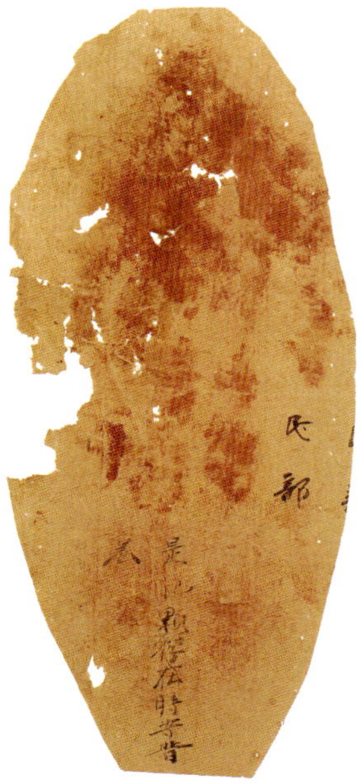

之三

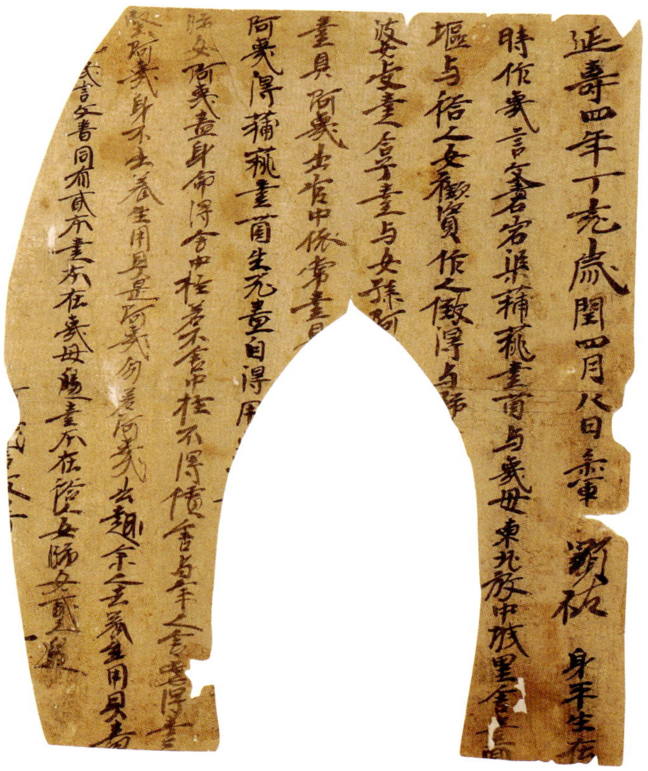

之一

《张海欢借债合同书》

唐麟德二年（公元 665 年）

纵 29.5 厘米，横 39.8 厘米

1964 年新疆吐鲁番市阿斯塔纳 M4 出土

新疆维吾尔自治区博物馆藏

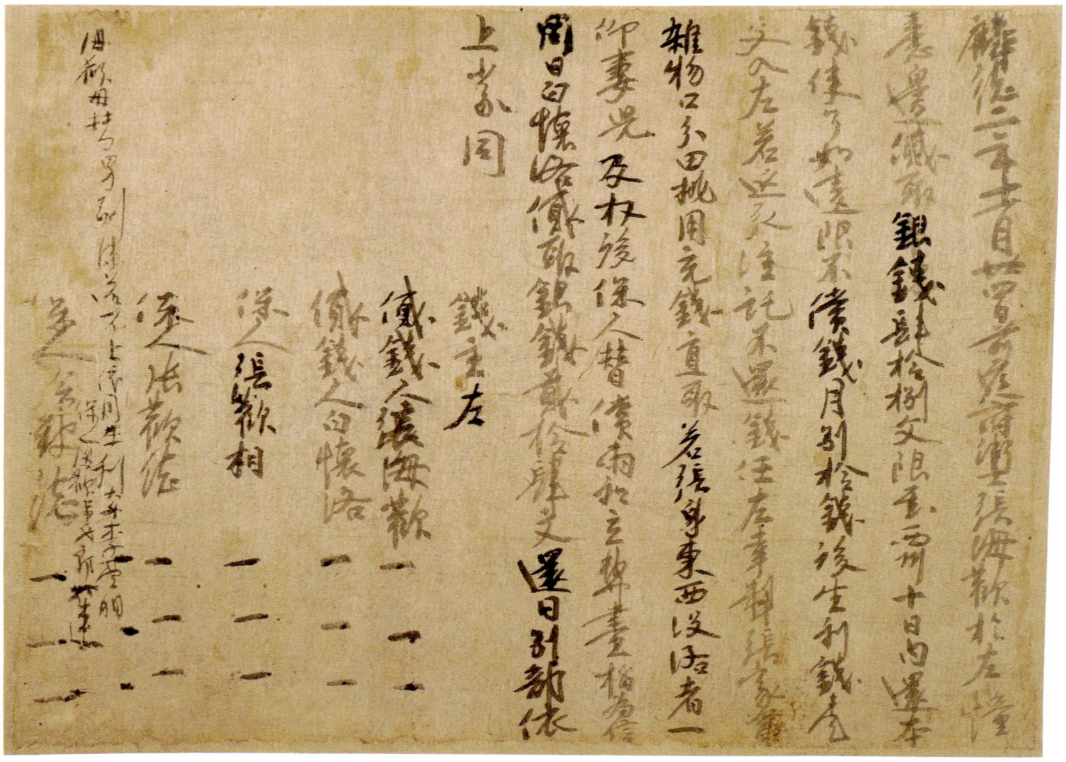

该合同书是张海欢、白怀洛二人向左憧憙借贷银钱而定的契约。张海欢向左憧憙借银钱 48 文，限十日还清，如在限期内不还，则收取月息百分之十的利钱；若拖延不还，则由家财田产相抵。还规定，张因债务而逃亡在外，则由张的妻儿及保人替偿债务。在同一天内，白怀洛以上述相同的条件，也向左憧憙借了 24 文银钱。在契尾又注明："海欢母替男酬练，若不上，依月生利"的保证。

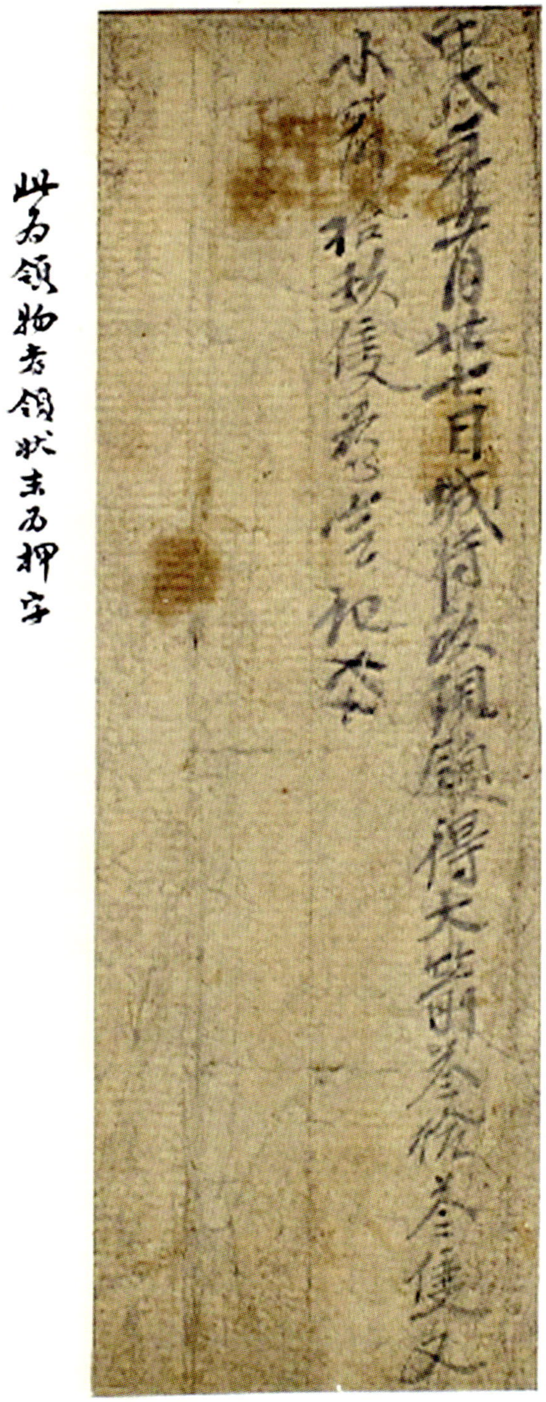

《领军械状文书》

唐（公元 618 ~ 907 年）

纵 29.8 厘米，横 9.4 厘米

张宗祥原藏

浙江省博物馆藏

唐写本。首残。册叶。据内容拟名。麻纸，纸色褐，墨色浓。楷书。左边题“此为领物者领状末为押字”，当为张宗祥书。

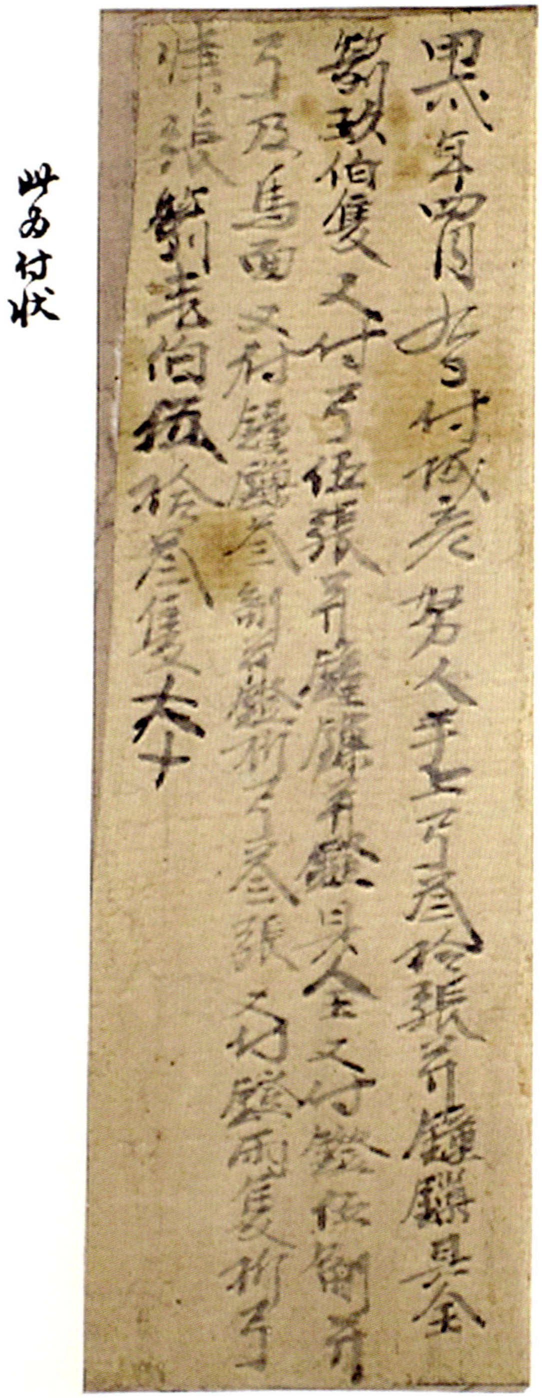

《付军械状文书》

唐（公元 618 ~ 907 年）

纵 29.6 厘米，横 9.3 厘米

张宗祥原藏

浙江省博物馆藏

唐写本。首尾残。册叶。据内容拟名。麻纸，纸色褐，墨色淡。楷书。左边题“此为付状”，当为张宗祥书。

《敦煌乡百姓曹海员诉状并判文书》

晚唐五代（公元 827 ~ 960 年）

纵 29.8 厘米，横 18.2 厘米

张宗祥原藏

浙江省博物馆藏

晚唐五代写本。册叶。据内容拟名。麻纸，纸色褐，墨色浓。行楷书。左边题：“此为曹氏求免差役呈文。淡墨大字即批示也。”下钤“盐官张氏”白文篆书方印。当为张宗祥书。

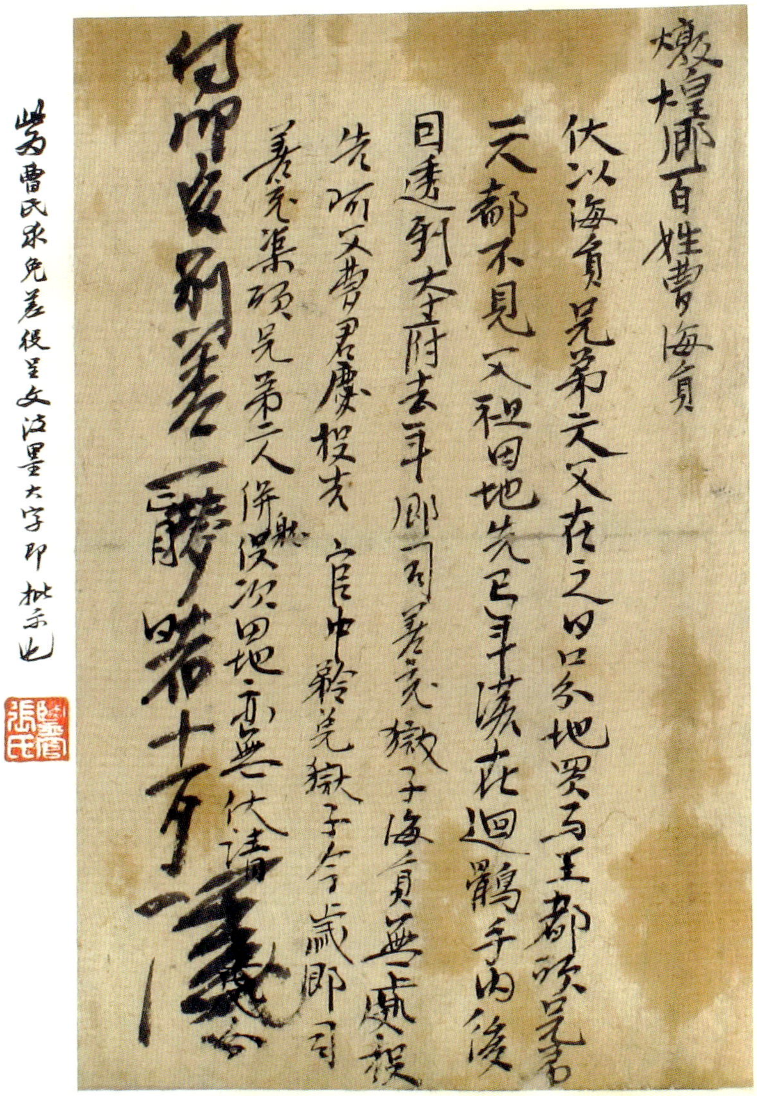

《唐西州高昌县上安西都护府牒稿为录上讯问曹禄山诉李绍谨两造辩辞事文书》

唐（公元 618 ~ 907 年）

纵 40 厘米，横 50 厘米

1966 年新疆吐鲁番市阿斯塔纳 M61 出土

新疆维吾尔自治区博物馆藏

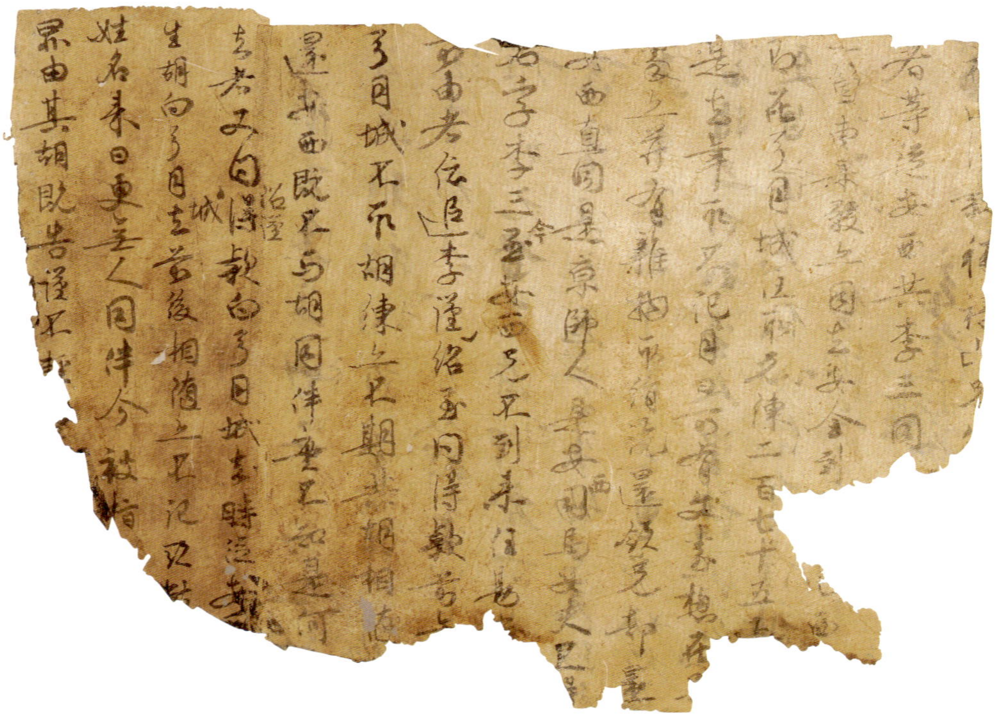

该文书是从纸鞋上拆出的，利用旧文书粘接而成，并在其背后书写。残存八段，共存文 15 行，每段前后、上下均有残损。主要内容清楚，是一份为借贷之事双方引起纠纷，由高昌县向安西都护府报告审讯案件经过的牒文稿。文中记述了曹禄山向西州长史控告李绍谨，诉李绍谨在弓月城（今伊宁附近）向其兄曹炎延借了 275 匹绢，自弓月城前往龟兹进行贸易，曹炎延也携带财物与李绍谨一同前往。但只有李绍谨一人到达龟兹，曹炎延去向不明。李绍谨想赖账，不承认其借绢之事。曹禄山因此事与李绍谨打架，并告知官府。经多次审讯查实，李绍谨终于承认借绢之事，并答应本利都分付。文书中记录的是一场贸易纠纷，此次贸易主要涉及的物品是丝绸，从一个侧面反映了唐代丝绸之路贸易的情况。

贺思敬庸调麻布

唐（公元 618 ~ 907 年）

纵 58.5 厘米，横 245 厘米

1968 年新疆吐鲁番市阿斯塔纳 M108 出土

新疆维吾尔自治区博物馆藏

麻布原色，一上一下平纹。麻布一端墨书（自右至左）“西浦里贺思敬　鄮县　光同乡贺思敬庸布一端　开元九年八月日　专知官主簿苑”。鄮县上面钤有朱色篆文“鄮县之印”，“庸调布”上钤朱篆文印，印文不清，“苑”上亦钤有朱色篆文“苑”印，“开元”右侧有墨书“CU”记号，属江南道，鄮县（余姚郡）为明州治所，地在今浙江宁波地区。庸调实物在吐鲁番的出土，证明唐代的赋税制度在西域地区得到了施行。

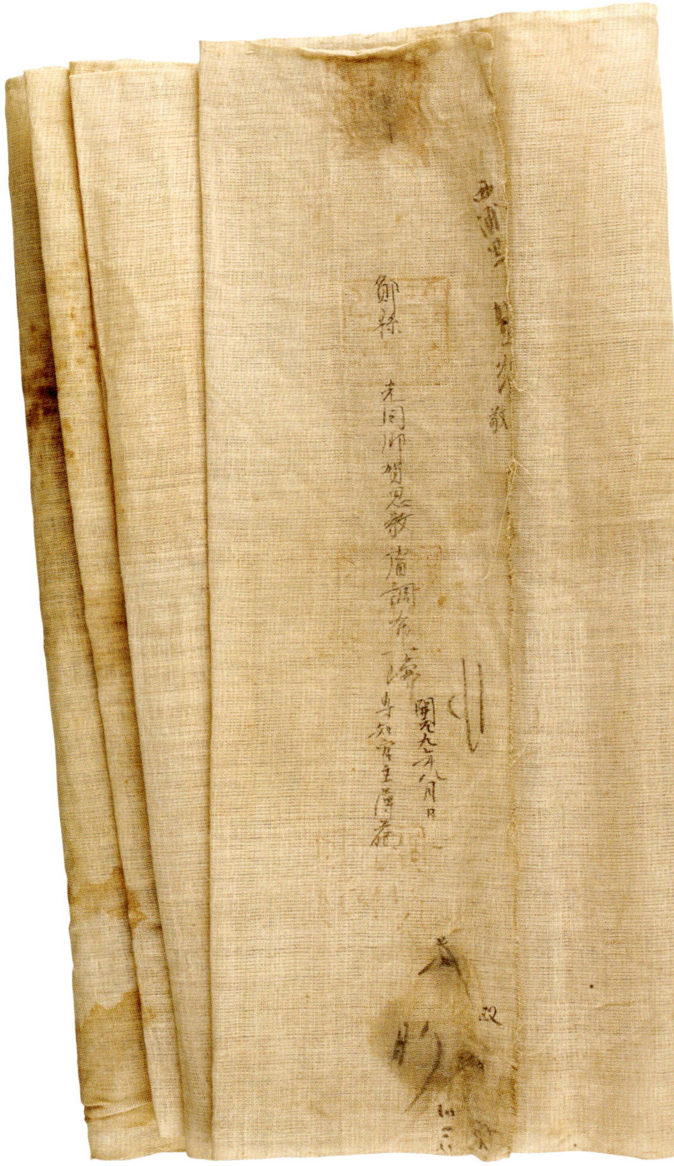

七、华夏多锦绣　灿烂映丝路

唐代丝织业发达，以斜纹纬锦为标志形成一种新体系，并大量吸收外来纹样，产品行销国内外。

黄地纹缬绢

唐（公元 618 ~ 907 年）
长 69.5 厘米，宽 28 厘米
1968 年新疆吐鲁番市阿斯塔纳出土
新疆维吾尔自治区博物馆藏

脆化，断开，残损严重。绞缬，是我国古代纺织品的一种染花工艺，也是我国传统的手工染色技术之一。它依据一定的花纹图案，用针和线将织物缝成一定形状或直接用线捆扎，然后抽紧扎牢，使织物皱拢重叠，染色时折叠处不易上染，而未扎结处则容易着色，从而形成别有风味的晕色效果。

“吉”字纹锦

唐（公元 618 ~ 907 年）
长 24.5 厘米，宽 15.8 厘米
1960 年新疆吐鲁番市阿斯塔纳出土
新疆维吾尔自治区博物馆藏

唐式斜纹纬锦残片，破损情况较为严重。白色或黄色地上以棕黄色经线显花，花纹图案为几何形花，花的右侧有汉字“吉”字。一般说来，带有这类吉祥文字的织锦年代较早，流行于唐代初期至盛唐。

联珠对鸡纹锦

唐（公元 618 ~ 907 年）
长 28 厘米，宽 16.8 厘米
1969 年新疆吐鲁番市阿斯塔纳 M134 出土
新疆维吾尔自治区博物馆藏

由米黄和红色两种彩色条子铺地，红色条纹上排列着相互靠拢的圆圈，圆圈周围的环内布满白色的小圆珠，圆圈当中配置一对柜对站立的小鸡，形态活泼，栩栩如生。整体色调古朴典雅，层次丰富而含蓄，展现出和谐大方、朴素雅致的色彩风格。

联珠猪头纹锦覆面

唐（公元 618 ~ 907 年）

长 45 厘米，宽 36 厘米

1969 年新疆吐鲁番市阿斯塔那 M138 出土

新疆维吾尔自治区博物馆藏

覆面呈椭圆形，原白色绢荷叶边，覆面中心部位为织锦面料，稍残。织锦上的图案花纹是白色联珠圈内有一只侧面的野猪头。野猪张口，獠牙上翘。这种野猪头的形象来自中亚萨珊波斯艺术，猪在崇尚武功的波斯拜火教中被视为伟力拉格那神的化身，备受尊敬。野猪头纹出现于中亚的时间先于公元七世纪中叶的伊斯兰教，因此在中国发现的装饰此类纹样的文物，也大体集中在公元七世纪中叶以前。随着伊斯兰教在中亚等地的传播，这种在伊斯兰教中被视为不洁之物的猪头纹样的织锦图案逐渐消失。

朱红地对马纹锦

唐（公元 618 ~ 907 年）

长 17 厘米，宽 11 厘米

1972 年新疆吐鲁番市阿斯塔纳 M161 出土

新疆维吾尔自治区博物馆藏

覆面面心，呈长方形。经二重斜纹组织。红色地，显白、黄、草绿、粉绿花纹。用色分区，黄、草绿、粉绿三色与红、白两色相配循环组成三色花纹。纹样主题是四方连续的环形联珠纹，联珠之间相交切合的地方饰有珠心的四叶纹，同时，在联珠间饰有珠心和变形忍冬纹组成的十字形布局的四叶纹。联珠内填着对称的有翼飞马，飞马颈部饰绶带，绶带飘浮于颈后，前蹄高抬，似作争斗状，三蹄错落有致，又似行走状。同时，马头上、蹄下都饰有不同的花纹，或以为在天宫之状。

花鸟纹锦

唐代宗大历十三年（公元 778 年）

长 24.4 厘米，宽 37 厘米

1966 年新疆吐鲁番市阿斯塔纳 M48 出土

新疆维吾尔自治区博物馆藏

中唐时期织物，上有宽 2.7 厘米的经向花边，两条居中，两条在边上，将织物的整个纬向分成图案相同的两个区域。用真红、粉红、果绿、棕色、海蓝五色以纬重组织织出图案花纹，图案中心为一放射状团花，由中间一朵正视的八瓣团花和外围八朵红蓝相间的小花组成，团花周围有四簇写生型小花和四只衔花而飞的绶带鸟，花鸟之间还有八只粉蝶。整个图案看上去一派春光明媚、生机勃勃的繁荣景象。相关研究表明这种写生折枝花鸟纹样在中晚唐兴起，代表了一种自然生动的审美时尚。它们很可能是通过丝绸之路贸易被带到西域地区的。

黄地团窠太阳纹织锦

唐（公元 618 ~ 907 年）
长 42 厘米，宽 23 厘米
1983 年青海省海西州都兰县
热水墓群出土
青海省博物馆藏

由 3 片组成。整个图案为以卷云纹为圆环、以团花为连纽辐射展向四方的基本构架。除边幅较为完整，其他两片较残。左片为两个对称的人面像，右片为三个团窠图案，其中两边的相同并对称，团窠内以象、鹿、马等动物为纹样。中间是太阳神的主题图案，为一人坐在四马驾车之上的形象。底部以黄色为地，用浅黄色、蓝色、绿色来显现其栩栩如生的异域风格的装饰图案。

青海省考古研究所于 1982 年到 1986 年间在海西州都兰县热水乡发掘了一处唐代吐蕃墓葬群，出土了大量的丝织品，有锦、绫、罗、绢等，图案不重复的品种达 130 种，其中 112 种为中原地区织物，其数量之多、品种之全、技艺之精实属罕见，尤其是以太阳神为母体图案的织锦对研究东西文化交流有着重要的学术价值，也为研究边疆少数民族与中央王朝之间的关系提供了宝贵的实物资料。

丝绸作为丝绸之路的主角，蕴含着极其丰富的历史文化信息，从都兰大墓出土的实物可以看到，这一时期的丝织品从纹式、组织结构等方面都显现出强烈的外来文化的影响，这也促使了本土纹式的产生，唐诗“去年中使宣口敕，天上取样人间织。织为云外秋雁行，染作江南春水色。”（白居易《缭绫》）就反映出这特殊的文化属性。

联珠对马对鸟纹织锦

唐（公元 618 ~ 907 年）

长 45.5 厘米，宽 11 厘米

1983 年青海省海西州都兰县热水墓群出土

青海省博物馆藏

锦幡残片，呈矩形。虽为残片，但质地良好，图案清晰完整，配色鲜艳。主题纹饰为颈部有绶带的对鸟，类似 6 ~ 7 世纪中亚、西亚常见的装饰，象征着王权神授，鸟造型精确完美，鸟足下有“口”形联珠纹座，外圈由大小相同的 24 个圆珠以圆环状排列成规整的联珠纹并形成团窠，在对鸟的前后左右四个正位上穿插着一个回字纹，把 24 个联珠均分为四组，团窠内对鸟相向而立，形成独特的联珠对鸟的西域风格，彰显了唐代盛世的精神面貌，是研究唐代丝织品工艺及中西文化交流的珍贵资料。大唐文化以其开放姿态吸取容纳了诸多异域风采，由大小基本相同的圆珠连接排列成环状的波斯萨珊朝联珠纹就是典型例子。

都兰大墓其规模和建筑形式与吐蕃王陵相仿，出土的丝绸除了王室馈赠和俸禄外，多是通过丝绸之路进行贸易所得，由此证明丝绸之路青海道在当时的繁荣昌盛。

对鸟纹锦

唐（公元 618 ~ 907 年）

长 23 厘米，宽 17.5 厘米

征集

甘肃省博物馆藏

以红色为地，用黄、绿两色显花。圆形团窠内，两只鸟站在棕榈座上，相对而立，头顶各有一圈联珠纹装饰，团窠图案四角装饰对称十字形宾花。

八、现世家生活　胡风亦浸润

丝路繁荣对唐代生活习俗的影响广泛而深入，日常用具、饮食器皿以及食品等都出现新变化。

三彩凤首壶

唐（公元 618 ~ 907 年）

高 31 厘米，底径 9.3 厘米

1959 年陕西省西安市出土

陕西历史博物馆藏

三彩壶口部作鸟首造型，口衔小珠，腹部浑圆饱满，中心贴宝相花装饰。唐代三彩制品绚烂多彩，除三彩人物、动物外，还有三彩器皿，但极少用于日常生活。这件三彩凤首壶代表唐初典型三彩器物造型和色彩风格。唐代器皿分轮制和模制两种方法制作，立体造型的器皿如双身扁壶、凤首壶等就必须使用模制，之后再在器物表面加塑装饰。壶类器物底部均为平底，用以加强重心，而不似同时代碗盘出现圈足。凤首壶的造型系由外来的胡瓶样式更改而成，唐初极为流行。

三彩凤首壶

唐（公元 618 ~ 907 年）
高 31 厘米
甘肃省甘谷县出土
甘肃天水市博物馆藏

胎呈白色。直口，细颈，椭圆扁腹，高圈足。口、颈相交处作一凤首，凤眼圆睁，张嘴噙珠，神姿英发。凤冠延长至腹为柄，腹部两侧中心贴塑凸起的四瓣形团花，圈形器座上装饰覆莲瓣纹。凤首的毛羽、花瓣的脉络用线条精细地刻划出来。器身各部位交错施绘鲜亮的赭红、黄、蓝三种釉色，流光溢彩。三彩凤首壶的造型受波斯萨珊王朝的影响，而三彩釉工艺和凤鸟形象则是唐文化特征。此器物融中西文化风格于一体，是一件釉彩艳丽、制作精美、造型奇特的工艺品。

三彩双鱼壶

唐（公元 618 ~ 907 年）

高 28 厘米，口径 9 厘米

1957 年陕西省西安市三桥出土

陕西省考古研究院藏

壶为扁圆腹，壶体由两条腹部相连的鲤鱼构成，两鱼头顶部各有一鼻，可以穿绳系提。器口较小，被两鱼嘴共同承起。鱼尾相交呈圆形器足。除鱼尾处外，器体皆施三彩釉。

此壶造型设计突破了常规，巧妙地利用两条对拥的鱼构成壶体轮廓，从侧面看，是一条躯体圆浑肥硕的鲤鱼正纵跃出水面；从正面看，又犹如两鱼相对嬉戏、争抢食物，生活气息浓厚。以鱼身做壶体的做法，在唐代金银器中也有见到，如内蒙古喀喇沁旗出土的双鱼形鎏金银壶。

三彩碗

唐（公元 618 ~ 907 年）
口径 7 厘米，高 4.2 厘米
陕西省西安市韩森寨出土
陕西历史博物馆藏

圆唇，敞口，曲腹，浅圈足。白胎，白釉，点蓝彩。蓝釉或蓝彩的唐三彩制品存世数量非常少，其是否与所谓的唐青花有关系，学界还在讨论。唐三彩制品主要是为殉葬而做的明器，唐代盛行厚葬之风，所以三彩生产形成规模。根据史书记载，当时王公百官，不惜破产倾资，竞为厚葬，偶人象马，雕饰如生，风俗流成，下兼士庶。厚葬需要大量明器，从唐墓的发掘来看，当时的殉葬明器除金玉类之外，三彩陶器占了相当的数量。这即是唐三彩在唐代盛行的原因之一。在唐朝墓葬集中的长安和洛阳，都出土了大量的三彩陶明器，其中也包含许多诸如罐、碟、碗、瓶、盒等类型的三彩日用器。

海兽葡萄纹铜镜

唐（公元 618 ~ 907 年）
直径 20.4 厘米
1964 年陕西省西安市出土
陕西历史博物馆藏

圆形，厚重，质地泛白。镜背以高浮雕葡萄纹为主题纹饰，间饰狮子、鸟雀、蜂蝶、花草等图案，华丽而繁缛。其构图方式分作内外两圈，由于葡萄及长瓣花之枝蔓由内圈连亘于外圈，甚至延及外缘，故世人亦称此种铜镜为“过梁葡萄纹镜”。唐代铜镜是中国古代铜镜发展史上的第三个高峰，而此时出现的海兽葡萄纹镜体现了这一高峰时期，铜镜铸造的高超技艺。海兽葡萄纹镜的出现，是高浮雕艺术在以铜镜为载体的具有创造性的具体实践。

白瓷皮囊壶

唐（公元 618 ~ 907 年）

高 24 厘米，宽 20 厘米

陕西省西安市韩森寨出土

陕西历史博物馆藏

皮囊壶是游牧民族的盛水或盛酒的器皿，以皮革制成。其容量大，且轻便结实，可系在腰间，便于骑马奔驰。瓷器做成皮囊壶形状，是唐代“胡风”盛行的体现，并不是实用器。当时胡服、胡舞流行，连这些小器具和装饰品也充满了异域情调。这件白瓷皮囊壶似乎也显示了游牧民族在安逸定居后，对奔驰于草原时的情景寄予思怀之情。

螭柄瓷壶

唐（公元 618 ~ 907 年）

高 31 厘米，底径 8 厘米

陕西省西安市出土

陕西历史博物馆藏

荷叶形口，细颈，垂腹圆鼓，喇叭形圈足。柄呈螭形，衔着壶口的荷叶边，壶颈部堆塑一周人面纹，壶柄及下腹部堆塑圆形及椭圆形饰片。瓷壶造型独特，保存完整。

人首陶水注

唐（公元 618 ~ 907 年）

残长 17 厘米

1976 年新疆和田市约特干遗址出土

新疆维吾尔自治区博物馆藏

细泥黄陶质。上部为人首，下部残。圆口，细流，中空，塑人首。人头戴螺形高帽，广额隆眉，大眼长耳，高鼻，长胡须，形神毕肖，胡人特点非常明显。

三耳陶罐

唐（公元 618 ~ 907 年）

高 57 厘米，口径 28.5 厘米，底径 19 厘米

1992 年新疆喀什市亚吾鲁克遗址出土

新疆喀什市博物馆藏

红陶质。宽盘口近似喇叭状，高束颈，贴塑带状三耳，耳顶部与口沿底部之间贴饰人头塑像；溜肩，弧腹下缓收，小平底；肩至腹刻划花草纹，腹部一周有九个不同形态的人物头像，每个人头像四周饰圆环形联珠纹。这些塑像头戴宽檐帽，浓眉，大眼内凹，鼻梁笔直挺拔，满脸浓密大胡须，形态各异，具有西域古代人物形态特征。

一组干物

唐（公元 618 ~ 907 年）

新疆吐鲁番市阿斯塔纳出土

新疆维吾尔自治区博物馆藏

(1) 棉籽，出土时成粒状，颗粒饱满，因长时间埋藏之故，已脱水干化，除部分发黑外，绝大部分呈土黄色，品种系草棉。棉为纤维作物，原产于印度，后传入我国。棉花古时称谓众多，有“白叠”和“白叠子”等。阿斯塔纳唐代墓葬中棉籽的发现，对于研究古代新疆的棉花栽培，有着重要的科学价值。

(2) 葡萄，1969 年阿斯塔纳 117 号墓出土。葡萄已干化，形状小而圆，褐色，为带籽的葡萄。葡萄也称蒲萄、蒲桃等，是古代粟特语“普塔格”的音译，为古汉语中较早的外来语词汇之一。早在两千多年前，新疆地区就开始了葡萄种植业，西汉张骞通西域后传入长安，直至唐初仍为稀世之珍，唐太宗时期有专人从吐鲁番运回马奶子葡萄，种在御花园中，并逐步推广到民间，由此始葡萄才慢慢在内地得以普遍种植。

(3) 梨，1966 年阿斯塔纳 61 号墓出土。出土时已干瘪，呈椭圆形，褐色，个小带柄，连柄长 5.8 厘米，梨身长 2.7 厘米，梨身宽约 2.8 厘米，类似现今的库尔勒香梨。成书于公元三世纪的《西京杂记》有关于梨的记载：“瀚海梨，出瀚海北，耐寒而不枯”。这表明梨在新疆地区的栽培与食用亦有着悠久的历史。

(4) 麦穗，阿斯塔纳 214 号墓出土。呈土黄色，椭圆形，颗粒饱满。从考古发现来看，早在青铜时代早期，新疆地区就已开始了小麦的种植与食用，到两汉以后，随着农业文明的不断发展，小麦逐渐成为当地居民主要的栽培作物之一。

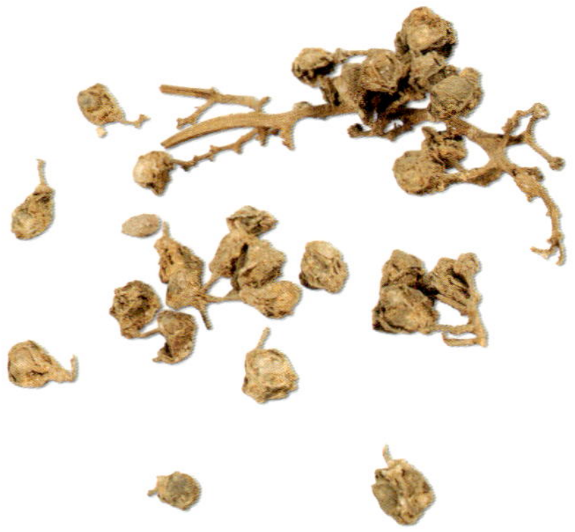

（2）

（3）

（1）

（4）

一组木器

唐（公元 618 ~ 907 年）

新疆吐鲁番市阿斯塔纳出土

新疆维吾尔自治区博物馆藏

1972 年阿斯塔纳出土了托盘、彩绘四足木几、藤奁、彩绘云纹箭靶和彩绘木豆，1973 年出土了彩绘木鸭。

托盘，用整块木板加工而成，椭圆形，两端有梯形手把。案面较平坦，制作较为精细。

彩绘四足木几，用整块木板加工而成，木几两端上翘，中间下凹，呈内弧形。四足粘接，削刻，施彩。

藤奁，用藤条编制而成，呈长椭圆形。

彩绘木鸭，用木块雕刻。长喙，扁圆形头，用黑、红、黄、白四种颜色绘出鸭的各部位。雕刻，彩绘。

彩绘云纹箭靶，用整块梯形木板制成，正面涂饰一层白色，箭靶中心画实心黑点，以此点为圆心，画出依次递增的黑色环形靶纹，外圈旁边画有相互对称的赭色云纹图案。木板的背面有两根支架，起着支撑箭靶的作用。

彩绘木豆，三角唇，圆腹，高柄，平底。内壁涂红彩，外壁施黑彩。口沿下原有一周白点纹，腹部有七组白线画的方格纹，格内由圆点组成的圆圈纹和红色“C”图案，柄和底部由白点红条纹组成图案。豆内盛多个圆形葫芦片。旋制，绘彩。

一组面制食品

唐（公元 618 ~ 907 年）
1972 年新疆吐鲁番市阿斯塔纳出土
新疆维吾尔自治区博物馆藏

这些是一千多年前的休闲食品。当时，人们对面点的要求，已不仅限于好吃，也要求好看。这几种做出花样的面点，足以吊起墓主人生前的胃口，面点用手捏制或模制成型，然后烘烤而成。其中涡状、四角式、漩涡纹点心、叶片形点心、双环式点心是用手捏制成型，无论手制还是模制，各有各的妙处。新疆干燥的气候使这些面点得以保存下来，使我们对当时的面点工艺有了直观的了解。

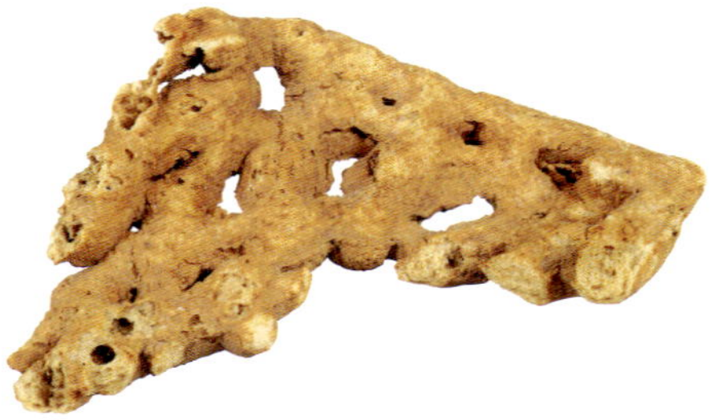

九、冥界葬俗仪　汇集四方俗

丝路沿线的葬俗葬仪反映了文化的多元性与交融性。受汉民族「事死如事生」观念影响，陪葬器物品种繁多，寓意深远。

史射勿墓志、志盖

隋大业五年（公元 609 年）

志盖：46.5×47 厘米，厚 10 厘米

志石：46.4×45 厘米，厚 6 厘米

1987 年宁夏固原市南郊乡小马庄村史射勿墓出土

宁夏固原博物馆藏

志盖青石质。呈正方形，盝顶。正中镌刻阳文篆书“大隋正议大夫右领军骠骑将军故史府君之墓志”，共五行二十字篆文，四周有减地阳刻卷云纹。斜刹上刻有四神形象，四边阴刻一周忍冬纹。前边中央刻一“前”字。

志石青石质。呈正方形。每侧刻三个壶门，正中壶门刻一“前”字。从右侧壶门开始，按顺时针方向，分别刻十二生肖。背景皆同，上为卷云纹，下刻山峦。志石正面磨光，细线刻划大小均等的方格。志文刻于格内，共计二十三行，满行二十四字，最后空出一行。共四百九十九字。

北朝以来，“昭武九姓”人通过漫长的“丝绸之路”频繁往来于中亚与中国，掌控着国际商贸活动，对中西文化沟通、交流起过至关重要的作用。史射勿墓志志文中仅记载“其先出自西国”，但从其姓氏及子史诃耽墓志志文“史国王之苗裔”语，推测其家族从粟特地区的史国迁徙而来。从志文记载可知他们经过河西走廊，曾在张掖居停，最终落籍高平（今宁夏固原）。志文还有史氏祖先在“西周”俱为“萨宝”的记载，这是文献中首次发现粟特地区有萨宝官职的记载。志文列出了史射勿七子之名，从名字用字来看，除长子“诃耽”名字尚有西国意味外，其余六子均使用了汉文名字，再回顾其先辈的名字“曾祖妙尼，祖波波匿”，这方墓志志文向我们揭示了一个粟特家族迁徙至中国并逐渐汉化的过程。

执笏板武士壁画

隋大业五年（公元 609 年）
高 120 厘米
1987 年宁夏固原市南郊乡小马庄村史射勿墓出土
宁夏固原博物馆藏

此壁画位于第二天井处（东壁第二幅）。人物颧骨突出，无须。头戴黑色幞头，幞头两角垂于脑后。身着红色圆领长袍，腰束黑色带，足蹬乌靴。双手前拱执笏板作进谒状。

执刀武士壁画

隋大业五年（公元 609 年）
高 164 厘米
1987 年宁夏固原市南郊乡小马庄村史射勿墓出土
宁夏固原博物馆藏

人物面朝南，侧脸直立，头戴冠，身着红色高领宽袍，下身穿红色宽裤，高鼻深目，眉目紧锁，注目斜视，双鬓、下颌蓄有长须，神情安然，双手紧握环首刀于胸前，这柄刀很长，下端拄地。

隋代墓葬壁画发现为数不多，史射勿墓道两壁所绘侍卫形象表现的是北魏旧制。武士持仪刀与李贤夫妇墓武士非常相似。这类执刀形象在隋至初唐有着广泛的影响，成为一种最常见的武士形象。

朱雀图壁画

唐麟德元年（公元 664 年）

高 112 厘米，宽 114 厘米

1985 年宁夏固原市南郊乡羊坊村史索岩夫妇合葬墓出土

宁夏固原博物馆藏

此壁画位于第五过洞上方。朱雀下部是一幅蔓枝莲花，中有一花叶组成的莲花台。朱雀挺胸，双翼对称向上展开呈飞行状，正面直立于花台之上。

《三娘子祭叔文文书》、《尼灵皈遗嘱文书》

唐（公元 618 ~ 907 年）

右上纸纵 25.8，横 15 厘米；左上纸纵 26.2，横 7.9 厘米；

右下纸纵 26.8，横 27 厘米

黄宾虹原藏

浙江省博物馆藏

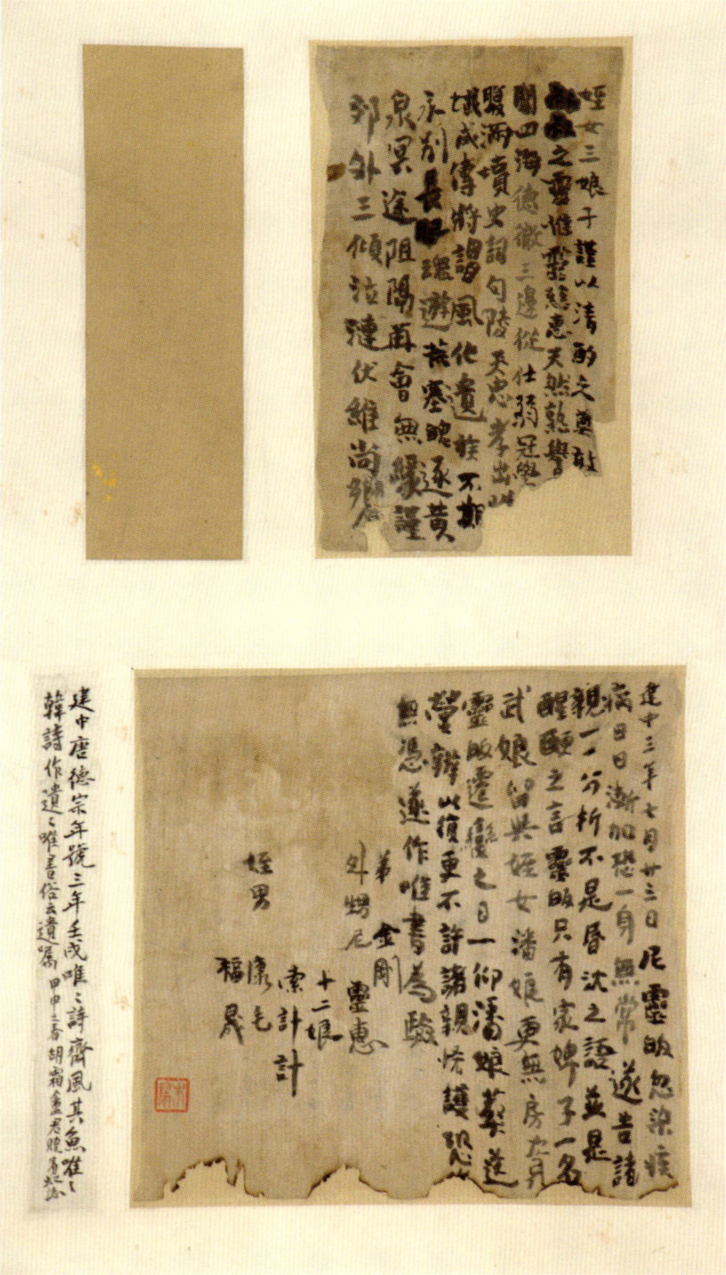

唐写本。残破。立轴。据内容拟名。

右上纸为“祭叔文”，左上纸无文字，右下纸为遗嘱，左下纸为题跋。右下纸为宣纸，其余皆麻纸张，纸色褐。墨色浓淡不均。楷书。

右下纸左下角钤“木斋”朱文篆书方印。左下纸题：“建中，唐德宗年号。三年，壬戌。唯唯，《诗·齐风》‘其鱼唯唯’。《韩诗》作‘遗嘱’。唯书，俗云遗嘱。甲申之春胡霜龛君赠。宾虹志。”

《卜筮书文书》

唐（公元 618 ~ 907 年）

纵 17.2 厘米，横 16.7 厘米

张宗祥原藏

浙江省博物馆藏

唐写本。首尾残。册叶。据内容拟名。麻纸，纸色褐。墨色稍浓。楷书。左边题“此为卜筮之书”，当为张宗祥书。

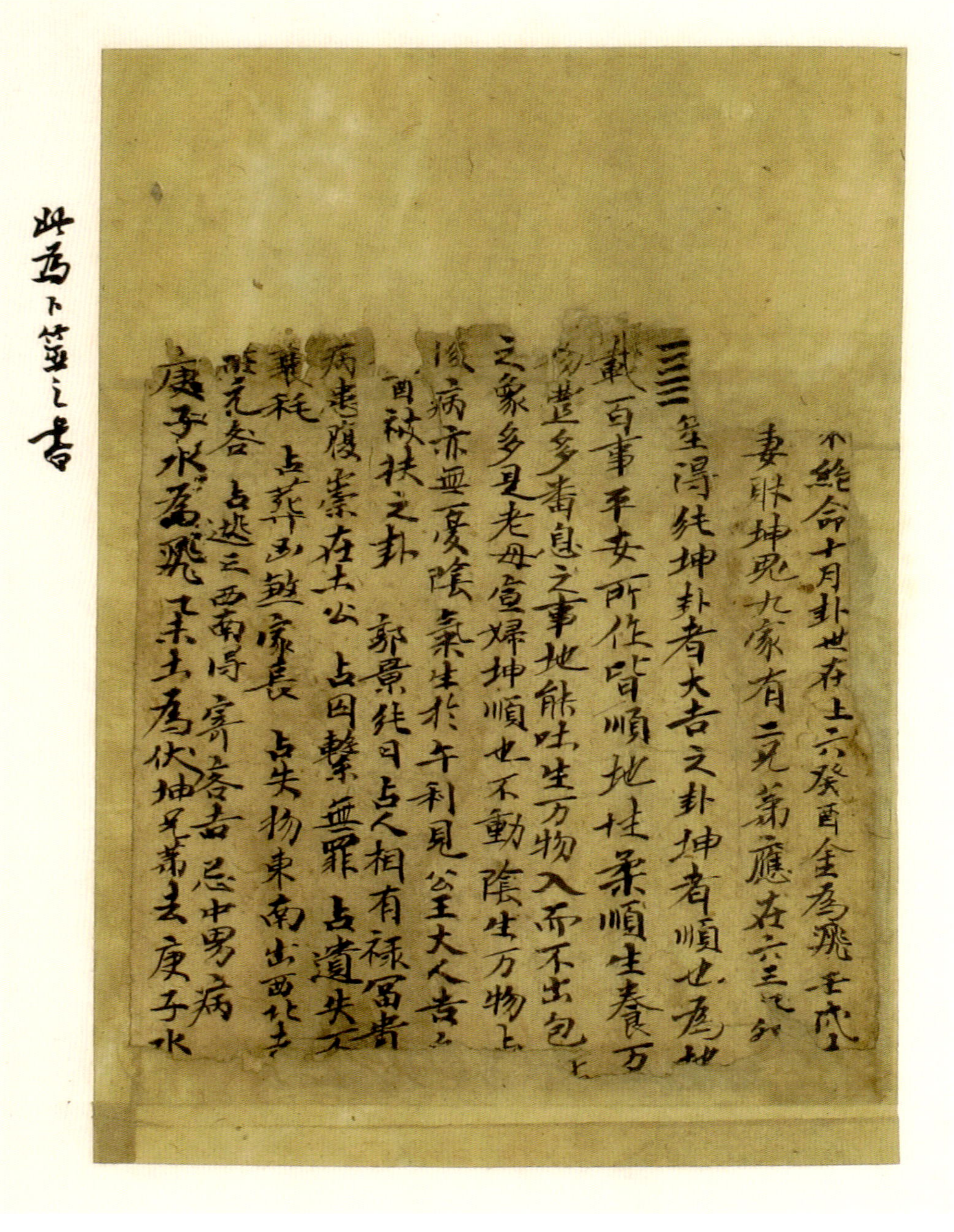

加彩泥塑镇墓兽俑

唐（公元 618 ~ 907 年）

通高 80 厘米

1972 年新疆吐鲁番市阿斯塔纳 M216 出土

新疆维吾尔自治区博物馆藏

该镇墓兽头顶竖一撮长毛，其侧双耳直竖，颔下有三簇须毛，两颊及肘部鬃毛上翘，背上耸立三撮长毛，体侧各塑出一只眼睛。通体用黄、白和橘黄色绘出豹纹，并用黄、绿、蓝等色在上翘的宽尾上绘出细密的鬃毛。眼睛、鼻、须及牛蹄足均施蓝彩，让人耳目一新。古人相信镇墓兽可以显示威严、避邪镇妖，是墓室的忠诚守护者。

该镇墓兽形象高大，主要采用手工捏塑而成，从残破的裂口处不难看出：其手法是先用草秸捆扎成兽身的骨架，并用木棍作前腿，再在外面用细泥堆塑成坯体，然后趁着泥坯将干未干时，由制作者根据自己的想象力和对某些动物的精细观察，运用写实与夸张相结合的手法制作而成。

这种塑造方法与新疆各地千佛洞泥塑佛像作法完全一致。泥俑虽然不如陶俑坚实，但由于吐鲁番天气炎热，年降雨量极其稀少，因此，泥俑不易受到雨水浸湿，变得异常坚硬。所以，镇墓兽在泥塑的过程中，既容易晾干，又能保持色彩鲜艳如初。该镇墓兽的塑造技巧十分纯熟，形象栩栩如生，是泥塑俑像中的珍品。

三彩镇墓兽俑

唐（公元 618 ~ 907 年）
高 130.2 厘米，宽 58.8 厘米
1965 年甘肃省秦安县叶家堡出土
甘肃省博物馆藏

陶胎，质较松。施赭、黄、绿色釉。头生双角，耳竖立，头、背喷多丛火焰，双目圆鼓，昂首挺胸，前肢支撑，后肢屈蹲。兽首面目狰狞，獠牙龇露，凶猛异常，有很强的威慑力。镇墓兽一般置于墓门口，起镇魔辟邪的作用。

彩绘天王木俑

唐（公元 618 ~ 907 年）

通高 91 厘米

1973 年新疆吐鲁番市阿斯塔纳 M216 出土

新疆维吾尔自治区博物馆藏

此俑分别雕刻出三十块大小不等的部位，然后加以粘合（其右足底部留有圆柱形榫头，置入小鬼腹部卯眼）。这种天王俑当是作为墓葬“守护神”置于墓室门外，以保卫墓主人的“安宁”。这类木雕天王踏鬼俑，到目前为止国内仅此一例。

伏羲女娲绢画

唐（公元 618 ~ 907 年）
高 221.5 厘米，上宽 105.5 厘米，下宽 80.9 厘米
1964 年新疆吐鲁番市阿斯塔纳 M19 出土
新疆维吾尔自治区博物馆藏

画面中心彩绘中国神话传说中的始祖神伏羲和女娲，他们上身以手搭肩相依，分别手持代表天圆地方的规和矩，下身合穿喇叭形短裙，蛇尾相交。伏羲在右，头戴巾，留须，身穿宽袖翻领衣；女娲在左，发束高髻，两腮涂红，额间饰花钿，身着宽袖翻领衣。上方画象征太阳的红心圆轮，四周是象征星辰的线连小圆圈。该图有引魂升天、招魂复魄的寓意，也有祈祷伏羲女娲司天规地、保佑人们太平安康之意。吐鲁番地区的墓葬中已发现数十幅伏羲女娲图，主要属于麹氏高昌时期和唐代西州时期，质地有麻和绢两种。伏羲女娲图通常是用木钉将其钉在墓顶上，画面朝下，少数画被折叠包好后放在死者身边。该葬俗是由内地传入吐鲁番地区的，并逐渐发展成为当地的一种丧葬文化传统。

彩绘镇墓兽

唐（公元 618 ~ 907 年）

之一：高 46 厘米

之二：高 45 厘米

1991 年陕西省西安市韩森寨秦川机械厂徐王李元礼姬罗观照墓出土

西安博物院藏

之一：人面兽身，面部为一男性形象，头发上束，双目圆瞪，眉头紧锁，鼻子直挺，大嘴紧闭，满脸络腮胡。两耳硕大而狭长，高高耸起。兽身蹄足，势如蹲狮，双肩各有竖毛二束。前腿直立，后腿屈蹲，抬头挺胸，蹲踞于台座上。毛发涂黑，胸前原有彩绘贴金图案，惜已脱落。

之二：兽面为狮子形象，兽身蹄足，抬头挺胸，双目圆瞪，大耳上竖，鼻孔粗大，嘴角外露两颗獠牙。颌下一撮长毛，颈上鬣毛斜向上竖起。前腿斜立，后腿屈蹲，身躯前倾，蹲踞于马蹄形台座上，形象凶猛。

之一

之二

彩绘天王俑

唐（公元 618 ~ 907 年）

高 92 厘米

1991 年陕西省西安市韩森寨秦川机械厂徐王李元礼姬罗观照墓出土

西安博物院藏

天王俑头戴翻沿盔，身穿明光铠，胸前两圆护。肩覆龙首披膊。下襟与裙边刻出流苏，身后鹘尾。下缚吊腿，足蹬靴。天王俑头向侧偏，竖眉冷目，张口作怒吼状。一手叉腰，一手握拳前举，手中有孔，原应执有兵器。眉毛及络腮胡涂黑，脸膛涂红彩。战裙以红、蓝、绿等彩绘出图案，盔甲上原有描金或贴金，现仅余斑斑点点的残迹。两俑脚下皆踩踏一俯卧的小鬼，一脚踩在肩部，一脚踩臀部，威风凛凛，战裙和袖角迎风飞舞，更衬托了天王俑的高大威武。小鬼则赤身裸体，匍匐于台座上，呲牙咧嘴作痛苦挣扎状。

天王俑是唐代新出现的殉葬俑，一般与镇墓兽一起对称置于墓门内，称作“四神”。天王俑是依据佛教天王的形象塑造的，身躯高大威猛，脚踩小鬼，威风凛凛，是当时人们心目中嫉恶如仇、镇妖驱邪的正义之神。其形制与各时期武将的装束相似，头戴盔、身穿战袍铠甲，手持兵器，面目威武，盛气凌人。唐代的天王俑比例准确，表现出了内在的力量，撼人心魄。在雕塑技法上，运用夸张的手法，通过高矮强弱的对比，表达出了正义必将战胜邪恶的主题。

第五部分

宋元经营　丝路余晖

——宋元时期（公元 960—1368 年）

唐代之后，西北地区地方割据严重，丝路渐衰，但仍作为中原和西域之间的政治、经济联系的通道，维系着各民族关系。元代公开鼓励东西交通，遂开丝路在商业、艺术和知识上沟通东西方的新纪元。

铜灯

宋（公元 960 ~ 1279 年）

长 12.3 厘米，宽 7 厘米，高 7.5 厘米

1959 年新疆巴楚县出土

新疆维吾尔族自治区博物馆藏

铜灯整体造型似一雏鸡，由两部分组成；上部为灯身，带一短流，中间半封闭，尾部有小鋬；下部为灯座，呈带凸棱的喇叭状。此种半封闭的灯身设计，有利于减少油料的挥发，起到省油的效果。

皈依罐

宋（公元 960 ~ 1279 年）

通高 68 厘米

1972 年宁夏固原市北门外机砖厂宋墓出土

宁夏博物馆藏

陶质，部分彩绘。器物共分为五层，由下至上依次为底座、花边口沿钵、鼓腹罐、覆莲盖、葫芦形塞。底座下大上小，分上下两部分：下部四周兽头头顶圆环、颈部拉长做支柱，环边饰莲花宝珠；上部塑 4 个力士，手托圆环，圆环周围饰莲花宝珠。高圈足花边口沿钵置于圆环正中，钵中腹外壁贴塑一周乳凸纹。钵上置敛口鼓腹罐，腹中外壁贴塑一周乳凸、卷草纹。覆莲盖扣于罐上。盖上为葫芦形塞。器物的五个部分装置紧凑，浑然一体，造型独特，制作精美，装饰华丽，整体给人以端庄凝重之感。

鎏金菱花形人物楼阁纹铜镜

宋（公元 960 ~ 1279 年）

直径 18.5 厘米

1977 年宁夏隆德县官庄宋墓出土

宁夏博物馆藏

菱花形缘，圆纽，通体鎏金。图案以群山为中心，左边是一棵枝繁叶茂的桂树，右边是单檐庑殿顶的房屋，门旁有玉兔在捣药，下边是弧形梁式桥，桥下河水湍急。屋门半闭半启，一人侧身远眺，门前椅上坐一长者，着袍束带，身旁两侧分别侍立着手执宝扇的金童、玉女，皆目视桥头。桥头一人，头戴高冠，侧身弯腰拱手，面向桥中执物之人。整个镜背构图丰富，内容涉及当时流行的妇人启门、唐明皇游月宫、高士图等题材，是宋代典型的人物故事镜。

西夏文首领印

西夏（公元 1038 ~ 1227 年）

长 5.6 厘米，宽 5.5 厘米，

厚 1 厘米，纽高 1.6 厘米

征集

宁夏博物馆藏

印面基本为正方形。印文为阴刻西夏文篆书，汉译为“首领”二字，字体圆润秀美，刀法娴熟稳健。印背中部有一方形橛纽，背纽刻西夏文“上”字。纽两侧各阴刻七个西夏文字，右行汉译为“天盛丙戌十八年”，左行七字为党项首领职务、姓名，汉译为“首领酩布小狗山”。它不仅是研究西夏文字，而且是研究西夏官制和铸造工艺的重要实物资料。

西夏官印的形制基本仿照宋朝官印，印上镌刻的西夏文字则表现了其民族特点。最常见的西夏官印为二字“首领” 铜印，与宋朝常见官印相同，基本上是正方形，不过大多数都是圆角方形。大小或 5 厘米左右见方，长宽略有差异，多为长方形柱纽或上大下小的橛纽，有的纽上有孔，有的无孔。印文使用屈曲盘迴的西夏文白文（阴文）九叠篆字，字体繁复，以方笔居多，笔画刻至印章四角处，能随印的自然角度而灵活变化，达到了既方正圆润，又自然天成的境地。同样的印文在笔画迴曲上表现出差异，不易辨认，这与同时期宋、辽、金官印全用朱文九叠汉篆铸印不同，但从其特点来看，还是受到了汉文印章中九叠篆书的影响。迄今所见的官印印文有三种：即二字印、四字印和六字印，其中绝大多数为二字官印。

“五侍男”木板画

西夏天庆七年（公元 1200 年）
长 21.5 厘米，宽 12 厘米
1977 年甘肃省武威市西郊林场出土
甘肃武威市博物馆藏

整体色彩艳丽，画面清晰。五侍男脸右向，分别着蓝、赭、绯、黄、灰色圆领窄袖长袍，腰束带。分别拱手佩剑、拱手背包袱、双手捧盆、双手捧唾壶、拱手肩披长巾。整个绘画线条简练有力，手法细腻生动，是研究西夏社会生活的重要资料。

“五侍女”木板画

西夏天庆七年（公元 1200 年）

长 28 厘米，宽 10.5 厘米

1977 年甘肃省武威市西郊林场出土

甘肃武威市博物馆藏

五侍女脸形丰满圆润，前四人梳着发髻，最后一人披发。分别着红色、绛紫色、橘红色、青色交领窄袖长衫。其中三人手中分别捧着奁盒、托盘、拂尘，其余两人一人手提包袱，一人拱手，右肩披着长巾。画面清晰，色彩艳丽，人物形象逼真。为研究西夏社会生活和绘画艺术提供了重要实物资料。

白釉剔花罐

西夏（公元 1038 ~ 1227 年）

高 40.9 厘米，口径 14.4 厘米，足径 13.3 厘米

征集

甘肃省博物馆藏

该罐直口、圆唇、矮束颈，颈饰一周凸棱。溜肩、曲腹、平底，罩化妆土，施透明釉。纹饰分两层：颈肩处剔刻卷草纹，腹部剔刻牡丹花纹。整体布局疏密得当，纹饰突出。

褐釉剔花双系瓷瓶

西夏（公元 1038 ~ 1227 年）

高 33 厘米，腹径 20 厘米

征集

青海省博物馆藏

褐釉。小侈口，束颈，溜肩，两系，长圆形鼓腹，下腹近足处内收。肩部饰弦纹两周，腹部剔刻缠枝牡丹纹，下腹露胎不施釉，胎釉对比鲜明。该件器物线条流畅，工艺水平较高，为研究西夏瓷器提供了珍贵的实物资料。

剔花牡丹纹罐

西夏（公元 1038 ~ 1227 年）
高 20 厘米，口径 20.5 厘米，底径 14 厘米
1980 年青海省互助县丹麻乡窖藏出土
青海省博物馆藏

敛口，鼓腹，平底，口部饰弦纹。白胎，褐釉，剔花露胎工艺，主题纹饰为缠枝牡丹。器形规整，工艺娴熟流畅，纹饰美观生动，是西夏瓷器中的精品。

刻西夏文铜镜

西夏（公元 1038 ~ 1227 年）

长 20.5 厘米，直径 10 厘米

征集

宁夏博物馆藏

该镜圆形带柄。素窄缘，凸起。镜背主体纹饰分上、中、下三部分。上部左侧近缘处为一圆月，自右向左沿着镜缘伸出一株大树，树干苍劲，枝叶繁茂。树下站立两人，躬身前倾，似在给动物喂食，惜画面不清，已不能辨识。梅花鹿跑向主人，仙鹤回眸凝视，似动又静，好像抵挡不住美食的诱惑和主人的召唤。下部河水波浪翻涌。镜背纹饰内容为鹤鹿同春人物故事，为祝寿题材，或与道教有关，画面构思精巧，栩栩如生。镜面已经锈蚀。镜柄长 10.5 厘米，残断，已粘合。镜背下柄凹陷处雕刻四个西夏文字，汉译为“八九马挤（乳）”，意思不甚明确。柄下部为一镂空椭圆形孔，作穿系用。

铜镜是青铜器中独成体系的妆奁用器。它萌发于金石并用时期，开始流行于东周，兴盛于汉唐，而衰于宋元。在长达数千年的历史长河中成为无论贵贱、妇孺男士都需要的日常用具。宋代，出现了带柄的圆镜。

西夏文残碑

西夏（公元 1038 ~ 1227 年）
长 27 厘米，宽 22.5 厘米
1974 年宁夏银川市西夏陵区出土
宁夏博物馆藏

此块残碑为西夏陵出土的一件形体较大、字数较多的西夏文碑。碑体以砂岩雕凿，阴刻楷书，所刻碑文笔画匀称，刀法工整，字形繁复，撇捺笔较多，笔力遒劲厚重，点划穿插有序，构字和运笔十分讲究，是不可多得的西夏书法艺术珍品。

西夏文字多为比较工整的楷书，大概是借鉴了唐代成熟的楷书风格。从西夏文楷书的书写规则来看，西夏字同汉字一样，亦具有祥而静的特点。不但字体方正匀称，而且端庄秀丽。在用笔方法上，西夏文楷书亦藏露兼施，方圆并出，既显骨力，又具精神。

西夏文大号字木雕印版

西夏（公元 1038 ~ 1227 年）

残长 23.3 厘米，宽 13.7 厘米，厚 2 厘米

1990 年宁夏贺兰县宏佛塔出土

宁夏博物馆藏

西夏的雕版印刷是西夏印刷业的主体，也是西夏使用和发展活字印刷的基础。西夏建国后，比较注重发展本国的文化教育，专门设置了负责雕版印刷的官府机构“刻字司”。目前发现的西夏文本雕版主要出自于黑水城遗址（今内蒙古额济纳旗）和宁夏贺兰县宏佛塔。其中宏佛塔出土最多，约二千余残块，且大多经过火烧后炭化变黑，但是文字大部分可以辨识。西夏木质雕版种类很多，有的单面有字，有的双面有字，各雕版的版式和字号大小不尽相同。根据所出雕版文字大小的不同，可将其分为大、中、小号字版。

此块残版是宏佛塔槽室内所发现的两千多块残版中最大的，也是唯一没有全部炭化变黑的一块，为大号字版。版上每字 1 ~ 1.2 厘米见方，字体方正，表面整齐平滑，刻工娴熟有力。版面中间有宽 1 厘米的中缝，中缝两侧各竖刻六行西夏文字，其中最长一行残存十个字，行距 0.6 ~ 0.8 厘米，字距 0.1 厘米，中缝上亦刻有三个西夏文字，较版面上的字略小，雕版背面平整无字。这类雕版发现较少，共 7 块，版厚字大，且只一面雕字，所印书籍当是疏朗清晰，质量上乘之品，应是皇室或财力充裕的官府、寺庙所刻。

黑釉剔刻花四系瓷扁壶

西夏（公元 1038 ~ 1227 年）

长 35.4 厘米，直径 31.6 厘米，厚 17.3 厘米

征集

宁夏海原县文管所藏

扁壶两侧一般有双耳或四耳，以便穿绳提拿或携带，它可能由游牧民族盛水的皮囊演变而来。党项民族长期生活于马背之上，能耐寒暑饥渴，长于骑射，而扁壶形状非常适合在马背或驼背上吊挂携带，为西夏人所喜欢的用具。扁壶是西夏瓷器中比较常见的器物，也是最具民族特色的器物，发现较多。

此扁壶直口台唇，短颈，壶体扁圆，肩部和下腹部各有一对带状耳，腹部两面正中为圈足，便于卧放。圈足周围以剔釉露胎的技法，剔刻出缠枝牡丹花。

褐釉剔刻牡丹花经瓶

西夏（公元 1038 ~ 1227 年）
高 33.1 厘米，口径 7.3 厘米，
腹径 14 厘米，底径 8.7 厘米
征集
宁夏盐池县博物馆藏

该瓶台唇直口，细颈斜肩，斜直腹平底。腹部以上施褐色釉，肩部有一涩圈。腹部以剔地露胎的技法，剔刻开光折枝牡丹花纹，腹以下线刻卷叶纹。

西夏的经瓶，多为剔刻花装饰，施釉均不到底，制作精良。造型特点为小口，束颈，折肩，腹部修长下内收，暗圈足。牡丹花是西夏瓷器中最常见的装饰纹样，在西夏的扁壶、罐、瓶、盘、盆等器物上大量使用，体现了西夏人对牡丹花的喜爱。

灰陶五角花冠迦陵频伽

西夏（公元 1038 ~ 1227 年）

长 37 厘米，宽 32.5 厘米，高 48 厘米，

基座长 22.5 厘米，宽 18.5 厘米

2001 年宁夏银川市西夏陵区 3 号陵出土

宁夏西夏博物馆藏

“迦陵频伽”一词见于佛经，是梵文 Kalavinka 的音译，巴利文译作 Karavika，藏语名 Ka-La-vin-ka，又译作歌罗频迦、羯罗频迦、迦罗频迦，简称迦陵频、迦毗。《正法念经》：“山谷旷野，其中多有迦陵频伽，出妙音声，如美音，若天若人，紧那罗等无所及者，唯如来音声。”可见其声音美妙动听，婉转如歌，胜于常鸟，佛经中名曰美音鸟或妙音鸟，其形象多为人首鸟身。迦陵频伽鸟通过其美妙的声音和优美的舞姿娱乐佛、供养佛，以达到“法音宣流”的目的。目前所知中国最早的迦陵频伽纹饰，出现在北魏石刻上。唐代，佛教在中国日益兴盛，迦陵频伽图案的使用也日渐广泛起来，最为典型的造型是佛经故事中人首、半人半鸟首的迦陵频伽原型与唐晚期凤鸟花叶形尾重新组合而产生的艺术造型，多用于壁画、金银器的装饰上。2001 年在西夏陵区发现的迦陵频伽，是以建筑构件的形式存在的，具有装饰效用，这一发现尚属首次。目前从西夏陵区出土的迦陵频伽的形态看，它们与唐代敦煌壁画和李德裕众禅寺银椁上所刻的有相似之处。可见，西夏迦陵频伽形象也是延续唐代传统而来。

该器物人首鸟身，头戴四角叶纹花冠，面浑圆，细眉长目，双颊丰腴，眼睑略垂，以阴刻细线，突出眉眼，眼半睁，神态静谧安祥；丰乳、双手作实心合掌印于胸前；羽翼丰满，状如大鹏展翅，长尾似蕉叶；双腿及爪跪骑于座，底座抹角方形，正面饰卷云纹盘绕于两侧。

彩绘泥塑佛头像

西夏（公元 1038 ~ 1227 年）

高 36 厘米，正面宽 24.4 厘米，侧面宽 25.5 厘米

1990 年宁夏贺兰县宏佛塔出土

宁夏博物馆藏

佛头像中空。头顶为螺发，中间有一白色肉髻。面部方颐，双眉隆起，眉间有白毫。眼珠乌亮，为黑色釉料特制。下眼睑有黑色“泪痕”，系高温下眼珠釉料熔化流出所致。佛鼻梁高直，双唇闭合，厚唇上墨线绘出八字胡须，下颌用墨线绘出日、月、云状纹饰。月牙形眉毛，深目，与额头连成直线的高鼻，使佛像面部表情显得平稳沉静；双眼半闭，露出深思内省的神态。丰腮、下巴圆润、眉如弯月、嘴唇短厚、圆而近方的脸形特征，是以当时人们公认的典型面相标准而塑造的，富有唐代造像遗风。

彩绘泥塑罗汉像

西夏（公元 1038 ~ 1227 年）
高 65.5 厘米，正面宽 42 厘米，
侧面宽 33.8 厘米
1990 年宁夏贺兰县宏佛塔出土
宁夏博物馆藏

圆顶光头，面相方圆，弯眉细目。结跏趺坐，施禅定印。身着右袒袈裟，袈裟用黑色衬底，腹部绘白色团花，领边亦为白色，腰束带。袈裟外穿通领大衣，大衣用白色衬底，其上用朱砂绘出方格几何纹图案，方格内又刻画繁密的卷云纹，纹饰上还有描金，但多已脱落。此像出土时腹内藏有西夏文经卷，可惜已烧成灰烬，从其残片上，隐约可见经过刻印的西夏文字。此像为成年人像，神情忘我，给人以气定神闲之感。纹饰线条粗犷、简洁，其绘画技法的运用已臻化境。

竹木雕上乐金刚像

西夏（公元 1038 ~ 1227 年）
高 15 厘米，底座长 10.4 厘米，底座宽 5.5 厘米
1986 年宁夏贺兰县拜寺口双塔出土
宁夏博物馆藏

上乐金刚又称胜乐金刚，藏语称“登巧”，蒙古语称“德穆钦格”，是藏密无上瑜伽修法中尊奉的五大本尊之一。此尊的形象十分复杂。主尊金刚为裸体，身躯呈蓝色，四面十二臂，主臂拥抱明妃，双手各握一件法器，其余十臂向两侧平伸，双足踩仰伏魔。明妃金刚亥母的面部和身躯呈红色。主尊身后雕成大象的形状，呈白色。该像为圆雕，将藏传佛教上乐金刚本尊修法中本尊、佛母的造型和装饰表现得淋漓尽致，人物形体造型准确，肢体连接恰到好处，雕刻娴熟，彩绘色泽艳丽，达到了很高的艺术水准。此像与拜寺口双塔所出《上乐金刚》唐卡在形象刻画上极为相近，相互呼应，互为映衬。

西夏文《大方广佛华严经》

西夏（公元 1038 ~ 1227 年）

长 31.7 厘米，宽 12 厘米，厚 1.9 厘米

罗雪樵捐赠

宁夏博物馆藏

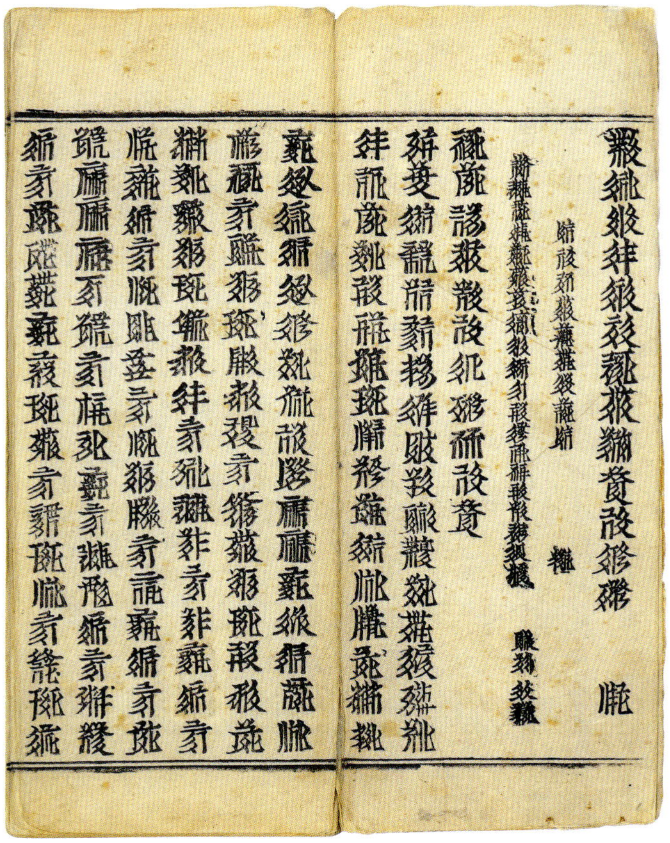

该经书呈长方形，封面为黄色，上下边缘有修复的痕迹。西夏文楷书，文字工整秀丽，油墨均匀干净。经折装，上下双栏线，木活字印刷，是该版经书的第七十六卷。

1917 年，在离西夏故都兴庆府不远的宁夏灵武，知县余鼎铭主持修葺城池时，在城墙内掘获了两大箱西夏文佛经，其中数量最多的是西夏文《大方广佛华严经》，经辗转流传，现分别保存在中国国家图书馆、宁夏以及日本京都大学等处。它们属于什么时代，目前学术界尚有争议，著名学者王国维将其断定为元刊本。这类西夏文《大方广佛华严经》无论属于西夏时期，还是元代，其所具备的特点，都证实它们为早期的活字印本。它们不仅成为研究活字印刷技术，而且是研究西夏文字、西夏佛教的重要实物资料。

西夏文佛经《吉祥遍至口和本续》

西夏（公元 1038 ~ 1227 年）

长 30.7 厘米，宽 19.5 厘米

1991 年宁夏贺兰县拜寺沟方塔出土

宁夏文物考古研究所藏

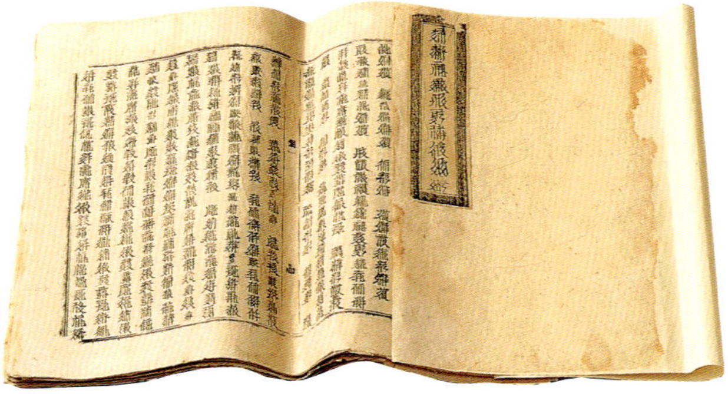

木活字印本，白麻纸精印，蝴蝶装。完本者有封面、扉页，封面左上侧贴有刻印的长条状书签，书名外环以边框，封面纸略厚，呈土黄色，封面里侧另背一张纸，有的纸为佛经废页，背时字面向内。四界有子母栏，上下栏距为 23.5 厘米，无界格，半面左右 15.2 厘米。版心宽 1.2 厘米，无象鼻、鱼尾。上半为书名简称，下半为页码，页码有汉文、西夏文和汉夏合文三种形式。每半面有 10 行，每行 22 字，每字大小 1 厘米左右。通篇字体繁复，周正秀美。

《吉祥遍至口和本续》具有明显的活字版印本的特征，如版框栏线交角处缺口很大，版心行线与上下栏线不相接；墨色浓淡不匀，印背透墨深浅不同；同一面同一字笔锋、形态不一；栏线及版心行线漏排、省排；经名简称和页码用字混乱，有的错排、漏排、数字倒置等等，这些都是在雕版印本上不可能出现的。《吉祥遍至口和本续》笔画流畅，边缘整齐，少有断笔、缺笔现象，印制精良，具有木活字版印本特点，与泥活字版有明显区别。另外，有些字行间印出长短不一的线条，是木活字特有的隔行加条痕迹。这说明元代王祯《活字印书法》中“排字作行，削成竹片夹之”的技术，早在西夏时期就已经出现。1996 年 11 月 6 日据文化部组织鉴定委员会鉴定，该文物是迄今世界上发现最早的木活字版印本，它将木活字的发明和使用时间提早了一个朝代，对研究中国印刷史和古代活字印刷技艺具有重大价值。

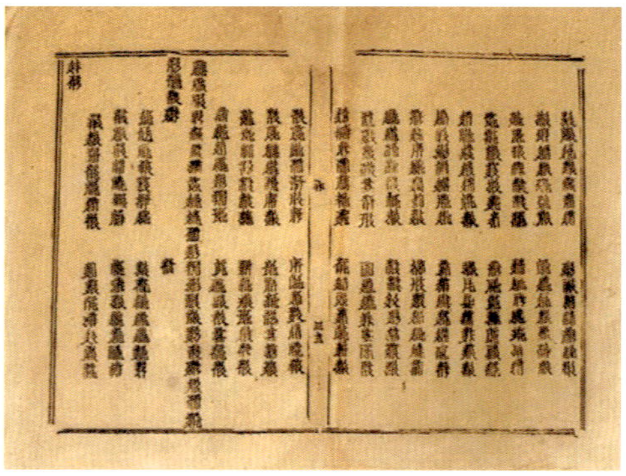

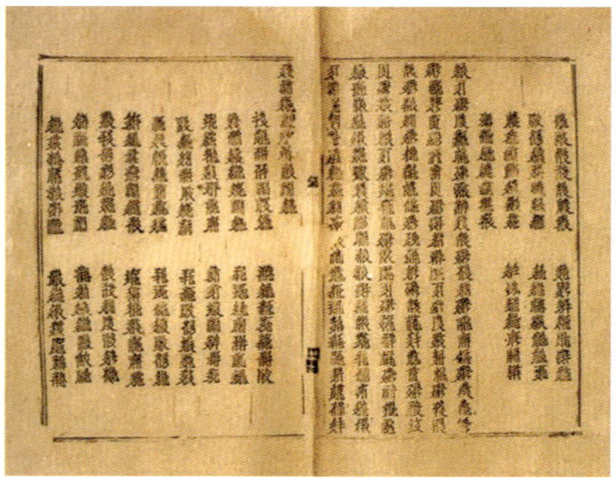

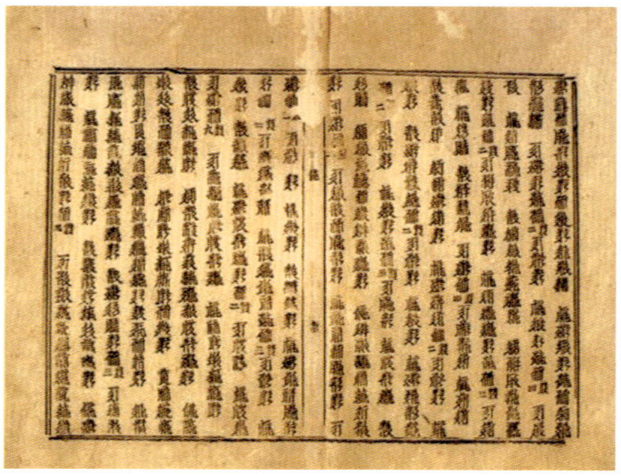

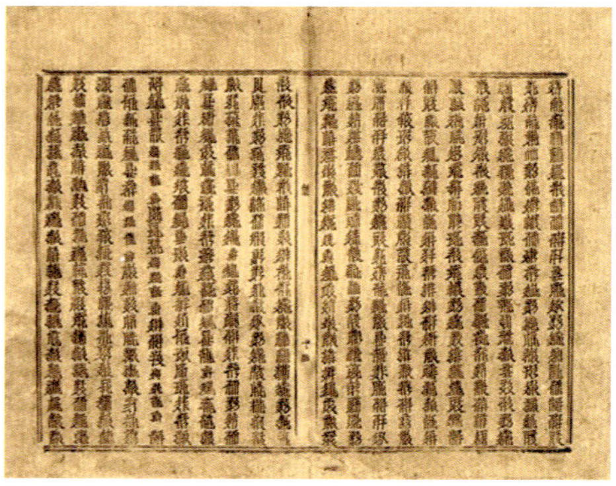

印婴戏莲纹绢

西夏（公元 1038 ~ 1227 年）

之一：长 86.5 厘米，宽 30 厘米

之二：长 84 厘米，宽 30 厘米

1986 年宁夏贺兰县拜寺口双塔出土

宁夏博物馆藏

两块印花绢图案完全相同，为童子戏花图。图中的花纹采用连续纹样，其基本构图是一排圆形花环内绘有四朵小白花，环外绘一周联珠纹；另一排是菱形花框内绘四朵小白花，花框与花环错位排列。花框四边各有一个戏花童子。童子的造型和大小完全一样，皆为仅围一块黄色肚兜的白胖儿童，着桃形项圈和环状手镯。右手上举，左手自然下垂各抓一枝条，双腿腾空跃起，穿行在花叶丛中。

西夏建国后，受中原王朝和汉民族影响，丝织业有了一定的发展。西夏朝廷专门设立“织绢院”和“绣院”等，管理棉、麻和丝纺织业的生产。西夏能生产出绢、纱、罗、绮、绫、锦、缂丝等许多精美的丝织品。这两件绢制品是西夏丝织业发展的极好见证。

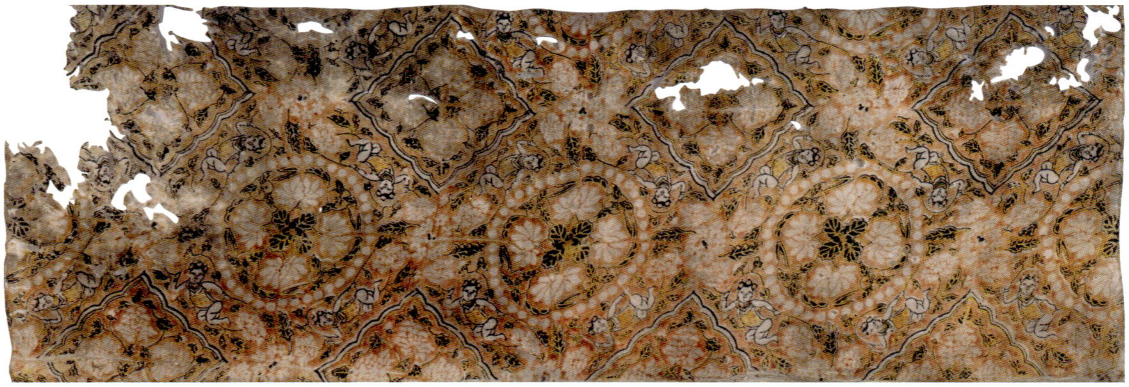

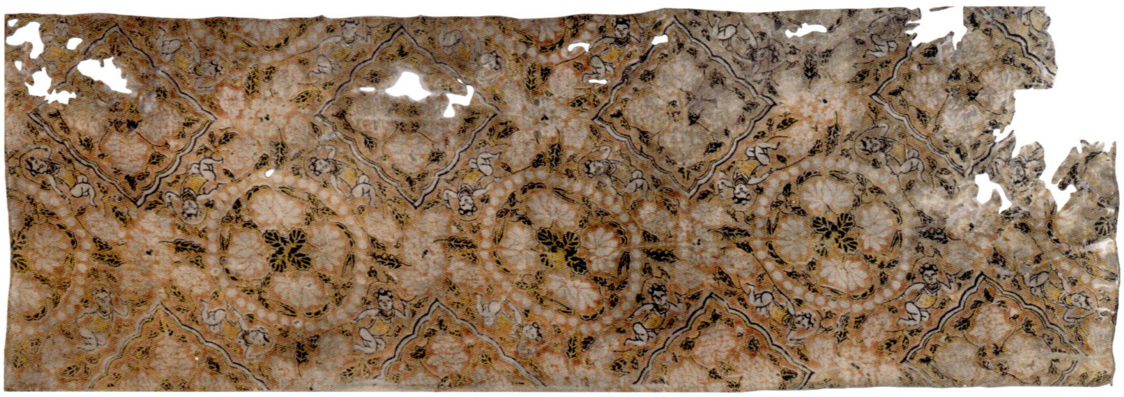

西夏钱币

西夏（公元 1038 ～ 1227 年）

直径 2.3 ～ 2.5 厘米

征集

宁夏博物馆藏

这组西夏钱币共 5 枚。其中两枚福圣宝钱、大安宝钱，为西夏文右旋读小平钱，另外三枚皇建元宝、天盛元宝、乾祐元宝，为汉文真书右旋读小平钱。

西夏钱币是中国货币文化的有机组成部分。《宋史·夏国传》载：宋绍兴二十八年（公元 1158 年），西夏“始立通济监铸钱”，这是关于西夏设立铸币机构的最早记录。但是目前发现的最早的西夏文钱币是“福圣宝钱”（公元 1053 ～ 1056 年），说明西夏在设立铸币机构以前就已能铸造少量的钱币。但西夏境内流通的大多是宋钱，这除了西夏本地铸钱的原料匮乏之外，还说明西夏经济在一定程度上对北宋的依赖。西夏自己铸造的钱币质地有铜钱和铁钱，钱文有西夏文和汉文两种。其轮廓规整，文字清晰秀丽，表现出较高的铸造水平。

鎏金铜坐佛

元（公元 1271 ~ 1368 年）

高 48 厘米，底径 36 厘米

1992 年宁夏固原市南郊乡征集

宁夏固原博物馆藏

高螺旋髻，两耳下垂，面部丰满慈祥。眼微闭，眉间有白毫，身着圆领褒衣博带、通肩袈裟，袈裟边缘饰缠枝花卉纹，袒胸露乳，胸部饰“卐”字纹，腹结带，双手叠于胸前施禅定印，结跏趺坐于垫上。

青花鸾凤纹匜

元（公元 1271 ~ 1368 年）
高 4.1 厘米，口径 13.2 厘米，底径 8.4 厘米
甘肃省临洮县衙下乡寺洼村出土
甘肃临洮县博物馆藏

直口，曲腹，平底，口沿处设流，流下有似水浪形装饰系。胎质白细，釉面晶莹，通体饰青花，青花色泽艳丽明亮。内壁绘一圈缠枝花卉，内底绘双凤对舞纹。外壁以八个莲瓣纹（俗称“八大码”）装饰。元代这类匜除瓷器外，也有银质和铜质的。根据安庆元代范文虎墓出土银器和蒲城元代墓葬壁画看，这种匜多用作饮器，可与玉壶春瓶等器具配合使用。

花卉纹青花玉壶春瓶

元（公元 1271 ~ 1368 年）

高 29 厘米，口径 7.7 厘米，底径 9.3 厘米

1987 年甘肃省临洮县衙下乡寺洼村出土

甘肃临洮县博物馆藏

该瓶喇叭口，细长颈，垂腹，圈足，壶身线条流畅。胎质细腻洁白，釉面莹润。青花发色艳丽且有层次感，具有进口青料的呈色特点。整体纹饰分层有序，内口沿绘卷草纹，自上而下分别为蕉叶纹、覆莲瓣纹、莲池鸳鸯纹、仰莲瓣纹，每层纹饰之间以一周卷草纹间隔。腹部绘满池盛开的莲花，鸳鸯嬉戏于其间，这种莲池鸳鸯图案在元代被称为“满池娇”，宋金时已出现，在元代青花瓷器中颇为流行，也是元代织绣纹样中流行的图案。甘肃河西走廊一带也有类似的元青花瓷器出土，为研究元青花经陆上丝绸之路过往的情况提供了依据。

八思巴文银字符牌

元（公元 1271 ~ 1368 年）

通高 18 厘米，直径 11.7 厘米，重 249 克

征集

甘肃省博物馆藏

圆牌为铁质，文字为银质。两面镶嵌凸起的元朝官方文字八思巴文正体字五行，一正一反，意为“上天眷命，皇帝圣旨。如不钦奉虔敬，治罪。”制作工艺精细。这面银字圆虎牌，是朝廷或诸王公为军情急务遣使者所用的信物。

中统元宝交钞壹贯

元（公元 1271 ~ 1368 年）

长 29 厘米，宽 22 厘米

1955 年青海省海西州格尔木出土

青海省博物馆藏

桑皮纸，雕版黑墨印刷，草木流水纹边框，内文分为上下两栏，上栏两旁印八思巴文，中间有“中统元宝交钞”字样，面额为“壹贯”，下栏文字为“中书省，奏准印造中统元宝交钞……中书省提举司”，字下印有钱串图案，钞面上下各有一八思巴文官印。

元代纸币的出土反映了当时经济交流的兴盛，对研究元代青海地区的政治和经济具有重要意义。

第六部分

丝路佛道　梵迹胜境

丝路兴盛促进西域宗教的传播，佛教、景教、摩尼教和伊斯兰教等穿越政治疆界和文化认同从丝路沿线散布各地，尤以佛教为盛，庙宇和洞窟随处可见，中外宗教大师精研教义，中国成为国际著名佛教中心，政治、经济、文化影响极大。

一、菩提东来　梵影流光

印度佛教由中亚信徒自丝路传布西北地区。很多西域高僧在丝路沿线译经传法。佛像风格在向南北各地传播过程中经历了由中亚西域化向中国化的转变。

楷书《入楞伽经偈品》

北周（公元 557 ~ 581 年）
纵 28.1 厘米，横 790 厘米
陆祖锡捐赠
甘肃省博物馆藏

浅黄麻纸，细横帘纹，楷法有隶意。存木轴。书体多方笔，相当于北朝晚期。书于北周明帝二年（公元558年），前数行有残破。用黄麻纸十九张。单张长24厘米，书25行，每行20字。

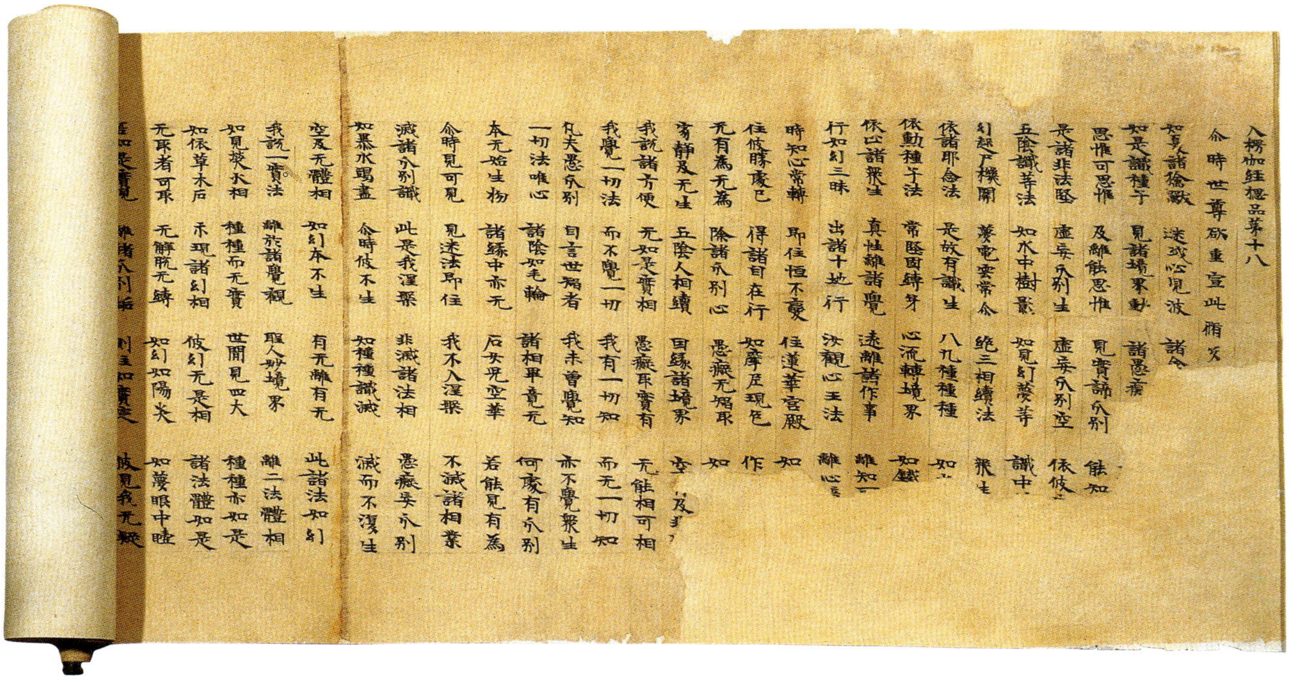

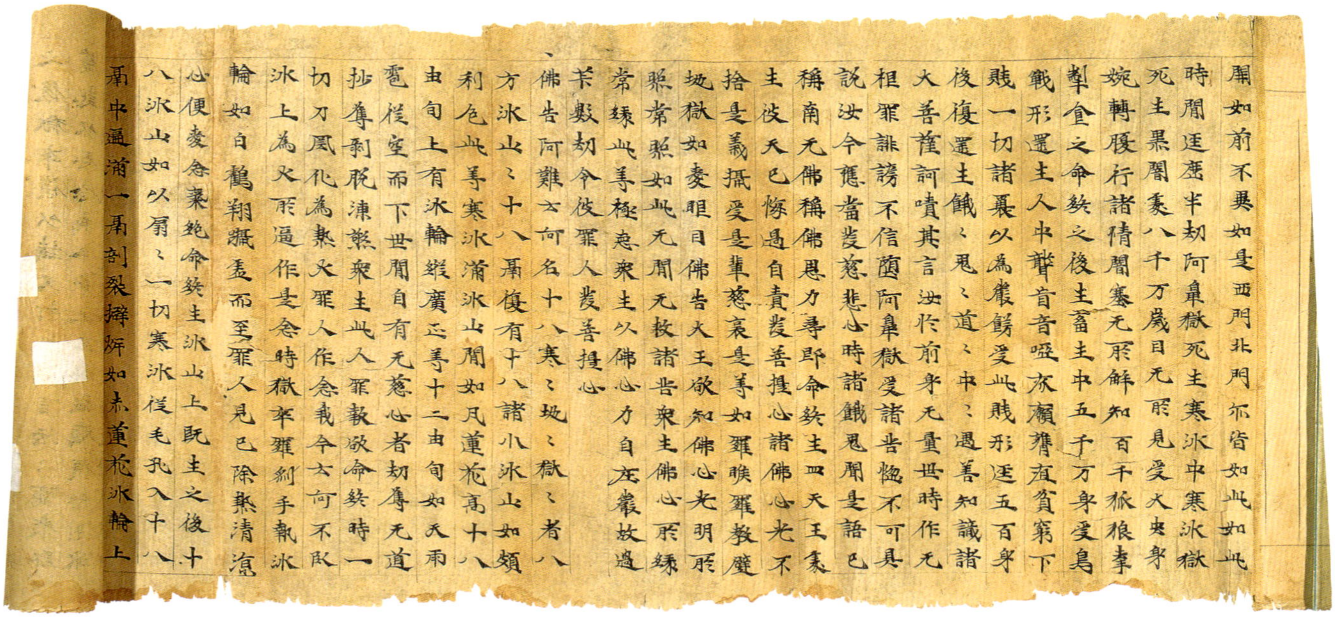

楷书《观佛三昧海经》卷

北朝（公元 535 ~ 557 年）

纵 27.4 厘米，横 641.2 厘米

征集

甘肃省博物馆藏

首残尾全。共十四纸，单张长46厘米，每纸27行，每行17字。经文写于细横纹浅黄麻纸上，楷法有隶意，起“开如前不”。末题经名，后写“一校竟”。

彩绘供养菩萨像壁画

北凉（公元 401 ~ 445 年）

高 106 厘米，宽 60 厘米

甘肃省武威市天梯山石窟第 4 窟

甘肃省博物馆藏

这幅菩萨像原在天梯山石窟第 4 窟中心柱右向面下层龛外右侧第 1 层。第 4 窟是天梯山石窟中保存北凉等早期壁画最多、最好、最重要的一个窟，其中心柱是保存北凉壁画最集中的一处。菩萨束带大圆髻，波浪卷发垂肩，高鼻深目，是典型的古印度女性形象。身体姿态呈“S”形，也是源自古印度造型，经过西域艺术的改造，传入西北地区。菩萨面部及上身用朱砂晕染，鼻梁、眼皮、额角凸起，并在受光处晕染白粉，仍然采用的是西域壁画的“凹凸法”，但是线条的运用丰富而有力，承担了主要的造型功能，则是新的发展。经过与克孜尔石窟和敦煌莫高窟相似时期作品的比较可以得知，这幅北凉立式菩萨像可以说是佛教壁画艺术自丝绸之路传入中国的一个代表性的过渡。

思惟菩萨图（摹本）

原壁画 4 ~ 5 世纪，1979 年临摹
长 80 厘米，宽 69 厘米
新疆克孜尔石窟 38 号窟中室东壁
新疆维吾尔自治区博物馆藏

此图为静心禅定的菩萨，侧坐在莲花座上，左手轻轻托着丰腴的面颊，右手随意抚在胯部，头戴珠冠，颈挂项圈，耳坠环形铛，双眼流露着凝神遐想的目光，使人感到菩萨全身自然放松。图中菩萨形神兼备，强调“禅观”，表现了消除一切烦恼，进入超凡脱俗的精神境界。此图色彩艳丽，具有层次感，富于变化，线条清晰流畅，具有生动而感人的艺术魅力。思惟菩萨是佛教中“神灵”的形象，就是“觉”，佛教认为“思惟修”是一种高深的境界。

佛龛顶部弥勒说法图（摹本）

原壁画 4 世纪，1979 年临摹

长 262 厘米，宽 150 厘米

1979 年新疆拜城县克孜尔石窟 38 号窟中室门额

新疆维吾尔自治区博物馆藏

石窟两侧描绘两排姿态各异的伎乐菩萨，正在倾听中间居坐的弥勒讲法，这些菩萨全都双手合十，唯有右下角一菩萨左手高举，与旁者私语，举手菩萨的身姿更多显现出印度艺术中“三屈法”的影响。此壁画线条流畅，具有龟兹壁画早期以石青、石绿和白色为主调的特点，菩萨肌肤用线粗细均匀，勾勒出丰满、坚韧而不呆板的形体，展示了龟兹人体“屈线盘丝”的画法。

高善穆石造像塔

北凉承玄元年（公元 428 年）

塔高 44.6 厘米，底径 15.2 厘米

1969 年甘肃省酒泉市石佛湾子出土

甘肃省博物馆藏

塔身呈圆锥体，黑色砂页岩质，由宝盖、相轮、塔颈、塔肩、塔腹及塔基组成。宝盖为扁平半球状，象征天穹，阴刻北斗七星，下为七重相轮；覆钵式塔肩一圈并列八个圆拱形浅龛，龛内分别高浮雕七佛与一弥勒菩萨坐像，佛像面形圆润、肩宽体健，着通肩袈裟，上身微微前倾，结跏趺坐，双手作禅定印。弥勒上身袒露，下着裙，披巾绕臂下扬，交脚式坐。塔腹为圆柱形，阴刻《增一阿含经》中的部分经文和发愿文，上题刻“高善穆为父母报恩立此释迦文尼得道塔”；八面形塔基上每面阴刻一像，为四男四女。男像上身袒露，带项圈，下着犊鼻裤，均圆形光头；女像上着圆领对襟衫，下着曳地长裙，手捧花或宝珠。每身像左侧上方阴刻八卦符号，其排列与《说卦传》中的八卦方位顺序一致。

目前，北凉石塔共发现 14 座，主要分布于河西走廊的酒泉、敦煌、武威及新疆的吐鲁番地区，这些石塔以高窄的基座和粗壮的相轮为特征，与英国人斯坦因（A.Stein）从若羌、焉耆劫去的小木塔非常近似，是新疆中部以东、以南流行的塔式。高善穆石造像塔作为北凉佛教兴盛时期的代表作，是已发现的中国模仿印度覆钵塔中最精美的一件，塔上所雕佛和菩萨的面相浑圆、深目高鼻、身躯健壮，具有明显的犍陀罗艺术风格；八卦符号、北斗七星这些中国传统文化因素的出现，揭示了佛教东传过程中文化融合的趋势。

王文超石造像碑

北周保定四年（公元 564 年）

高 96 厘米，宽 43 厘米

甘肃省秦安县出土

甘肃省博物馆藏

四面雕刻，四龙蟠交式碑首。碑阳额刻“还缘寺”，下开方形大龛，内雕一佛二菩萨，大龛两侧各开一小龛，龛内各雕一坐佛：佛面相丰圆，低肉髻，内着僧祇支，外着双领下垂大衣，衣纹厚重、疏简。碑阴上部居中开一方形大龛，内雕一佛二弟子，大龛两侧各开一小龛，左侧龛内雕维摩诘，右侧龛内雕文殊。碑两面及左右侧刻发愿文，首起北周“保定四年二月庚寅朔十四日”，并有供养人王文超及其家人二十多人的题名。这些造像题记不仅为研究当时历史、民族风俗提供了极为重要的依据，也是难得的书法史料。其书法兼有汉隶、魏碑笔意，字体刚健、秀美，堪称书法珍品。

北周王朝统一北方后，大量吸收中原文化，同时又积极与西域交往，其文化受两者影响很深。造像碑上的佛像既有南朝“秀骨清像”的遗风，又有西域形体健壮、面相圆润的余韵，创造出脸形方而丰满、“面短而艳”的新风格，为以后隋唐石窟艺术风格的形成创造了条件。

石造像塔

北魏（公元 386 ~ 534 年）

上边长 17.5 厘米，下边长 20.5 厘米，高 29.2 厘米

1996 年宁夏隆德县神林乡出土

宁夏固原博物馆藏

断面为梯形，四面开龛造像。其中两龛平顶，左右上角分别雕莲花装饰。另两龛均有火焰纹尖拱龛楣。四龛造像均为一佛二弟子，佛皆跏趺座，悬裳及地。其中两龛佛像施说法印，另两龛佛像施禅定印。佛像面目清秀，高肉髻，衣纹清晰，线条舒展下垂。弟子衣纹线条流畅，各侍立两侧。此塔上下面雕刻平整。原塔应是几层组合，此件为其中的一层。

石造像碑

北魏建明二年（公元 531 年）

高 48 厘米，宽 20.7 厘米，厚 3.7 厘米

1981 年宁夏彭阳县新集乡出土

宁夏固原博物馆藏

石英岩雕成，稍有收分，顶部为弧形。正面为上下两层。上层雕刻一半圆拱形龛，龛内左、右前侧雕刻释迦、多宝并坐说法相。两佛身着褒衣博带式袈裟，结跏趺坐于长榻上，衣纹下垂及地，佛榻后雕有四个听法弟子半身像。下层竖雕一长方形龛，中间为大势至菩萨像，头戴花冠，束髻，颈饰项圈，肩披帔帛，帔帛在胸前交结后，下垂至小腿部，然后上卷搭于两肘，下着羊肠大裙，跣足立于圆台上。右手上举，掌心向外。左手持物下垂。背饰火焰纹身光，中有一覆瓣莲花圆形项光。造像双目微合，低眉微笑，神态安祥，洒脱自然。菩萨两边分三层对称雕刻，由下至上，下层为二菩萨立像，中、上层各为二比丘，皆面向外。造像碑左侧至背面阴刻“使持节、假镇西将军、镇军将军、西征都督、泾州□□戎县开国子金神庆敬造石像二区。建明二年二月十七日”等铭文。

白石造像

北魏（公元 386 ~ 534 年）

高 18 厘米，宽 11 厘米，厚 4 厘米

1985 年宁夏彭阳县红河乡出土

宁夏固原博物馆藏

舟形背光，正中雕一释迦佛说法像，两侧为二胁侍菩萨。佛高肉髻，面相长圆，两耳垂肩，背后以两圈联珠纹间饰宽带构成圆形项光和背光。佛内着僧祇衣，外披袈裟，下摆宽大，褶皱重叠密集。左手施与愿印，右手施无畏印。两胁侍菩萨头后有桃形项光，头戴花冠，上着长衫，下着羊肠大裙，披帛绕左右臂向外飘扬。双手合十，跣足而立。

观音菩萨石立像

北周（公元 557 ~ 581 年）
残高 46 厘米，底宽 20 厘米
1973 年陕西省西安市六村堡出土
西安博物院藏

立像圆雕，头、手均残缺。颈饰四排联珠组成的项圈，胸佩繁复华丽的璎珞，一条垂至膝下，一条自双肩下垂交叉于腹前，交叉处有一圆环，腕戴镯，臂着钏。袒露上身，肩搭帔帛，帛带自双肩下垂，绕臂一周后垂落于座上，下着拖地长裙，覆于足面。右臂从肘部上屈，手执柳枝，左臂残缺，跣足立于高台方座上。座的正面镌刻发愿铭文，从右至左为："口和二年口月八日佛弟子李嵗等敬造观世音像一区愿一切众生七世父母普同斯福"等 35 字。两侧面雕刻造像主姓名、职务各四行，左侧面从右至左为："邑子郭众、邑子李嵗、邑子任和、邑子徐嵩"，右侧面从右至左为："邑子李延、邑子蒋绪、邑子李蓁、邑子乐口"。从这尊观世音残躯的造型特征看，应是北周时期的作品，故推断"口和二年"应为北周天和二年（公元 567 年）所造。

观音菩萨头像

北周（公元 557 ~ 581 年）

高 20.5 厘米

1992 年陕西省西安市北郊未央印染厂出土

西安博物院藏

菩萨头戴宝珞，双目微闭，嘴唇轻合，表情恬静。身体残缺，仅余头像。

泥塑佛头像

北朝（公元 386 ~ 581 年）

高 13 厘米

1959 年新疆巴楚县托库孜萨来古城遗址出土

新疆维吾尔自治区博物馆藏

佛头像为泥质，范制而成。头梳小圆髻，宽额，刘海平齐，圆脸微胖，五官端正，面目清秀。用黑墨绘出眉毛和眼珠，小嘴微抿，涂抹的红唇鲜润美观，引人注目。

二、梵宫佛苑　佛光普照

唐代采取宗教宽容政策，佛教兴盛不衰，丝路沿线重要城镇遍布佛教崖寺、庙宇、洞窟等。

石观音菩萨立像

隋（公元 581 ~ 618 年）

高 132 厘米

征集

甘肃省博物馆藏

菩萨头戴四瓣花冠，冠正面饰阿弥陀佛像，以示观音将来继承阿弥陀佛在西方极乐世界成佛。面形圆润，眉目清秀，表情慈善安详。袒上身、斜披络腋，颈佩宽边项圈，正中缀一宝石。左右肩头各饰三条帔带。缨络交叉于腹前圆环中。下身系大裙，并在腹部翻出一截，衣纹疏朗。右手曲肘上举持莲蓬，原物已失，左手下垂持净瓶，跣足立于座上。整个造像刻划细腻，手法洗练，神态自然。这种单体观音造像成为北周隋唐时期中国佛教雕塑的一大特色，是件难得的佛教艺术珍品。

彩绘象座塔式罐

唐（公元 618 ~ 907 年）

高 68 厘米，长 32.5 厘米，宽 30.5 厘米

陕西省西安市出土

陕西历史博物馆藏

塔式罐是唐代流行的一种器物，底部多作喇叭形，象形底座极为少见。此象逼真活现，双目前视，牙齿前翘，长鼻向内弯曲，身躯圆肥，四肢粗短。背置椭圆形鞍垫，上托三层仰覆莲座。罐侈口，短颈，鼓腹，置于莲瓣之中，罐上饰凸弦纹及云环纹，并堆塑四个象首。盖上有塔形钮。该塔式罐构思新颖奇巧，造型庄重精妙。

梵纹彩绘陶塔

唐（公元 618 ~ 907 年）

塔高 66 厘米，底径 35.7 厘米

甘肃省武威市出土

甘肃省博物馆藏

塔身呈八角形，塔顶和基座呈圆形，每个转角处及上下端用朱红色画出倚柱和木枋。圆形底座画满了仰莲，盝形顶上也画满唐草纹及覆莲纹。葫芦形的塔刹被塑造成莲蕾状，在相隔的塔身四面上各写四个梵文，这种梵文彩绘陶塔为国内罕见。

陀罗尼经咒（绢本）与铜臂钏

唐（公元 618 ~ 907 年）

长 30 厘米，宽 31 厘米

1999 年陕西省西安市三桥镇征集

陕西历史博物馆藏

大随求陀罗尼经咒，绢质，发现时叠装于臂钏内。经咒中心画八臂菩萨，结跏趺坐于莲座。外环绕排列梵文陀罗尼经经文，经文外围亦画一周菩萨像、手印及法器。陀罗尼经是佛教密宗的经文，“若人持此明或带于颈臂，所求愿悉成，一切所希愿，悉皆得如意”，因而被信众佩戴，以求祈福避祸。因绢帛易腐烂，故此件绢质经咒存世极为罕见，是研究唐代佛教的重要实物资料。

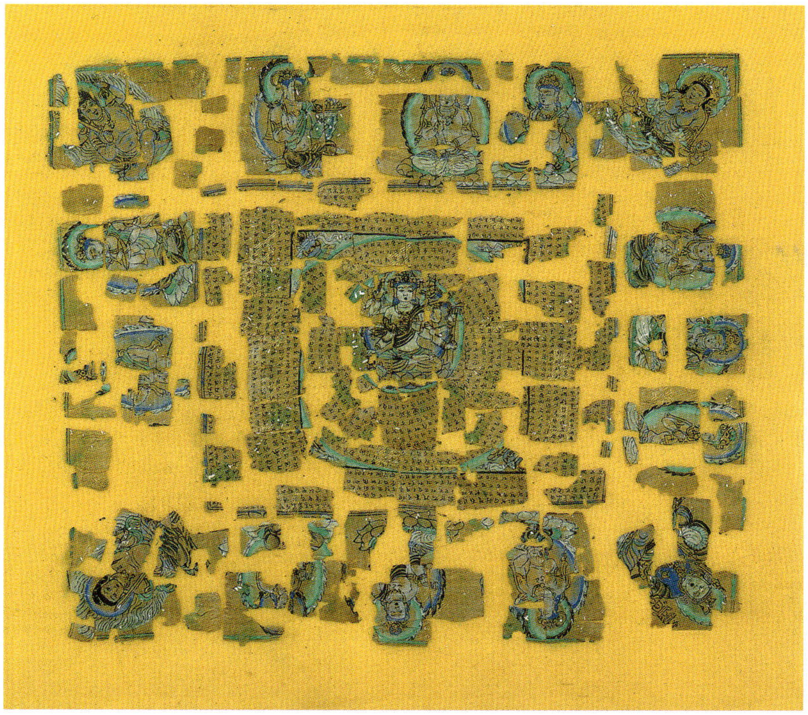

佛头像

唐（公元 618 ~ 907 年）

高 40 厘米

1987 年陕西省西安市西郊礼泉寺遗址出土

西安博物院藏

螺髻，面相丰圆，双大耳，眉目端庄，五官秀丽，两眼微睁，双目平视，鼻梁挺直，面带微笑，神态慈祥静穆。颏下刻一道弧线，颈部残留二道蚕节纹。脑后有一方孔，固定头光所用。该佛头雕工精细，嘴唇边沿雕一条细线，双眉上亦刻一条细弧线，从雕刻刀法看，属于由直平刀法向圆刀刀法过渡的阶段。

白石佛坐像
隋（公元 581 ~ 618 年）
残高 42 厘米，底径 26 厘米
1985 年陕西省西安市正觉寺遗址出土
西安博物院藏

佛像用大理石雕成，头部及右手残失。佛跏趺坐于莲座上，身内斜披络腋，腰束带，外披宽衣。衣纹疏朗，明快有力。莲花座分三个部分，上为一周覆莲瓣，束腰部分雕成联珠，联珠上刻成桃形状，下为六边形底座，上饰覆莲瓣若干。

鎏金铜菩萨像
唐（公元 618 ~ 907 年）
高 14 厘米，宽 5 厘米
旧藏
甘肃省博物馆藏

立姿，腰微曲，姿态婀娜，戴宝冠，右臂曲举，左臂下垂，手持净瓶，覆仰莲座下有三层台，台中空。

鎏金菩萨像

唐（公元 618 ~ 907 年）
高 19 厘米
陕西省西安市西北郊白家口出土
陕西历史博物馆藏

菩萨呈坐姿，头戴宝冠，两侧宝缯飘下。慈眉低目，右手上举，左手扶膝。坐于莲台上，莲台下承长方形足床。背光与造像、莲台与足床，皆以榫卯固定。

隋唐时期，随着广说观音菩萨功德之《法华经》的普及，菩萨信仰在社会上盛行并深入民间。这尊菩萨像充分体现了唐代造像在继承南北朝、隋以来的传统造像雕刻艺术上，加以融会贯通，创新出艺术技巧日臻成熟的唐代造像风格。

鎏金铜菩萨立像

唐（公元 618 ~ 907 年）
高 20.7 厘米
捐赠
甘肃省博物馆藏

菩萨有火焰状背光，身形瘦削，右臂屈肘向上，左手下垂持净瓶，立于束腰莲座上，座下有长方形足床，保存完好。

鎏金铜菩萨立像

唐（公元 618 ~ 907 年）
高 15.3 厘米
1985 年宁夏西吉县将台乡王家湾出土
宁夏博物馆藏

此尊造像由佛像和背光两部分铸造而成，用卯、榫结合成一体，表面部分鎏金。菩萨面容丰满，高宝冠，腕饰钏环，宝缯披肩。圆领，束腰，帛带自肩飘垂于莲座，体态轻盈，衣着贴体。右臂屈肘向上，手持拂尘，左臂下垂，手提净瓶，跣足立于束腰莲座上。下部莲座连榫，接于长方形足床。桃形镂空火焰纹背光，中心项光呈圆形。

造像出土的地点，属宁夏固原地区，位于古代丝绸之路上。自汉代以来，随着中西文化的交流发展，佛教在当地广为传播，石窟寺和造像为主要表现形式。经发掘，该窖藏共出土完整造像 60 件，有佛像、菩萨像和力士像，按造型差别可分为十五类。这批造像既是古代西北各民族人民智慧的结晶，又是中西文化交流的历史见证，也进一步证实了唐代此地佛教盛行的史实。这批鎏金佛造像应为唐中、晚期制作。这一时期的佛教艺术是有创新的。佛像的背光边缘多铸有化佛和火焰纹，舟形背光是在背光圈中用刀雕刻成放射状的线条作为火焰纹。造像人体多修长，尤其是菩萨造像的腿特别长，身体弯曲，不像北朝造像体态僵直、双腿较短，而是很注意人体比例，肌肉丰腴，面部饱满，体态弯曲自然。佛座也不像北朝多为床式，而是在足床上面又加仰、覆莲的须弥式及带梗的枝莲佛座。虽然保持了早期的四足方金的传统，却大都采用了盛唐造像的束腰圆座的新做法。冠式主要有三瓣莲宝冠。服饰无通肩式，披帛自双肩绕臂垂于体侧，大裙中间开叉，两角尖长，衣纹稀疏贴体，给人“曹衣出水”的感觉。总的趋势向简单的方向发展。

鎏金铜佛造像

唐（公元 618 ~ 907 年）

之一：高 11.6 厘米

之二：高 6.5 厘米

之三：高 6.2 厘米

之四：高 6.7 厘米

之五：高 5 厘米

1985 年宁夏固原市南郊乡河泉村出土

宁夏固原博物馆藏

之一：菩萨头戴三瓣宝冠，冠带由两肩飘垂两臂间，面部丰满，颈饰项圈，腕饰钏环，上身裸露，下着紧身薄裙。帔帛由身后向前在两臂绕数圈，下垂飘至双脚两侧。左手下垂提净瓶。右臂屈肘向上，手持拂尘。跣足立于束腰莲台上，台下置连弧空心床座。桃形环状火焰纹项光上饰三尊化佛。

之二：造型为佛弟子像，面阔丰满，两大耳下垂，身着对襟僧衣，僧衣下摆衣纹稀疏，袖手跣足立于折枝莲花座上。人物造型精美，姿态安详自然。莲台下为忍冬卷草装饰，下部有圆形榫，榫下座早已失落。

之三：菩萨头戴三瓣宝冠，项戴联珠项圈，单璎珞斜垂于身体左上侧，左手抚膝，右手上举似持物状，曲右腿半跏趺坐于椅座上，左腿下垂踩一仰莲台，莲台下为四足空心床座，叶形火焰纹背光。

之四：菩萨头戴三瓣宝冠，颈饰项圈，腕饰钏环，面部丰满，上身裸露，细腰，身材修长，向右弯曲，左手下垂提净瓶，右臂屈肘向上，手执拂尘，帔帛在两臂绕数圈下垂飘至两腿旁，跣足立于束腰莲台上，台下为四足空心床座。

之五：天王高发髻，面目轮廓不甚清晰，左手插腰，右手上举。左腿直立，右腿弯曲，同踩一伏魔。人体比例适中，线条流畅。

之一

之二

之三

之四

之五

鎏金带座银菩萨像

唐（公元 618 ~ 907 年）

通高 15 厘米，座高 4.5 厘米

1987 年陕西省扶风县法门寺塔基地宫出土

法门寺博物馆藏

浇铸成型，局部鎏金。高髻，花蔓冠，宝缯垂肩，上身袒露，结跏趺坐于圆形束腰仰覆莲座上，右手五指微曲，掌心向前，肘微上举，左手掌心向上，五指舒展平举。除面部、胸部、手部外，通体鎏金。

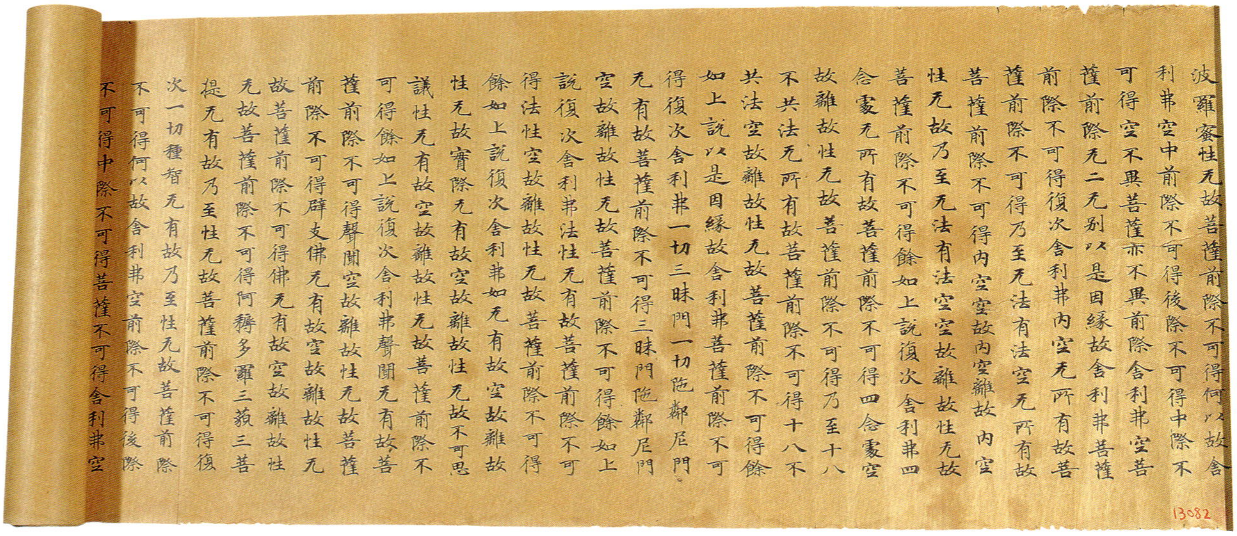
波羅蜜性无故菩薩前際不可得何以故舍
利弗空中前際不可得後際不可得中際不
可得空不異菩薩亦不異前際舍利弗空菩
薩前際无二无別以是因緣故舍利弗菩薩
前際不可得復次舍利弗内空无所有故菩
薩前際不可得乃至无法有法空无所有故
菩薩前際不可得内空内空故内空離故内空
性无故乃至无法有法空空故離故性无故
菩薩前際不可得餘如上說復次舍利弗四
念處无所有故菩薩前際不可得四念處空
故離故性无故菩薩前際不可得乃至十八
不共法无所有故菩薩前際不可得十八不
共法空故離故性无故菩薩前際不可得餘
如上說以是因緣故舍利弗菩薩前際不可
得復次舍利弗一切三昧門一切陀鄰尼門
无有故菩薩前際不可得三昧門陀鄰尼門
空故離故性无故菩薩前際不可得餘如上
說復次舍利弗法性无有故菩薩前際不可
得法性空故離故性无故菩薩前際不可得
餘如上說復次舍利弗如无有故空故離故
性无故實際无有故空故離故性无故不可思
議性无有故空故離故性无故菩薩前際不
可得餘如上說復次舍利弗聲聞无有故菩
薩前際不可得聲聞空故離故性无故菩薩
前際不可得辟支佛无有故空故離故性无
故菩薩前際不可得佛无有故空故離故性
无故菩薩前際不可得阿耨多羅三藐三菩
提无有故乃至性无故菩薩前際不可得復
次一切種智无有故乃至性无故菩薩前際
不可得何以故舍利弗空前際不可得後際
不可得中際不可得菩薩不可得舍利弗空

《摩诃般若波罗密经卷第十一》

唐（公元 618 ~ 907 年）

纵 25.8 厘米，横 671 厘米

征集

甘肃省博物馆藏

黄麻纸张，楷书，每张 28 行，每行 17 字，首行书“波罗密性无故菩萨前际不可得”。

《大般涅般经后分卷第四十二》

唐元年（公元 700 年）

纵 28.8 厘米，横 852.5 厘米

陆祖锡捐赠

甘肃省博物馆藏

首尾完整。楷书，用黄麻纸十七张，单张长 51 厘米，书28行，每行17字。首题《大般涅般经机感荼毗品》中有《圣躯廓闰品》品目，尾题《大般涅般经后分卷第四十二》。

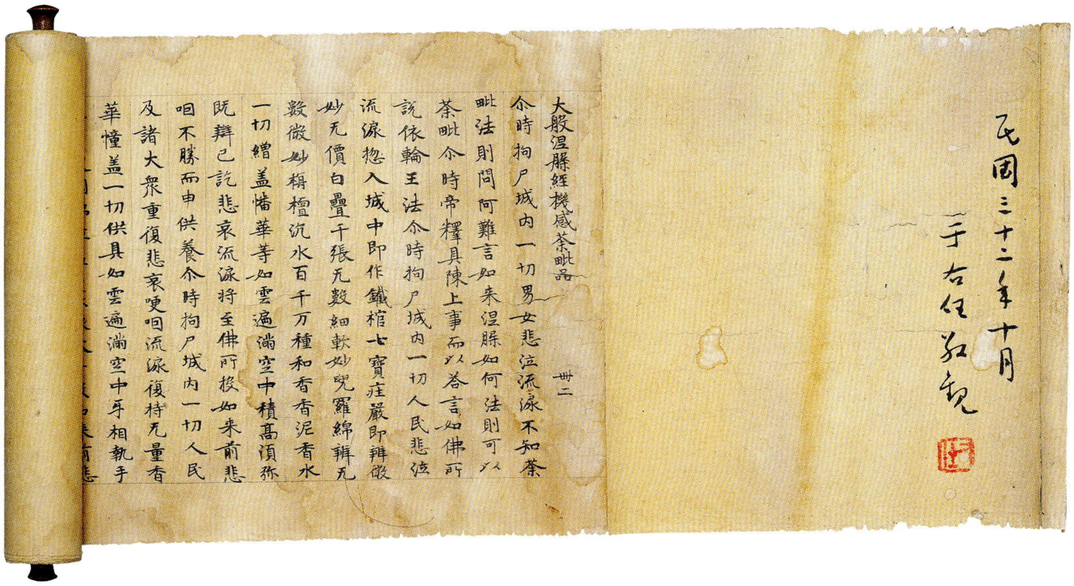

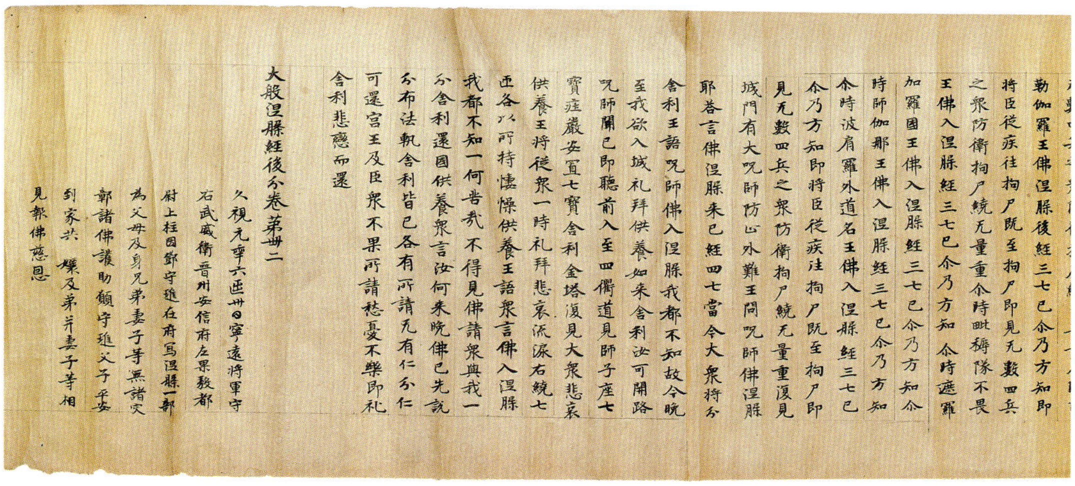

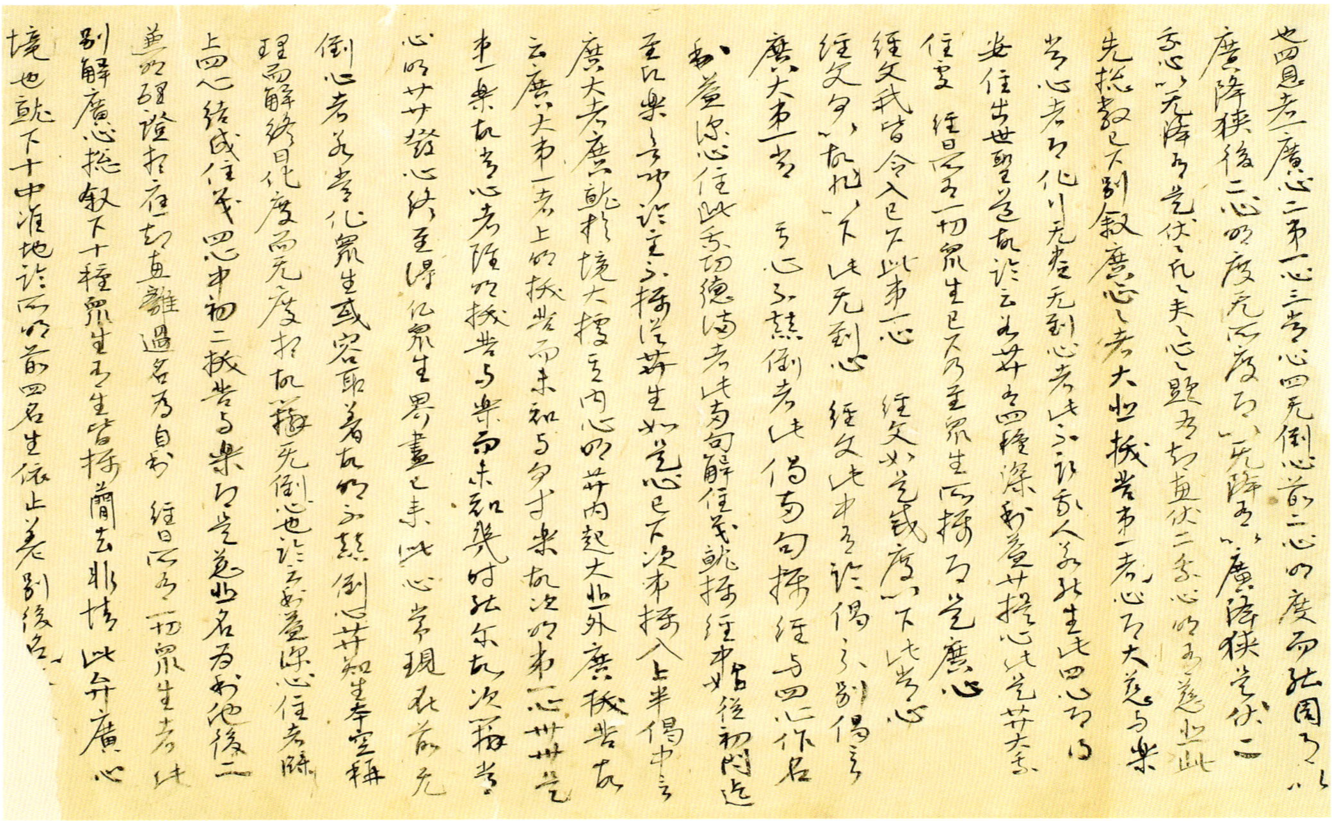

《佛经注疏残片》

唐（公元 618 ~ 907 年）

纵 27.5 厘米，横 43.2 厘米

张宗祥原藏

浙江省博物馆藏

唐写本。首尾残。册叶。据内容拟名。麻纸，纸原褐色，现已退色。墨色浓。草书。

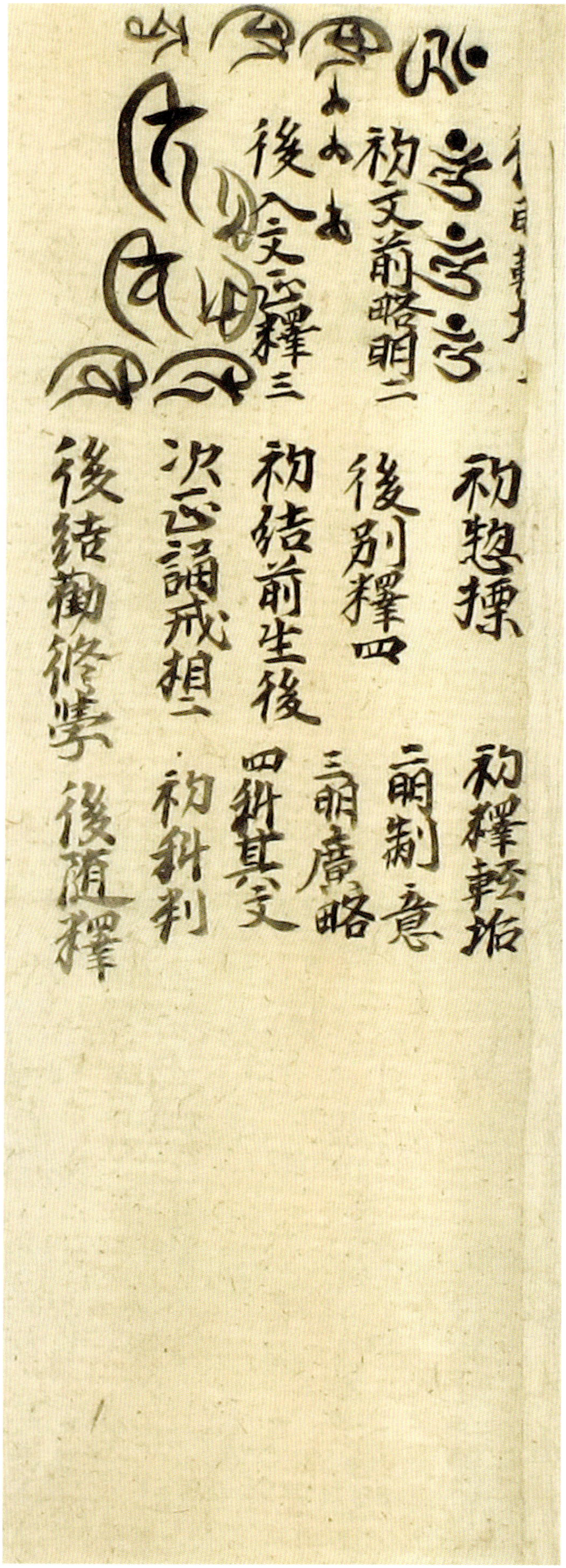

《讲经次第》

唐（公元 618 ~ 907 年）

纵 28.1 厘米，横 8.3 厘米

张宗祥原藏

浙江省博物馆藏

唐写本。首残。册叶。据内容拟名。麻纸，纸色褐。墨色浓。楷书。写卷上部杂写 16 个梵文字母。

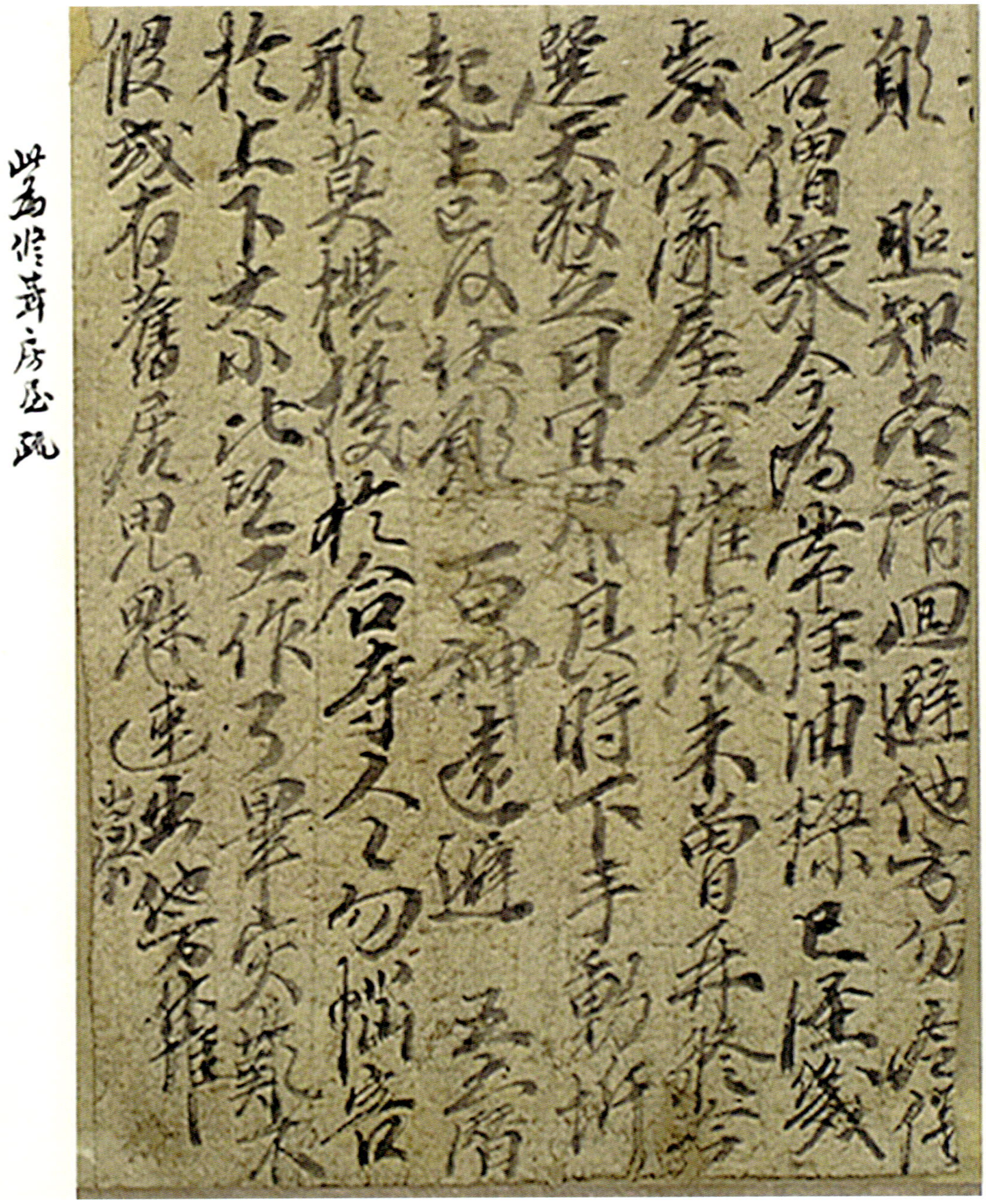

《某寺修舍告疏》

唐（公元 618 ~ 907 年）

纵 30.3 厘米，横 22.3 厘米

张宗祥原藏

浙江省博物馆藏

唐写本。首残。册叶。据内容拟名。麻纸，纸色褐。墨色浓。楷书。左边题“此为修葺房屋疏”，当为张宗祥书。

大云寺五重舍利宝函

唐延载元年（公元 694 年）
石函高 42.5 厘米，长 50.5 厘米，宽 49.5 厘米
鎏金铜匣高 13.2 厘米，长 12.3 厘米，宽 12.3 厘米
银椁高 9.3 厘米，长 10.7 厘米，宽 8.4 厘米
金棺高 6 厘米，长 7.5 厘米，宽 6 厘米
玻璃舍利瓶高 2.6 厘米
1964 年甘肃省泾川县大云寺遗址出土
甘肃省博物馆藏

此套舍利容器共有 5 件。最外层的石函由大理石制成，方形覆斗顶，顶上正中刻有阳文隶书“大周泾州大云寺舍利之函总一十四粒”，四周饰以缠枝西番莲图案。函身四面镌有孟詵撰写的“泾州大云寺舍利石函铭并序”。函内为铜匣，通体鎏金，上錾忍冬纹图案。匣内银椁通体錾缠枝忍冬纹。椁内为金棺，内置一玻璃瓶，中有舍利 14 粒。瓶上盖有古铜色丝质小帕。

唐时泾川县为泾州，属关内道，为畿辅之地，是自长安北上丝绸之路的第一大站。武则天建周代唐之前，有僧人撰《大云经疏》献上，为她以女性之身君临天下提供了理论基础和意识形态铺垫。为此，武则天登基后敕令两京和诸州建大云寺，专门供奉《大云经》。泾州大云寺原名大兴国寺，因此更名。可见当时佛教已深入中国社会，甚至能在政权更迭中发挥重要作用。

在古印度本来的佛教传统中，安放舍利应建塔，将舍利放在坛、瓶类容器中，置于塔身中部特建的覆钵形空间内。泾州大云寺的舍利原先也是如此，存于隋朝建造的舍利塔中。更名后，寺院重修了舍利塔，然后按中国营造墓室的传统为舍利开辟地宫，并用棺椁形容器存放，这是佛教中国化的一大创举，对后世有着巨大影响。

泾州大雲寺舍利石函銘并序

鎏金团花纹葵口圈足银碟

唐（公元 618 ~ 907 年）
高 1.9 厘米，口径 11.1 厘米
足高 0.7 厘米，足径 7.5 厘米
1987 年陕西省扶风县法门寺塔基地宫出土
法门寺博物馆藏

钣金成型，纹饰鎏金。碟缘为五曲葵形，浅腹，平底。腹壁以凹棱分作五瓣，每瓣内錾饰一朵十字形折枝花，碟心饰一朵阔叶团花，口沿錾一周简化的莲瓣纹。

鎏金团花纹葵口圈足银碟

唐（公元 618 ~ 907 年）

高 1.9 厘米，口径 11.1 厘米

足高 0.7 厘米，足径 7.5 厘米

1987 年陕西省扶风县法门寺塔基地宫出土

法门寺博物馆藏

钣金成型，纹饰鎏金。五曲葵口，浅腹，平底，圈足。腹壁以凹棱分作五瓣，每瓣内錾一朵折枝花，碟心饰一朵团花，口沿錾一周简化莲瓣纹，圈足外撇。

单轮六环铜锡杖

唐（公元 618 ~ 907 年）

通高 175 厘米，杖首高 43 厘米，轮宽 27 厘米

铜管径 2 厘米

1987 年陕西省扶风县法门寺塔基地宫出土

法门寺博物馆藏

铸造成型。由杖首、杖执、杖鐏三部分组成。杖首为单轮呈桃形，其下每侧有锡杖环三枚，桃轮顶端有如意宝珠；八棱杖首杆端头有双层仰莲座，座上置四层宝珠。杖首下端有鼓形圈箍，便于嵌入木杖与中部之杖执相连。杖执中间腰部有带凸棱的鼓形箍，两端为八棱铜管，与其下的杖鐏插入木杖相连。杖鐏亦呈鼓状，其上为八棱铜管。杖柄上刻铭曰：“僧弘志、僧海云、僧智省、僧义真、僧玄依、僧志坚、僧志共、沙弥愿思、弟子李甑、薛氏父王惟忠、母阿李为从实。”锡杖原通体鎏金，现已脱落。

结束语

Concluding Words

经历了千年沧桑，融会了海洋文明、草原文明、绿洲文明和农耕文明，丝绸之路将动态多元的区域文化演绎成世界历史长卷中和谐、精彩的华章。将不同种族、不同国度的人们融入迈向文明彼岸的征程。丝绸之路，在冲突与抉择之中，兼融并蓄，创造了历史，赐福于现代，并昭示着未来。

专题文章

Feature Articles

“丝绸之路展” 感言

中国国家博物馆研究员 孙机

“丝绸之路”一词是19世纪晚期由西方学者提出来的，不见于我国古文献；此词泛指中国与欧亚大陆西部之间以贩运丝绸为主的交通路线。但由于它并非历代旅客足践口传而形成的地名，所以加给这条道路的某些说法与史实未能尽合。比如一般认为其开通的时间始于张骞赴西域。但张骞的两次出使，先是为了联合月支、后是为了联合乌孙，目的都是在军事上夹击或钳制匈奴，与开拓商路无关。终两汉之世，就中国而言，无论政府或民间均未曾组织过外销丝绸的商队。虽然西域诸国“贵汉财物”，乐于在其“奉献”和汉廷回报的“赏赐”之间，谋取丰厚的剪刀差；但这和贸易毕竟不完全是一回事。本来，凡是互相往来的地区，互通有无是正常不过的现象。南西伯利亚戈尔诺·阿尔泰州的巴泽雷克古墓群出土了不少中国丝织物，包括彩色凤纹刺绣等精品，年代相当春秋、战国时，远较“丝绸之路”的开辟为早。而北方地区的动物纹金属带具，通常称之为“饰牌”者，也早在战国时代已传播到中原。其仿制件甚至在遥远的广州汉初南越王墓中出现；伴出之物竟而还有安息制作的凸瓣纹银器。又山东章丘洛庄西汉早期墓出土的饰以后躯极度扭转的动物纹的马当卢，其造型之意匠的渊源也可以追溯到黑海沿岸的斯基泰人那里。可见东西方的文化交流诚不待张骞使团为之发轫。然而汉通西域后，这一势头的确有所强化。汉地特产的丝织物这时通过各种渠道流入西方。《魏略·西戎传》说，大秦“常利得中国丝解以为胡绫，故数与安息诸国交市于海中”。在罗马所辖之地中海东岸城市帕尔米拉的古墓中，曾出土汉代暗花绮，可视为中国丝绸西传的实物证据。罗马人喜爱丝织品，共和国末期凯撒穿丝袍看戏而引人注目一事，在中西文化交流史上是屡被提起的佳话。虽然西方这时能得到的丝织物的数量不会太大，但引起的震动却不小。前53年，与凯撒同任执政官的克拉苏在美索不达米亚的卡里与安息人作战，鏖战中安息人突然展开其丝质军旗，颜色灿烂夺目，为罗马军人所未见，以致他们因受惊吓而溃败。这也是一件屡见引述的传闻。不过丝质军旗是否有这么大的威力，值得怀疑。尤有甚者，一些人还用移花接木的手法，制造出中国古代不许蚕种出口的故事。其实最初提及这件事的《大唐西域记》只说：“昔者此国（指于阗国）未知桑蚕，闻东国有也，命使以求。”但东国不许蚕种外传，于是一位公主将蚕子藏在帽子里，挟带出境。此“东国”在《新唐书·西域传》中作“邻国”。玄奘也好、撰写《新唐书》的史家也好，都不会这样来称呼本国。纵有此事，也只能发生在西域的绿洲国家之间。但到了西方汉学家笔下，却变成“中国古代的养蚕术和蚕茧处理术都是严格保密的，甚至禁止把蚕卵和蚕茧带到中国之外的地方，违者则要以死刑处治”。此话真不知从何说起！在中国历代的律令中，几曾见过这样的条款？还说：“中国人最心惊胆战的事莫过于别人窥视他们的这一奥秘了，他们认为只有保守养蚕的秘诀，才能使他们在这一生意中居于遥遥领先的地位。”（法·布尔努瓦《丝绸之路》）其实致力农桑是古代中国百姓最基本的生产活动，技术家喻户晓，无密可保。当时地方官员的职责之一就是“教民农桑”。对西域的态度也不例外。《后汉书·西域传》说：“伊吾（今哈密）地宜五谷、桑麻。”《北史·西域传》说高昌“宜蚕”。《魏书·西域传》说疏勒产“锦绵”。这些地方的养蚕技术无疑是由内地传去的。而古代中国政府正是普及蚕桑的积极推动者，何曾“严格保密”？汉武帝经营西域，也只是对压境之强敌匈奴的一种战略防御；他使汉朝“威德遍于四海”（《史记·大宛列传》）的口号，也无非是希望保持西部地区的长久和平。武帝遣李广利伐大宛，“岁余而出敦煌者六万人”，“牛十万，马三万余匹”，“多赍粮，兵弩甚设，天下骚动”。然而破宛后，仅取其善马数十匹。从追求利益最大化的生意经看来，大概是不可理解的了。

汉通西域，但无意于开发通向罗马的交通线；汉朝没有国家办外贸的传统，更不想把触角伸得那么远。汉与西罗马这两个东西辉映的文明古国，虽然彼此了解有限，但对对方的文化成就均抱有兴趣，却基本上没有直接的来往。已知包含有双方古文物的遗址，如越南湄公河三角洲南端的沃澳（OcEo）、阿富汗北部的席巴尔甘（Shibarghan），均与中国边境尚有一段距离。可是有人却认为位于今甘肃永昌之汉代的骊城，安置过前 36 年汉将陈汤在郅支（今哈萨克斯坦的江布尔）所俘“降虏千余人”。他们并以《汉书·陈汤传》载有步兵用“鱼鳞阵”操练为由，认为这些人是罗马军人。亦即上述前 53 年克拉苏在卡里惨败时，下落不明的 6000 人中的一部分。为居留俘虏而专门建一座城，如此隆重的礼遇世所罕见。其实参加过前 53 年与前 36 年这两次战争的人员互不相干，骊靬也和作为外国地名之对音的黎轩无关。近年在居延和敦煌出土的汉简之记事表明，骊靬得名于骊靬苑（肩水金关简 72EJT4:98，73J2:2；悬泉置简 IV92DXT0317·3:68）。汉代在西北地区设苑养马，多至“三十六所”，养马“三十万头”。骊靬在《说文》中作“丽靬”，表明骊、丽二字可相通假。靬是“干革”，偶物为丽。我国古代常用“丽皮”（两张鹿皮）作为聘礼。“丽靬”与“丽皮”意近，都是畜产品，而且都是好字眼，正适合用作苑名。这里出的汉简还证明，骊靬县早在神爵二年（前 60 年）以前已经设立，那时卡里之战与郅支之战均未发生。哪能预知此事，而为尚未出现的俘虏兵抢先安排住地呢？

古代帝国扩展版图，有的是为了稳定局势，有的则主要是谋求经济利益。目的不同，做法亦有别。在后一种情况下，每攻破一座城市，接踵而至的就是洗劫财物和掠卖人口。汉代的情况则不然。匈奴浑邪王降汉时，得到很好的接待。汲黯为此还对汉武帝提出批评：“夫匈奴攻当路塞，绝和亲，中国举兵诛之，死伤不可胜计，而费以钜万百数。臣愚以为陛下得胡人，皆以为奴婢，赐从军死者家，卤获因与之，以谢天下，塞百姓之心。今纵不能；浑邪帅数万之众来，虚府库赏赐，发良民侍养，若奉骄子。”“臣窃为陛下弗取也。”汉武帝不认可他的主张，说：“吾久不闻汲黯之言，今又复妄发矣。”在汉武帝面前，汲黯简直目光如豆。立国要从根本大计上着眼，岂能逞一时之快；汉代之通西域正浸透着这种精神。因此当时这条途经沙漠、石漠、盐漠之难以穿越，只是在地图上勉强连接起来的路线，自汉代人看来，也绝非以通过它能卖出多少丝绸、做多少生意为念。他们在这条路上抛洒血汗，是为了宣扬国威，更是为了结好友邻、追求和平。其间纵然使用武力，也是在这个大前提下进行的。直到三国时，中国政治家仍然秉持此种观点。魏文帝曹丕曾问苏则说：“前破酒泉、张掖，西域通使，敦煌献径寸大珠，可复求市益得不？”苏则回答：“若陛下化洽中国，德流沙漠，则不求自至；求而得之，不足贵也。”一席话说得曹丕无言以对。

由于中国这时很少有商人远赴亚洲腹地，所以“丝绸之路”上的队商多为粟特人。十六国、南北朝以降，中亚的粟特人已“多诣凉州贩货”。隋、唐之际，粟特人以整部落的形式迁入者更不在少数，还有一些降唐的粟特部队也在华得到安置。唐太宗说：“自古皆贵中华，贱夷狄，朕独爱之如一。”所以唐政府对待粟特移民的政策相当宽松，自中国向西方运销丝绸的贸易基本上操纵在他们手里。粟特人是居住在中亚阿姆河和锡尔河之间，即所谓河中地区的半农半商民族，属于古代的东伊朗部落。当时的大商队都以武力自保，所以粟特人也尚武。但唐人对粟特人的印象不甚佳。《大唐西域记》说他们“风俗浇讹，多行诡诈，大抵贪求，父子计利。”粟特人信仰火祆教，然而不在唐土传教，不曾有译成汉文的祆教经典，各地之祆祠唐政府也“禁民祈祭”。在婚姻上粟特人实行血亲通婚。《隋书·西域传》说粟特人“妻其姊妹，及母子相禽兽”。唐·慧超《往五天竺国传》说粟特人“极恶风俗，婚姻交杂，纳母及姊妹为妻”。在丧葬制度上，据唐·韦节《西蕃记》说，康国于城外“别筑一院，院内养狗。每有人死，即往取尸置此院内，令狗食人肉尽，收骸骨埋殡”。《旧唐书·李暠传》所记太原“黄坑”，也是狗食死人处，为流寓当地的粟特人治丧之所。凡此种种，均令唐人不胜诧异骇怪；所以安史乱前唐人与粟特人通婚的情况很不普遍。来华的粟特人长期生活在自己的部落或聚落中，从而其部落首领包括身兼教职的萨宝等以之为依托，遂有条件组织较有规模的商业活动。当时丝绸在中国的买入价和运到拜占庭以后的卖出价之间，相差达 200 ~ 800 倍。纵然由于几经辗转，收益无法为某一商队独享，但到手的数额也足以令人咋舌。“无数铃声遥过碛，应驮白练到安西”（张籍诗）。以粟特人为主的从事国际贸易的商队，所谓“兴胡之旅”，日夕出没在欧亚大陆上，为攫取暴利而奔波。粟特商人又以识宝著称，他们从西方各国转贩奇特之物来华。安禄山就经常“潜于诸道商胡兴贩，每岁输异方珍货计百万数”。史称粟特人“利之所在，无所不到”；唐朝既然充满商机，所以他们蜂拥而至。但上述那些行业一般竞争激烈，能容纳的人员亦有限。所以其通晓汉文化的精英分子或供职唐廷，担任译语、将作、监牧等方面的职务，还有成进士，做文官的。可是从唐俑中考察，蕃胡沦为厮役奴婢者亦不乏人。不过粟特勇士即《西域记》所称“其性勇烈，视死如归，战无前敌”的柘羯，多半在唐代当雇佣兵；这是在华粟特移民一个重要的出路。本来到了玄宗朝，唐初颁行的均田之制已弛，建立在均田制基础上的府兵已“不堪攻战”。有些折卫府已徒具空名，“其军士、戎器、六驮、锅幕、糗粮并废”。李林甫则以“蕃人善战有勇，寒族即无党援”为由，提出任用蕃将，并得到唐玄宗的支持。蕃将统领的军队遂成为国家主要的武装力量。在这种形势下有人看到胡人饶于财且雄于力，佩服得不得了。如陈寅恪先生就说：“李唐一族之所以崛兴，盖取塞外野蛮精悍之血，注入中原文化颓废之躯。旧染既除，新机重启，扩大恢张，遂能别创空前之世局。”仿佛只有靠外族的混血才能救中国。退一步说，大师的话纵然指的不是血缘上的而是文化上的，也全然不符合事实。虽然随着粟特商人的脚步，除奢侈品以外，他们也带来了造型新颖的工艺品，以及若干非唐土习见的动植物等。但后一类少得可怜，而且对唐代的国计民生未曾发挥多大作用。比如贞观十一年（637年）康国“献黄桃，大如鹅卵，其色如金，亦呼金桃”。此事被宣传得很火，美国学者谢弗的名著《唐代的外来文明》一书的英文原名就叫《撒马尔罕金桃——唐代的舶来品研究》。但金桃是何种果品？迄今仍不能确指。而桃本为我国原产，陕、甘等省海拔1200～2000米的高原上曾发现野生桃树，河北藁城商代遗址中出土过桃核，在《诗经》、《尔雅》等古籍中对它均不乏记载。桃约在2世纪传入印度，梵文中称桃为cinani（“秦地持来”，秦地即中国），此名称到现在仍有使用的。后来桃从印度又传入波斯，再传到欧洲大陆。在中国桃面前大谈金桃，不无班门弄斧之嫌。至少用这种以后在历史上默默无闻的水果作为“唐朝人民所渴求的所有外来物品以及他们所希冀的所有未知事物的象征”（谢弗语），未免文不对题。

在唐代的各个工艺门类中，金银器要算是受外来影响最大的一种。我国古代原先重视玉胜过重视金，魏晋南北朝以降金银器的地位才节节攀升。这时的出土物中发现过安息、萨珊、粟特、厌哒以及东罗马的金银制品。可是到唐代，出土的外国器物的数量不是很多。虽然有些唐代金银器的器形接受了外国的式样，但少有通体亦步亦趋的仿品。如果从不同的角度分开来看器形和纹饰，则器形更多地代表其实用功能，而纹饰却偏重于传达其文化属性。唐代金银器上的图案有的固然有来自西方的成分，却大都已根据中国眼光加以改造，而且这种手法日益精进，以致其中的西方元素逐渐淡化得难以察觉。观赏唐代金银器时，在一片华贵的色调中，扑面而来的是由充满中国情趣的各种纹饰交织而成的文化气息；这和欣赏外国器物的观感大不相同。

文化需要交流，“转益多师是汝师”，择善而从绝没有错。但文化是受传统、受民族性格制约的。长安西市的粟特店铺里摆的只是商品，缺乏在表象之下启人深思的理念。粟特文化中能够从心灵深处说服中国人的东西并不多，所以无从撼动中国人的价值观。中国的儒家思想，中国的伦理道德，中国的爱国节操，中国的集体主义，都没有因为受粟特的影响而偏离既定的轨道。张广达先生说得好：“唐朝具有一整套自成体系的典章制度，因而外来的宗教、艺术等文化因素只是起着锦上添花的作用，未能改变中国社会的深层结构。”至于有人把唐代文化的繁荣甚至国家的强盛都和外来的作用挂钩，认为“唐代是中国封建社会的鼎盛时期，又是古代中国对外交往、对外开放的极盛时代。兴盛与开放，相互依存，相互作用，相互促进，在这一时期表现得十分充分”；则只能看作是一种笼统的提法。因为具体到大批胡人涌入唐朝后的实际状况，就不完全是“依存”、“促进”等词藻所表达出的那种和谐的情调了。

如上所述，府兵衰落后唐廷起用蕃将，这一政策一发而不可收。虽然蕃将统领的军队中包括蕃汉兵卒，且蕃人亦不尽是粟特，但九姓胡毕竟是其中的主力。高适诗中甚至说：“控弦尽用阴山儿，登阵常骑大宛马。”可以想见当年唐军中胡骑之众。他们对唐并无爱国主义感情之可言。虽然为了取得信任，也每每作输诚效忠的表示。以安禄山为例，他在唐玄宗面前的矫情作态可称已臻极致。虽然《西域记》早就说过：“胡人贪冒，性多翻覆。”但此人仍然当上了范阳、平卢、河东三镇的节度使。“既有其土地，又有其人民，又有其甲兵。”大量的粟特人遂往河北集中，其麾下的镇兵人数相当全国兵员总额的36%。天宝十四载（755年），当昏昏然的唐玄宗还在华清池为安禄山“修得一汤”，邀请他来洗温泉时，渔阳鼙鼓却忽然响起。这不是反抗阶级压迫或民族压迫的鼓声，只不过意味着雇佣兵的掠夺性发作，准备大抢一番而已。对雇佣兵的过分纵容乃至倚重，太阿倒持，换来的是在胸口上被戳了一刀。致使杜甫痛心地悲叹：“羯胡事主终无赖！”诗人的声音和四野哀鸿汇合在一起，唱出了对开元盛世的挽歌。这场战乱使中原残破，“东至郑汴，达于徐方，北自覃怀，经于相土，人烟断绝，千里萧条”。同时，大食占领中亚，并与唐开通了海上的航线，于是丝绸之路上的交通就大不如前了。

安史乱后，唐人心目中的华夷之辨较前明显。言唐时之外来文化者，常说胡乐、胡舞、胡服、胡妆在这里如何受欢迎。但在乱后之元稹、白居易的诗篇里看到的却是这样的句子：“天宝之末胡欲乱，胡人献女能胡旋。旋得明王不觉迷，妖胡奄到长生殿。”（元稹）“时世妆，时世妆，出自城中传四方。”“妍蚩黑白失本态，妆成尽似含悲啼。”“元和妆梳君记取，髻堆面赭非华风。”（白居易）其中饱含谴责和检讨的情绪。可注意的是，这两位诗人分别带有鲜卑和龟兹的血统。他们的观点尚且如此，本地人的看法更可想而知。不过总的来说，中国一般从不用激烈的手段对待移民，只在长长的时间中等待他们慢慢变化，从心理上互相融合，往事也就湮灭在历史的烟尘之中了。

这次举办的“丝绸之路—大西北遗珍展览”，将这方面的重要文物汇集一堂，琳琅满目，气象恢宏，给参观者以大饱眼福的机会。展览对每件文物都作了说明，无烦笔者饶舌。这篇小文本想对其大背景略作介绍，对一些问题提出看法；写出来却挂一漏万，只不过举了几个例子，谈了点不成熟的意见。就锦上添花的意义而言，与丝路有关的文物可以被看作是中国文化这块熠熠生辉的锦缎上的花朵，但它们和本土主流文化的关系深浅不一：有些花朵是织成的，有些是点染的，有些则像是飘落的零粉坠红。对它们如何区别和认识，则有赖观众诸君的判断了。

Some Remarks on the Silk Road

Sun Ji,Senior Researcher of Chinese National Museum

The term "Silk Road" was not seen in Chinese historical resources, it was firstly coined by the famous German geographer Ferdinad von Richthofen(1833-1905) during the late of 19th century. In a general sense, it refers to the transportation road between China and the Eurasian continent for trading Chinese silk and other products. Some formulations added to this road are not totally in accordance with the historical facts, because the term was not proposed by passengers of past dynasties who traveled themselves on the road and passed on orally. For example, it was generally believed that the opening time was from the diplomatic mission of Zhang Qian to the western regions in 138B.C.. However, the purposes of Zhang Qian's the two officially visits were inrelevant with the opening of trade roads, instead, he was sent to find military alliances for converging attack Hun with Rouzhi and Wusun nomads. Throughout the whole Han dynasty, Chinese government or people never organized trade caravans for selling silk abroad. Although the western states "full of desire for Chinese goods" and were good at obtaining price scissors as more as possible between their tributes and the rewards from the imperial court of Han dynasty, these behaviors were completely different from commercial activities. In fact, it was understandable that all mutually connected regions supplied each other's need. Many Chinese silk products, dating to the Spring and Autumn, the Warring States Period, were unearthed from the ancient tomb complexes at Pazyryk Barrows in Altai, including some painted embroideries, were identified being earlier that the opening of the Silk Road. The metal belt plaques with animal roundel designs were also introduced into central China from the northern areas during the Warring States Period, their imitations were discovered at an early Han dynasty tomb of the duke of Nanyue state in Guangzhou city, for example, a silver ware with raised petal design, probably from Parthia. A headgear of horse with design of an animal with its body extremely distorted, was found at an early Western Han dynasty at Luozhuang, Zhangqiu, Shandong province, its shape and design indicated the provenance from Scythian Culture. Therefore, I would rather to say that the cultural exchange between China and west was further strengthened after Zhang Qian's opening of west, although he was not the inventor of this road. Chinese silk products were exported to west from various ways. According to Western Tributaries: Chronicles of the State of Wei of Three Kingdoms, Daqin (Byzantium) often sold Chinese silk to Parthians on sea, the figured woven silk of Han dynasty unearthed from Palmyra on the eastern coast of the Mediterranean sea, where the influence of the Roman empire took roots, could be treated as the material evidence of the west-spread of Chinese silk. Chinese silk was cherished by the Romans, the story that Caesar went theater with silk robe had been clichés. Although not much silk products were brought to the west, the shake was obviously felt. A repeatedly cited story was saying that the Parthians frightened and defeated the Roman troops led by the famous general at Kali(?), Mesopotamia, with their colorful flags that Romans never seen before. It is still in doubt that if the silk flags had so big power.

Another misunderstanding is that some people invented a story that Chinese governments took strict measures to prevent the silk worm seed from exporting by substituting one thing for another. It was first mentioned in Buddhist Records of the Western World in the Tang Dynasty by the famous monk Xuan Zang, "Khotan state did not know the silk worm, and sent envoys to the eastern state to acquire the seeds." But the eastern state officials prohibited the spread of silk worm seed beyond its boundary, but a princess attempted to take the silk worm seeds out of the state by hiding them in her hat. This Eastern State was recorded as the neighboring country in the Records of the Western Regions.New Chronicles of the Tang Dynasty. It was impossible for Xuan Zang and the historians of Tang dynasty using such terms to name their own countries. Those terms probably could be used among the oasis states in the western regions.

The purpose for opening west by the Han government did not aim to develop the transportation routes leading to Rome, because the dynasty had no tradition of state operation of foreign trade, and no intensions to stretch its ambitions further. The Han dynasty had no direct contact with Roman Empire, although they had mutual interests but limited knowledge for each other.

The trade caravans on the Silk Road were mostly organized by Sogdians of eastern Iranian origin, because Chinese merchants seldom visited the hinterland of Asia. Since the Sixteen States Period, Southern and Northern Dynasties, many Sogdians from central Asia did business in Liangzhou, their settlements along the Silk Road were well organized and administrated by the Sui and Tang central governments under the tolerant policy for nationalities and religions. The Silk Road was under the control of Sogdian commercial networks who became powerful backed by the enormous profits. They had a monopoly on certain materials or luxury goods from areas with surpluses to others where they were in short supply.Some became localized as the governmental officials, generals, translators, while others still remain their exoticness, such as inter-blood marriage, dog-treated-corpse. Some scholars believed that the Tang government culturally depended on the foreign ministers to operate the country and to exercise its influence to the world. This was not true, because the sphere of their capabilities was limited, and the exotic objects they brought in was small in quantity, and did not exerted much effects on the national economy and the people's livelihood.

The traditional Chinese gold and silver industry were deeply influenced by the exotic style, because Chinese cherished jade more than gold, but since Wei, Jin, Southern and Northern dynasties, gold and silver wares gradually prevalent. The gold and silver products from Parthian, Sasanian, Sogdiana, Byzantium were identified in the archaeological findings, but their number is not large. Although some Tang gold and silver wares combined certain foreign patterns, but not copied in details. Judging the shape and design from different angles, shape bears more practical functions, while design conveys cultural connotation. Chinese craftsmen purposely made some reforms for weakening the western elements according to their aesthetic judgment and the taste of their clients, so that the transformed objects were totally guided by Chinese standards and value.

Suffered from An Lushan's rebellion, the famous poets Yuan Zhen and Bai Juyi, both of central origins, bitterly criticized the foreign influence. But Chinese never abused immigrants, the integration of nationalities shaped their mentalities.

汉唐长安与丝绸之路

陕西历史博物馆馆长　成建正

汉唐长安，作为古代中国两个辉煌王朝的都城，似乎注定要与创造人类奇迹、开创历史新时代的伟业联系在一起。而将两者联系起来的纽带便是连接古代亚洲大陆的交通线路——丝绸之路。

而在叙及《汉唐长安与丝绸之路》这个题目之前，又需要对两个关键词作以阐释：

其一是关于“长安”的概念。《辞海》[1]云：长安乃“(1)汉高帝五年（前202年）置县，七年定都于此。此后西汉、新、东汉（献帝初）、西晋（愍帝）、前赵、前秦、后秦、西魏、北周、隋、唐，皆定都于此，东汉、三国魏、五代唐皆以此为陪都。西汉末，绿林、赤眉，唐末黄巢领导的农民起义军也曾建都于此。汉唐时代，又是对外经济文化交流中心。西汉时城内有专为外国人设的居住区，唐侨居的外人，来自亚洲各地，远至波斯、大食，多时数以万计。故城有二：汉城筑于惠帝时，在今西安市西北，周围25公里；隋唐城筑于文帝时，号大兴城，包有今西安城和城东、南、西一带，周围36公里。唐末天祐元年（905年）迁都洛阳后，因城中民房大半被拆毁，就旧城北部改筑新城，奠定今西安城基础，今西安城筑于明初。(2)因西汉、隋、唐皆建都于长安，故唐以后常通称国都为长安。”此外，还作为县名（即陕西省长安县，今西安市长安区）、镇名（广西壮族自治区北部、融江西岸、枝柳铁路线上）、周武则天年号（701～704年）。本文所述，限于第一种解释。

其二是关于丝绸之路[2]的概念。《辞海》亦称“丝路”。指“古代以中国为始发点，向亚洲中部、西部及非洲、欧洲等地运送丝绸等物的交通要道之总称。1877年，德国著名地理学家李希霍芬最初使用该术语时，只指称从中原地区，经今新疆而抵中亚的陆上交通；后来，所指范围逐步扩大，以至远达亚、欧、非三洲，并包括陆、海两方面的交通线路。通常认为丝绸之路可分为两类（陆上丝绸之路、海上丝绸之路）、三大干线：(1)草原之路，主要由古代游牧民族开辟和使用，大致从黄河流域以北通往蒙古高原，西经西伯利亚大草原地区，抵达咸海、里海、黑海沿岸，乃至更西的东欧地区。(2)绿洲之路，主要通过亚欧大陆上的定居人地区，始于华北，西经河西地区、塔里木盆地，再赴西亚、小亚细亚等地，并南下今阿富汗、巴基斯坦、印度等地。(3)海上丝路，开辟的时间晚于陆路，繁荣于中世纪以降，始于中国沿海地区，经今东南亚、斯里兰卡、印度等地，抵达红海、地中海以及非洲东海岸等地。近年来有些学者主张丝绸之路东端延伸至日本。本文所指丝绸之路与(1)、(2)释义相近，但还可以进一步延伸。其实，李希霍芬在《中国》中最早提出的Seidenstrassen是泛指公元前144年至127年间经我国西域地区连接我国与中亚阿姆河、锡尔河一带，以及中国与印度之间以贸易为媒介的诸道路。德国著名东方学家阿尔巴特·赫尔曼于1910年、1915年分别在《中国与叙利亚之间的古代丝绸之路》与《从中国到罗马的丝绸之路》中将丝绸之路延伸至叙利亚和罗马，至20世纪上半叶丝绸之路泛指公元前2世纪至13、14世纪古代东西方的陆路交通线路。尽管近年来出现很多新提法，如草原丝绸之路（通过北方草原游牧地区的路线）、海上丝绸之路或南海道（经过南方海上西行的线路）、西南丝绸之路（经四川、云南和西藏的道路），但原本意义上的丝绸之路仍指从长安出发，沿河西走廊西行的沙漠绿洲路线，而且按地理和政治内涵分为三大段：东段—自长安出发，经河西走廊至敦煌；中段—即西域段，在今新疆境内；西段—中亚和欧洲各国段。此条路线便是本文所要论及的。尽管也有不少人提出“玉石之路”、“宝石之路”、“佛教之路”、“陶瓷之路”等名称，但终究不能取代“丝绸之路”这个日久弥新的名字。

一、汉代长安——丝绸之路的通凿

考古资料和文献史料证实，早在汉代以前，“长安”即与遥远的外域有了贸易联系。距今1700多年前的西晋太康二年（281年），河南汲县发现了战国时期的古籍《汲冢书》，其中的《穆天子传》以华美的词藻栩栩如生地再现了西周王朝第五代君王穆王姬满从都城镐京（今西安市长安区）出发，乘坐着八骏马车神奇地穿越今陕西、河南、山西、内蒙古、宁夏、甘肃、青海、新疆等地，跨昆仑山西行至今中亚细亚（今吉尔吉斯）一带的故事。反映出早在3000多年前西安就有了与西北边疆地区及更遥远的西域往来的通道。岑仲勉先生在《“穆天子传”西征地理概测》（《中外史地考证》）中提出穆天子西行完全是沿着陆上丝绸之路东段北道而行的。西周墓地出土的大量和田玉，特别是1980年陕西扶风县西周宫殿遗址出土的两件蚌雕胡人头像即可佐证。春秋战国时期的西北地区，月氏人、戎狄、匈奴人、斯基泰人和秦人彼此消涨。有学者提出，游牧或半游牧的匈奴人、月氏人和秦人都曾利用过途经河西走廊与中亚或西域的交通要道，而秦人的名字和影响被最早带到西方。据玄奘《大唐西域记》卷十二记载，阿育王在位期间（约前268～前232年）即秦始皇即位前后，波斯国曾遣使来中国迎娶公主，途经新疆塔什干一带即后来丝路必经之地。秦代的都城咸阳也有不少外域人士来往。据传说印度佛僧和一个名为骞霄国的美术家曾到过咸阳。这些早期不甚清晰的中外交往理应为随后的汉朝精英所了解，“汉承秦制”也不得不继承秦代的麻烦：对付长城以北强大的宿敌——欧洲人称之为“上帝的鞭子”的匈奴人。

史料证实，游牧在西北地区草原地带的匈奴人曾是穿越西北地带草原皮毛贸易之路的转运者。他们不时进犯汉境，索要丝绸、美女和重金，除了自己消费外，还要与其他游牧民族进行转运贸易。随着贸易需要扩大，犯边愈加频繁。在汉武帝之前，皇帝们与匈奴人打交道时，显得很不自信。往往怀着恐惧的心理，采用屈辱的和亲与重金贿赂方式谨慎地应付屡屡犯边的匈奴人（汉朝先后给匈奴送去了8位宗室公主和数不清的财物）。由此看来，汉高祖采纳戍卒娄敬的建议，弃洛阳而选择“地被山带河，四塞以为固”、“美膏腴之地”的关中为都城所在地，并在今西安市西北建造都城，是十分明智之举。因为从地理位置上看，它具有控制八方、瞻顾全局的气势与能力。凭借“左崤函、右陇蜀，沃野千里；南有巴蜀之饶，北有胡苑之利；阻三面而守，独以一面东制诸侯。……所谓‘金城千里，天府之国’也”（《史记·留侯世家》）。汉初皇帝一方面与匈奴迂回虚诿，一方面休养生息，励精图治。而当汉朝凭借长安优越的地理位置和肥沃的土地使得经济获得较大发展、政治制度变得稳固成熟之后，便开始正视这个严重威胁帝国边疆的宿敌，并采取有效措施解决边患。如《史记》所载，汉武帝时期的经济和军事获得长足发展，长安成为当时世界上最大、最繁华的都市。华丽巍峨的宫殿（未央宫、建章宫、长乐宫）高高矗立在这个总面积973顷、周长65汉里的巨大城市中，一切重要政令都从这里发出，几乎所有惊心动魄的重大历史事件都在这里发生，几乎所有奇珍异宝都汇聚在这里。正如吴少征《过汉故城》云：“天马来东道，佳人倾北方，何其赫隆盛，自谓灵宝长。”不仅如此，长安还是全国最为富庶的地区，“京师之钱，累有巨万，贯朽而不可校；太仓之粟，陈陈相因，充溢露积于外，至腐败不可食”。就连卖浆卖油的小商小贩也是家累千金。尽管东汉张衡、班固在《二京赋》、《两都赋》中对这种过度的奢华予以严厉指责，但京都长安的富庶与繁盛却不容否认。国富带来的民族自信心促使武帝下决心不再忍受匈奴人带来的屈辱与痛苦。

终于在建元三年（前138年），汉武帝昭告天下，招募勇士西去遥远的地方寻找对匈奴无比仇恨的大月氏人，东西夹击匈奴。就是在这次招募中，城固青年张骞应招为使者。于是，他带着200多人，从长安出发，穿越河西走廊，前往西域。接下来是耳熟能详的故事：张骞被匈奴人扣押达10年之久，始终没有忘记西行的使命。他精心地保存着代表汉使身份的节杖，并借机逃脱，继续向西，先后通过生产苜蓿、骏马和葡萄的大宛国、康居国，最终到达中亚阿姆河一带的大月氏留居地。由于大月氏人拒绝与汉朝夹击匈奴，张骞失望而归，途中又被匈奴软禁1年多。最终于汉武帝元朔三年（前126年）回到长安。虽然带去的100多人只剩下2人，但他记录下了沿途的山川地理和风土民情，特别是关于匈奴的情况，为武帝进一步打击匈奴提供了详实可靠的情报。元狩四年（前119年），武帝再次派遣张骞出使西域，目的地是今新疆伊宁县以南的乌孙国。张骞派副使分别前往大宛、康居、大月氏、大夏等国进行联络。元鼎二年（前115年），张骞在数十名乌孙使者陪同下返回长安。前114年，张骞去世，次年，他派往各国的使者陆续返回长安，并带回了各国使节和各种各样的西域土特产。在此期间，先后有36个国家的使者来到长安，武帝也多次派遣使者前往西域。此后，以长安为始发地，穿越河西走廊，沿着今塔克拉玛干大沙漠北缘和南缘，汇于帕米尔高原，经由中亚、西亚直达地中海的东西方陆路交通线——丝绸之路正式打通。从此，汉朝和西域使者相望于道，张骞于是被赞为“凿空者”。前苏联著名历史学家狄亚科夫在《世界古代史》中写道：张骞通西域“在中国历史上的重要性，绝不亚于美洲之发现在欧洲历史上的重要性。”荣新江认为“张骞的凿空和甘英的远行，使东西方世界直接联系起来，这是时代英雄的创举，也是历史发展的必然，其结果是使得中国、印度、西亚和希腊罗马四大古代文明有了直接的交流和影响，此后，任何文明的发展再也不是相对孤立地进行了。”[3]

丝绸之路给长安城带来了新奇之物、新文化元素和全新变化。丝绸之路上的胡商将西域的动植物（葡萄、石榴、核桃、胡萝卜、苜蓿、良马、狮子等）运至长安，也将中原的丝绸和手工艺品、冶铁和凿井技术带回西方。令汉人惊奇不已的乐器（箜篌、羌笛、胡笳、琵琶、胡角、筚篥等）、幻术（变戏法，如鱼龙曼衍、海中砀极、吞刀吐火、自缚自解等）随着乐舞艺人和各国使者、商人也汇集长安城，使得长安城成为一座堪与罗马城相媲美的国际化大都市。《后汉书》卷五一《李恂列传》载：“西域殷富，多珍宝，诸国侍子及督使贾胡数遗恂奴婢、宛马、金银、香罽之属，一无所受。”皇帝们“经常性地接待所有西域王国的国王和女王们各自派遣的使节。在他们眼中看来，所有的西域王国都与某种天然的或人工生产的‘方物’有关，由其使节们不时地带来作为奉献给天子的礼物。……再没有比这些经常携带有‘奇兽’的使节更像一个流动的杂技团了。他们经常护送鸵鸟、猞猁狲和经训练狩猎的豹子入朝。但最多的是狮子，这是中国见不到的动物……皇帝们怀着极大的兴趣接受这些笨重的动物，作为回报而赏赐他们自然产品或在中国制造的物品（如丝绸）。”[4]

因为丝路的发创与维护皆是政府行为，汉王朝最大限度地获得开放政策和丝路带来的丰硕成果，因此，皇帝和他的政府对此极为重视，在长安城内藁街设立蛮夷邸，专门安置来京的少数民族及邻国人士。《汉书·元帝纪》载：“（建昭三年）秋，使护西域骑都尉甘延寿、副校尉陈汤挢发戊己校尉屯田吏士及西域胡兵攻郅支单于。冬，斩其首，传诣京师，县蛮夷邸门。”颜师古注曰：“蛮夷邸，若今鸿胪客馆。”与此同时，在西域设置西域都护府，进行有效管理；在交通沿线屯田拓疆，武装保护丝路的畅通，极大促进了汉朝与域外贸易的发展。《后汉书》卷八八《西域传》记载：“驰命走驿，不绝于时月；商胡贩客，日款于塞下。”《洛阳伽蓝记》卷三也载：“自葱岭以西，至于大秦，百国千城，莫不款附。商胡贩客，日奔塞下。所谓尽天地之区已。乐中国土风应而宅者，不可胜数，是以附化之民，万有余家。门巷修整，阊阖填列。青槐荫陌，绿柳垂庭。天下难得之货，咸悉在焉。”[5]商旅贸易活动及其带来的文化习俗对中国产生很大影响，构成当时社会的鲜明特色之一。

丝路的开通给长安带来了令人振奋的新气象，西域甘醇的美酒、剽悍的骏马、爽口的蔬菜、实用的植物、怪异的动物、盛开的苜蓿，极大丰富了长安的物质和精神生活。其实，最大的受益者乃上流社会，如汉武帝自己喜好“四夷之乐，杂以奇幻”，以角抵奇变之戏招待那些远道而来的客人，还“行赏赐，酒池肉林，令外国客遍观各仓库府藏之积……而外国使更来更去。”丝路不仅完成了汉代皇帝们打击匈奴的政治军事目标，争取到了与域外直接贸易交流的主动权，开启了汉代长安与其他政治中心对话的通道，让封闭已久的黄土文明开始与异域的草原和海洋文明碰撞、对接，为后世丝路的延续与繁荣奠定了坚实基础。

二、唐代长安——丝绸之路的繁荣

东汉之后，在魏晋南北朝至隋朝重新统一中国长达 361 年的战乱与纷争中，丝绸之路时断时续，奇迹般地穿越腥风血雨的层层阻碍，为迎接隋唐时期的辉煌积蓄着力量。

隋唐时期的长安历时 72 年建成（自隋文帝开皇二年即 582 年始至唐高宗永徽五年即 654 年），由宫城、皇城和外郭城三大部分组成，周长达 36.7 公里，南北向 11 条街道，东西向 14 条街道将整个城市连接为布局井然的网络系统。它不仅是国家规模与皇室权力之象征，也是民族精神的寄托，更是流光溢彩的华丽都市。唐太宗李世民在《帝京篇》中盛赞其“秦川雄帝宅，函谷壮皇居”。从世界范围来看，长安规模宏大，各种人群和文化交汇，在物质和文化两大文明上高踞世界之巅，堪与雅典、罗马、开罗、伊斯坦布尔等世界名都相媲美。美国学者在著名的《唐代的外来文明》中写道：当时长安面积约 84 平方公里，是汉长安城的 2.4 倍、约为罗马城 6 倍、君士坦丁堡的 7 倍、巴格达的 6.2 倍，整个长安城充满了国际大都市的包容和谐氛围，宫廷和民间女士流行穿薄如蝉翼的波斯低胸衣裙，豪门雇佣着黑人奴仆，佛教、景教、摩尼教并兴。从人文方面看，唐代皇帝们的开放政策使得长安交通便利、经济发达、贸易繁荣、文化发达，呈现出雍容大气的皇家风范，弥漫着帝都文化的迷人气息。用“春容典雅”、“藻丽铿锵”、“大句笼罩，气象万千”来形容实不为过。长安的文化事业空前发达，成为当代人最向往、最留恋，也给人以最大机遇的地方，也是有唐一代包括李白在内的文人墨客梦寐以求、心驰神往、魂牵梦绕的圣地。一批又一批士子满怀希望，浩浩荡荡奔向长安。晚唐诗人聂夷中《长安道》言："此地无驻马，夜中犹走轮。所以路旁草，少于衣上尘。"《唐诗大辞典》统计唐代诗人约有3800多人，几乎所有诗人都到过长安。在物质方面具体表现为城市、建筑、宫殿、园苑、宫廷气度、宴游生活、文酒之会等，在精神层面升华为思想、宗教、交游、送别、升迁、贬谪、节序等活动，吸引着四面八方的人们。当代很多著名人物对他们伟大的都城高呼赞歌，单《全唐诗》就存录四千首以上与长安有关的诗歌。而王维在《和贾舍人早朝大明宫之作》中所歌颂的"九天阊阖开宫殿，万国衣冠拜冕旒。日色才临仙掌动，香烟欲傍衮龙浮。朝罢须裁五色诏，佩声归向凤池头。"更显示出"气象阔大"，"高华典赡，无美不备"的澎湃气势，以及大唐臣子圆满自得的心态和开阔明朗的胸襟。刘禹锡在《插田歌》中盛赞"长安真大处，省门高轲峨。"李白夸张地称"长安宫阙九天上"、"总为浮云能蔽日"。[6] 今天的人更是不吝笔墨，将长安誉为象征着国力强盛、疆土开拓、经济发达、文化繁荣、寄托中华民族乃至人类自豪感的"帝国之都"、"世界之都"、"世界的心脏"，称它具有几乎覆盖整个东方精神文化遗产的宏大气魄，是中国人最值得追怀的历史时空，没有任何一座城市能够将其从丝绸之路的记忆中抹去。如今，透过大明宫遗址、大雁塔、小雁塔等丝路文化的标志符号，跟随博物馆里具有明显异域风情的精美器物，人们依稀可见唐长安城撼人心魄、牵人情怀的魅力，清晰感知丝绸之路——这流淌在民族文化血液里的活力——永久的文化基因。

丝绸之路恰如一条巨大的传输带，将遥远西域和世界其他地区的物产（珍禽异兽、珠宝香料、玻璃器皿、金银货币）、文化（音乐、舞蹈）、宗教、习俗（穿着、饮食）传入长安，为唐朝社会增添了诸多新鲜元素，影响且改变着唐代人乃至后世中华民族的物质与精神世界。美国著名学者谢弗在《唐代的外来文明》中写道："伟大的丝绸之路是唐朝通往中亚的重要商道，它沿着戈壁荒漠的边缘，穿越唐朝西北区边疆地区，最后一直抵达撒马尔罕、波斯和叙利亚。"[7] 主宰着长安城、乃至帝国命运的皇帝及其谋臣们深知丝路及其带来的中外交往对于唐帝国政治、军事、经济、宗教的重要价值。不仅专设鸿胪寺负责处理对外事宜，包括培养专门外交人才和翻译等，而且在长安城设立驿馆，留驻那些要求进入都城的异国人士。[8] 据史料记载，从唐初到玄宗开元年间，曾有近四百个"四蕃之国"向唐朝朝贡过，即与唐朝有过外交使节往来。《通典·边防典》记载与唐朝有交往的国家、政权和部族有189个。而据今人统计，当时与唐朝有交往的国家和地区有三百多个，包括周边少数民族政权、周边内附少数民族部众，与唐有藩属关系的国家和独立政权，甚至远在"绝域"的国家。后者派出数量不等的使团，一般称作朝贡使。据统计，南亚、中亚和西亚来唐使团共343次，每团少则数人，多者可达数百人。其中康国34次、安国18次、石国20次、米国和曹国各10次、石国6次、火寻4次、拨汗那26次、勃律国16次、吐火罗27次、波斯34次、护密11次、骨咄9次、罽宾14次。唐太宗贞观时期，"四夷大小君长争遣使入献见，道路不绝，每元正朝贺，常数千人。"[9] 鸿胪寺官员负责接待前来朝贡的外蕃君长和使节，并为他们颁发12枚刻有国名的雌鱼符，来使必须按照朝贡月份携带相应的鱼符。只有与唐朝内部另备的雄鱼符勘合后，来使身份才被承认。唐朝将有贡使关系的国家分为五个等级，按等级予以不同待遇。使节初至，先由典客署"辨其等位"，按不同等第确定接待礼节、安排住宿和食物供应（分为常食料、设食料和设会料等；还按来华路线分陆路使节"度碛程粮"、海路使节"入海程粮"），程粮供应主要依据路途远近及旅途所需时间长短来供给。武周证圣元年（695年）颁诏曰："蕃国使入朝，其粮料各分等第给，南天竺、北天竺、波斯、大食等国使，宜给六个月粮，尸利佛誓、真腊、诃陵等国使，给五个月粮，林邑国使给三个月粮。"典客署将进贡物品具名数报于鸿胪寺，寺司验收后知会少府监，由他们聘请"识物人"（专家）进行真伪辨别和价值估算，再确定是否有必要奏送朝廷，以便作为出售或朝廷回赠（往往超过原进贡物品价值）的参考。使者返还，皇帝于朝堂上赏赐礼物，也由店客佐其受领，并教其行谢拜礼节。有些重要来使还被邀请参加皇帝举办的"宴集"。为了满足皇室回赠礼物的需求，很多作坊都参与器物的加工制造，从华贵的丝绸面料、铜镜到书籍、钱币、纸张或火药等，极大地促进了唐代手工业的发展。

丝路兴盛与长安上层崇尚与追逐的新奇生活方式密切关联，后者是前者兴衰的晴雨表。来自西域的新奇别致的特产或转运商品迎合了不断追求时尚的唐朝宫廷及上层贵族的奢华需要。阿里·玛扎海里敏锐地指出，"事实上，无论是在中国中原，还是在西域诸藩部，上层社会和行政当局都彼此互相需要。在伊朗，有时是国王亲自为某些商人（商行经纪人）提前数年垫付资本；有时又是商贾们联合起来向国王进贡，以便从他们那里获得从事某种季节性或定期的商业旅行的特权。最后，国库、国王以及市场上的经常性对布帛、药品、小五金用品、中国瓷器和纸张等的需要也是刺激丝绸之路上商人们兴趣和导致这些浩浩荡荡的使团每年都往返的原因。”[10] 在丝绸之路正常运行的过程中，也就是在近两千年的时间内，中国天子们一直不停地索求波斯马。西域王国和商人也经常奉送或用它们来运载商品。唐太宗鼓励臣属百姓打马球，一时间兴于京畿内外，以致于有唐一代，皇帝和达官贵人相习成风。也正是皇帝和上层鼓励，长安城的西市胡人云集，景教堂、祆教寺、佛教庙宇、摩尼教寺穿插在城西里坊之中，胡戏、胡店、胡音纷繁热闹。向达先生曾特别强调了长安在太宗开元前后胡化风气之盛：“第七世纪以降之长安，几乎为一国际的都会，各种人民，各种宗教，无不可于长安得之。太宗雄才大略，固不囿于琐微，而波罗之盛行于唐代，太宗即有力焉。

不仅上层社会享受着丝路的便利与优渥，他们在家吃胡食、饮胡酒、穿胡服、着胡妆、用胡器、欣赏胡乐胡舞、享受着胡人仆役的周到服务，在外骑胡马、进行胡人运动（打马球）、或多或少地从事与胡人有关的政治、军事、经济或文化活动，甚至与胡人同事谈笑风生。[11] 市井闾巷的普通百姓也能分享到丝路繁荣的影响，感受到开放都市和西域文化的便宜。有些流行于上层统治阶层的物品逐渐推及民间，如葡萄酒、石蜜、氍毹、舞筵、马匹等，一些民间工匠纷纷用陶瓷器，特别是用三彩器模仿外来金银器和宝玉器，或用便宜的布料仿制西域来的奇异服饰，卖给使用不起昂贵金银宝器或丝绸金帛的普通大众。在一定程度上改变了唐人的生活方式和风俗习惯。

丝路兴盛也反映了当时西域对中国的需要（物质的、精神的），尽管有些学者认为中国相对离得开“西域”，但从唐玄奘的《大唐西域记》和贾耽《海内华夷图》来看，似乎也不尽然。史料记载，中国输往西方的物品有丝绸、瓷器、茶叶、大黄、生姜、纸张、麝香、铜镜、铸铁火炉、饭锅、钢针、钳子、铁锉、火镰等小五金制品。这些都是地理大发现之前西方社会追逐的、需要的。以白居易的《阴山道—疾贪虏也》和张籍的《凉州词三首》为代表的唐代诗歌生动形象地描写了当时中西绢马贸易的盛景。

丝路兴盛更反映了西域宗教兴起与传布的需要，导致了当代主要宗教远距离的跨国传播：佛教、景教、摩尼教和伊斯兰教等穿越政治疆界和文化认同汇聚在长安，中外宗教大师汇聚一堂、精研教义，使得长安成为国际上著名的宗教中心，对于长安帝都政体、经济文化圈的形成与成熟产生了重要影响。

丝路远程贸易沟通了从东亚到欧洲的广大地区，极大促进了技术、思想和文化艺术的横向交流与发展。这种跨时空的人口流动与融合，对京畿地区乃至整个帝国影响很大，特别是文化习俗的长期交互影响对统治中心带来很多新变化。

丝路兴盛使得长安几近胡化，“开元、天宝之际，天下升平，而玄宗以声色犬马为羁縻诸王之策，重以蕃将大盛，异族入居长安者多，于是长安胡化盛极一时，此种胡化大率为西域风之好尚：服饰、饮食、宫室、乐舞、绘画，竟事汾泊；其极社会各方面，隐约皆有所化，好之者盖不仅帝王及一二贵戚达官已也。”[12] 胡风大盛，异域生活方式在长安城弥漫开来，闾里巷间尽见胡食、胡服、胡乐、胡舞、胡器、胡物、胡人，都城几乎成了世界时装的大展台，有趣的是“胡着汉帽，汉着胡帽”。这种全面胡化之风似要隐没了传统习俗，让唐代诗人颇不适应，元稹在《法曲》发出无奈的怨叹：“自从胡骑起烟尘，毛毳腥膻满咸洛。女为胡妇学胡妆，伎进胡音务胡乐。”

结 语

汉唐长安的发展历程与丝绸之路有着千丝万缕的联系，二者相辅相成，相映成辉。它作为一个特殊的文化符号，以其盖世的富足及其所象征、所代表的政治权力中心的巨大吸引力，与丝绸之路的兴衰结下不解之缘。可以说，汉唐长安催生了丝绸之路，成就了丝绸之路，也颓废了丝绸之路，反过来又被丝绸之路的兴衰轨迹所影响。正是这种相互影响与交融的复杂嬗变培育和塑造了汉唐长安的文化特质和时代精神，并在中古中华民族的民族精神和传统文化主体形成过程中发挥了极为重要的作用。

汉唐长安以宏富的内在特质—表现为象征大国“大美”气度的多元性、包容性和开放的胸襟、坦荡的自信认识、面对、引进和广泛吸纳陌生的异域文化，更以兼容并蓄的气量和吸收、创造的热情使之本土化，映射出农耕文化与游牧文化长期而深入地相互渗透与交互影响。这种空前绝后的强盛民族心态与时代精神造就了以汉唐长安为中心的国际大都市气场，吸引并有选择地采撷世界各国（地区）的优秀文化元素，无论对当代还是后世均产生了重大影响。

汉唐“大一统”帝国意识形态的最终形成即源于丝绸之路提供的跨国文化互动与交融，也使得汉唐皇帝怀柔远方的雄才大略和“华夷一家”治国理念与波斯帝国、拜占庭帝国和阿拉伯帝国君王们的世界理想相互碰撞出交流的火花。

作为中国古代最辉煌的都城，汉唐长安注定要体现出它对世界与人类的作用。丝绸之路恰如一条纽带，通过它，中国走向了世界，世界进入了中国。中国与世界的发展也因此加快了进程。因此，汉唐长安与丝绸之路必将永久地镌刻于人类文明发展与进步的史册。

注释：

1.《辞海》，上海辞书出版社，1999 年，第 191 页。其他词典，如《现代汉语词典》（修订本）（商务印书馆 2000 年版）、《辞源》等也有类似解释。

2. 英语为 Silk Road，法语为 La Route de la Soie，日语为绢の道或シルクロード。也有学者将丝路分为南北两路，均起自长安：南路经甘肃敦煌，沿昆仑山北侧的楼兰（鄯善，今若羌东北）、于阗（和田）、莎车等地，越葱岭（帕米尔高原），到大月氏（阿姆河流域中部）、大夏（土库曼斯坦国境一带）、安息（波斯，今伊朗），再往西到条支（伊拉克、叙利亚一带）、大秦（罗马）等国和地区。北路经敦煌，沿天山南麓的车师前王庭（高昌，今吐鲁番）、龟兹（库车）、疏勒（喀什）等地，越葱岭北部，到大宛（费尔干纳等地）、康居（康国，今乌兹别克斯坦境内），再往西南经安息，而西达大秦。后世屡有扩展，并形成很多支道。总长达 7000 余公里。

3. 荣新江，《中古中国与外来文明》，三联出版社，2001 年，第 8 页。

4. [法] 阿里・玛扎海里著， 耿昇译：《丝绸之路—中国—波斯文化交流史》，新疆人民出版社，2006 年版，第 10 页。

5.（魏）杨衒之撰、周祖谟校释：《洛阳伽蓝记》（卷三），中华书局，1963 年，第 132 页。

6. 王志清，《长安文化的精髓与王维诗歌的经典性》，《中华文化论坛》，2003 年第 2 期。

7.（清）彭定求等编：《全唐诗》，中华书局，1960 年，卷 354。

8. 鸿胪寺掌蕃客朝会吉凶吊祭，统典客、典寺、司仪等署令丞，典客署又有京邑萨甫二人，诸州萨甫一人。典寺署有僧祇部丞一人。司仪署又有奉礼郎三十人。

9.（宋）司马光，《资治通鉴》，中华书局，1956 年，第 58 页。

10.（法）阿里・玛扎海里著， 耿昇译，《丝绸之路—中国—波斯文化交流史》，新疆人民出版社，2006 年版，第 10、11 页。

11. 如白居易诗中“青黛点眉眉细长”中的青黛，及螺子黛系来自中亚的化妆品，备受唐代上层贵族妇女和宫女青睐。还有域外的金银首饰、珠宝、织物等。

12. 向达，《唐代长安与西域文明》，重庆出版社，2009 年，第 41 页。

Chang'an and the Silk Road

Cheng Jianzheng,Director of Shaanxi History Museum

The process of the city building of Chang'an during the Han and Tang Dynasties was relevant to the opening, maintenance and prosperity of the Silk Road. As a unique cultural symbol, Chang'an had built the relation with the vicissitudes of the Silk Road, based on its extreme richness and the attraction of political centre it represented. The vicissitudes of the Silk Road accompanied the rise and fall of Chang'an. It is just the inter-influence and blend that molded the cultural characteristics and time spirit of Chang'an in Han and Tang Dynasties. It played an extremely important role during the formation of mid-ancient China's national spirit and traditional culture.

On the base of the open mind, the national pride and the rich internal characteristics, which was represented by the great virtue–diversity and tolerance, Han Chang'an and Tang Chang'an had the courage to face, to bring in and absorb foreign cultures, and made them localized by using an inclusive forbearance and innovative passion. This reflected the deep and long-term inter-percolation and inter-influence between the agriculture civilization and nomadic civilization. The unprecedented strong national identification and time spirit created the metropolis momentum centered in Chang'an in Han and Tang Dynasties. And it attracted and selected the outstanding cultural elements from all over the world. It had a great impact on both present and future.

The final formation of empire ideology of "great harmony" rooted in the interactivity and blend of different cultures produced by the Silk Road. The interactivity and blend also assured the policy of modification and harmony had been able to influence the emperors of Persian Empire, Byzantine Empire and Arabian Empire.The relation between Chang'an and the Silk Road are eternal and inseparable. This is the historic inevitability and also historic selection.

汉代对丝绸之路“河西”地区的开发和经营

甘肃省博物馆馆长　俄军

1877年，德国地理学家李希霍芬(F.von Richthofen)所著的《中国》一书中，首次把汉代中国和中亚南部、西部以及印度之间以丝绸贸易为主的交通路线，称作“丝绸之路”。1910年，德国历史学家赫尔曼(A.Herrmann)在出版的《中国和叙利亚之间的古代丝绸之路》一书中，根据新发现的文物考古资料，进一步把丝绸之路延伸到地中海西岸和小亚细亚，确定了丝绸之路的基本内涵，即它是古代中国经由中亚通往南亚、西亚以及欧洲、北非的陆上贸易交往的通道，因为大量的中国丝和丝织品经由此路西传，故此称作“丝绸之路”。但在当今文化学界，“丝绸之路”其内涵已经超越了交通道路和商业贸易的局限，涵盖了古今人类社会的经济、政治、文化、艺术、宗教信仰等各个方面，成为东西文化乃至世界文明沟通和交流的象征。

“河西”是一个历史地理概念，因位于黄河以西而得名。河西地区东接中原，西连西域，北达大漠（内蒙古高原），南通高原（青藏高原），自古为中西交通的重要孔道，又称“河西走廊”。古今“河西”的地理概念有所不同，汉武帝开发河西以后，其地域范围主要指金城郡（其辖境大致包括今甘肃省兰州市、临夏回族自治州和青海省东部地区）所属之黄河以西、西域三陇沙（今新疆维吾尔自治区东部之库木塔格沙漠东北突出部）以东、北山山地以南、祁连山地以北的地区，地形狭长，呈东南——西北走向，这与现今以乌鞘岭以西为“河西”的地理概念稍有不同。如今河西地区其地域范围包括：汉代金城郡属的枝阳县、允街县、令居县（以上今属兰州市西固区、永登县和武威地区的天祝藏族自治县）、武威郡（今属武威地区和白银市的景泰县）、张掖郡（今属金昌市、张掖地区和内蒙古自治区的额济纳旗）、酒泉郡（今属张掖地区的高台县、肃南裕固族自治县的部分地区、嘉峪关市和酒泉地区的酒泉市、玉门市、金塔县）、敦煌郡（今属酒泉地区的安西县、敦煌市）。

在汉代开发河西之前，河西为一片游牧之地。根据近年的考古调查与发掘，史前时期，在酒泉以东，分布着属于新石器时代晚期的马家窑文化马厂类型的遗址，距今约3000多年；考古工作者曾在今金昌市河西堡，发掘了鸳鸯池遗址，属新石器时代半山类型和马厂类型；在焉支山以西直至敦煌地区，分布有处于青铜时代的四坝文化，其时代相当于中原地区的夏商时期；在今玉门市清泉、花海比家滩、酒泉市清水乡甘谷崖、山丹县四坝滩一带，亦发现大片同属四坝文化时期的遗址；在河西北部的巴丹吉林沙漠与腾格里沙漠之间的古休屠泽一带，分布有属于铁器时代的沙井文化，其时代相当于中原地区的战国至西汉初。

汉代初年，由于多年的楚汉战争，生产破坏，民生凋敝，流民遍野，府库空虚，面对匈奴的侵扰无力对抗。朝廷被迫采取和亲政策，岁赠巨额絮缯、酒食，约为兄弟，然匈奴对汉王朝领地依然掳掠不息。据史籍记载，汉文帝前元四年（前176年），匈奴右贤王西击月氏，“尽斩杀降下定之。楼兰、乌孙、呼揭及其旁二十六国皆已为匈奴”。从此，河西为匈奴所控制。匈奴休屠王驻牧于今武威及其以北的休屠泽一带，筑休屠城于今武威市北的四坝乡三岔村附近。匈奴浑邪王驻牧于今张掖市弱水两岸。文帝十四年（前166年），“匈奴十四万骑入朝那肖关”，“使骑兵入烧回中宫，候骑至雍甘泉”。汉王朝虽将匈奴骑兵逐出塞外，但“不能有所杀”。“匈奴日以骄，岁入边，杀略人民甚众，云中、辽东最盛，郡万人”。匈奴的严重威胁，成为汉王朝统治的心腹大患。

至汉武帝即位时，经过高祖至文、景帝六十余年的休养生息，农业生产逐渐得到恢复，社会经济出现繁荣富庶的景象。“非遇水旱，则民人给家足，都鄙廪庾尽满，而府库余财。京师之钱累百巨万，贯朽而不可校。太仓之粟陈陈相因，充溢露积于外，腐败不可食。众庶街巷有马，阡陌之间成群”。在此基础上，武帝开始积极谋划，以图彻底解除匈奴之患。为此，筹划结联西域，断匈奴右臂。于是建元三年（前 138 年），遣张骞通使大月氏，同时，于元光二年（前 133 年），开始对匈奴用兵。元朔二年（前 127 年），遣卫青出云中、北抵高阙，迂回至于陇西，收复河套一带，置朔方郡（郡治今内蒙古自治区杭锦旗北），筑朔方城，修缮秦蒙恬于阴山所筑塞防，并利用黄河以南的秦昭王故长城，以加强边防。同时，沿用文帝时晁错的“徙民实边”之议，募民十万口徙于朔方。元狩二年（前 121 年）春，遣骠骑将军霍去病出陇西，进击河西，过焉支山千余里。同年夏，又出北地，进击河西，渡居延海，攻祁连山，使匈奴右部受到沉重打击。同年秋，驻牧河西之匈奴浑邪王杀休屠王，率四万余众降汉，汉以其众分徙河南五郡故塞外。于是“陇西、北地、河西益少胡寇”，“金城、河西西并南山至盐泽，空无匈奴。匈奴时有候者到，而希矣”。从此，汉王朝基本解除了来自北方和西方的直接威胁，武帝因此而下令减少北地郡以西戍卒的一半，同时徙关东贫民于河套以南的新秦中。元狩三年（前 120 年），再减陇西、北地、上郡戍卒的一半，并陆续徙关东贫民七十二万五千口于陇西、北地、西河、上郡等地，垦田殖谷，寓兵于农，以巩固边防。元狩四年（前 119 年），遣大将军卫青、骠骑将军霍去病率骑十万，“私负从马凡十四万匹”，分两路穷追匈奴。西路卫青军出定襄，在漠北大败单于，北追至阗颜山赵信城（大约在今蒙古人民共和国杭爱山以南）而归。东路霍去病军出代郡两千余里，与匈奴左贤王激战，大获全胜，祭天于狼居胥山（今蒙古人民共和国乌兰巴托以东），刻石纪功于姑衍，临瀚海（今贝加尔湖）而还。从此，匈奴主力远徙西北，漠南不再有单于王庭。汉王朝占领了朔方至河西的大片土地，并在黄河以北，自朔方西至令居（今甘肃永登县），置田官，遣吏卒五六万人，修渠种粮，实行军屯，以巩固胜利、加强边防，同时不断蚕食匈奴领地。

元狩四年（前 119 年），汉兵将匈奴逐出河西。但最初之时，汉武帝并非计划开发河西，河西的经营是一个逐步发展的过程。当时，汉、匈经过多年激烈的战争，双方的力量均遭到削弱。匈奴虽远徙西北，已无力南下对汉室发动大规模侵扰，但汉王朝亦难以集结更强大的兵力深入漠北追袭匈奴，汉、匈双方处于势均力敌的相持态势。因此，汉武帝于此时再遣张骞出使乌孙，欲邀乌孙重返河西故地，以结盟共击匈奴。但“乌孙远汉，未知其大小，又近匈奴，服属日久，其大臣皆不欲徙。昆莫年老国分，不能专制，乃发使送骞，因献马数十匹报谢”。元鼎二年（前 115 年），张骞返回长安，为“断匈奴右臂”，维护与西域的交通，“隔绝羌胡，使南北不得交关”，武帝决心开发河西。元鼎四年（前 113 年），驻兵屯田于河西，随后逐步建置郡县，徙民殖谷。同时，分段修筑障塞，精明烽火，畅通驿道。再经昭、宣两代的经营，达到汉代经营河西的鼎盛时期，为后世两千余年的经营，奠定了坚实的基础。

西汉政府对河西地区的经营首先是修筑汉塞。河西汉塞的兴筑，是随着武帝对河西的开发和河西四郡的建置分段进行的。因此，弄清河西四郡的建置年代，是探索河西汉塞建置时间的必要前提。但是，关于河西四郡的建置年代，司马迁作为当世史官，其《史记》中对河西四郡建于何时缺少明确记载，《史记》刑余之书，未能尽善，尤其是武帝朝之事，不可责难。其后的班固欲为订补缺失，然而时过百余年，疏误难免。由于《汉书·武帝纪》与《汉书·地理志》相互抵牾，后世学者重作探讨时，各据资料和分析理解不同，于是歧义纷乱，疑窦丛生。

为明晰这一问题，我们先对历代史籍记载和已有研究成果加以梳理。关于河西四郡的建置年代问题，早在《史记》已有涉及。《大宛列传》记：“自博望侯张骞死后……而汉始筑令居以西。初置酒泉郡，以通西北国。”《平准书》记：“数万人发三河以西骑击西羌，又数万人渡河筑令居。初置张掖、酒泉郡。”《匈奴列传》记：“是时，汉东拨秽貉、朝鲜以为郡，而西置酒泉郡，以隔绝胡与羌通之路。”“是岁，元封六年也。自此以后，单于益西北，左方兵直云中，右方子直酒泉、敦煌郡。”这四条记载中使用“初置”、“西置”、“是自此以后”等词句，缺少明确的时间记载。《汉书·武帝纪》以为“元狩二年（前 121 年）匈奴浑邪王杀休屠王来降，遂以其置酒泉郡，元鼎六年（前 111 年）乃分置张掖、敦煌两郡”；《汉书·地理志》却载：“太初元年（前 104 年）开酒泉、张掖，四年开武威，后元元年（前 88 年）乃分酒泉置敦煌。”这样《史记》、《汉书》中关于河西四郡建置年代的记述存在着先天不足。司马光在编撰《资治通鉴》时也曾提出这个问题。可是他并没有解决这个矛盾，只是取《武帝记》的记载，作为局部修正，“以酒泉郡置于元鼎二年，武威稍后”了事。从此，后世对河西置郡年代，大都以《纪》为正，以《志》为误，数百年来，问题实际上并没有解决。

清代以来专论和兼论这个问题的人不少。劳幹先生利用 20 世纪 30 年代所获居延汉简，参考其他文献，从另一个方面寻求四郡设置年代的正确答案。根据汉简的有关记载，劳幹先生的推断是：“武威建郡当在元凤三年（前 78 年）十月之后；地节三年（前 67 年）五月张敞视事山阳郡之前，至于酒泉、敦煌、张掖，主张仍从《武帝记》”。到 20 世纪 40 年代，张维华先生在《河西四郡建置年代考疑》一文中，从《武帝纪》、《地理志》以外的《史记》、《汉书》中有关记载出发，综合考察河西置郡的经过。他断言：“《汉书》武纪、地志的说法都存在问题”，认为“四郡之中酒泉最先置，武威最后，张掖、敦煌武纪可从”。这一卓识打破了河西四郡建置年代囿于《武帝纪》的僵局，虽然在设郡的具体时间上有待进一步研究，但在设郡的顺序上，已大大超越了前人的认识。

20 世纪 60 年代初，陈梦家先生更进一步将汉史文献资料和汉简所载有关史料进行全面的排比分析，认为：“《史记》的记载有其一致性，四郡建置主要应以《史记》为据，不能受《汉书・武帝纪》的支配”。他的结论是酒泉、张掖应同置于元鼎六年（前 111 年），敦煌置郡当于元封四至五年间（前 107 ~前 106 年），武威则应置于宣帝初，其建郡上下限应缩短为地节三年（前 67 年）至元康五年（前 61 年）之间。

1986 年王宗维教授在《汉代河西四郡始设年代问题》一文中，通过对《史记・骠骑列传》和《汉书・霍去病传》详尽对照分析，得出了汉王朝在元狩二年（前 121 年），骠骑将军霍去病打败匈奴于河西时，未曾在河西地区设立酒泉郡的结论。

1987 年，周振鹤先生在《西汉政区地理》一书的《河西四郡沿革》一节中，提出了关于河西四郡设置年代的独到见解。其关于河西四郡设置年代的结论是：酒泉郡首要，“目前暂以元狩二年（前 121 年）置为是，以待将来进一步订正”；张掖由酒泉郡复分而置，时当为元鼎六年（前 111 年），“各家殆无异议”；敦煌亦析酒泉置于元鼎六年（前 111 年），“并无充分证据否定”；武威最后置，时在地节二至三年间，最迟不过地节三年（前 67 年）。

1989 年，刘光华教授在《秦汉西北史地丛稿》一书中的《汉武帝对河西的开发及其意义》一文中，发表了和周振鹤先生基本一致的结论。

2001 年，王宗维先生在《汉代丝绸之路的咽喉——河西路》第八节的《河西四郡及属国》中对河西四郡的设立进行了论述，肯定了河西四郡中酒泉郡为首置，设置于元封四年（前 107 年），张掖郡设置于太初三年（前 102 年）末和太初四年（前 101 年）初，敦煌郡的设置在太初四年（前 101 年）初至天汉元年二年（前 100~ 前 99 年）间，武威郡的设置在最后，在汉宣帝地节元年（前 69 年）或二年（前 68 年）。

通过研究和分析先贤学者的研究成果，首先可以肯定河西四郡的建置顺序：最初设置酒泉郡，其后为张掖郡、敦煌郡，最后设置的是武威郡。四郡的建置年代，酒泉郡以元狩二年（前 121 年）置为是；张掖由酒泉郡复分而置，时当为元鼎六年（前 111 年）；敦煌亦析酒泉置于元鼎六年（前 111 年）；武威郡设置的时间在地节二至三年间（前 68~ 前 67 年），最迟不过地节三年（前 67 年）。

西汉时期在河西四郡建置的同时，为维护中原至西域交通的畅通，保障河西军屯和郡县移民垦殖的安全，以及确保河西成为经营西域的前进和后援基地，先后分五次逐段兴筑了河西地区障塞烽燧。

第一次：武帝元鼎六年（前 111 年），由令居筑塞至酒泉。前已述及，《史记・大宛列传》载，“而汉始筑令居以西，初置酒泉郡以通西北国”。所谓“始筑令居以西”，据《汉书・张骞传》臣瓒注：“筑塞西至酒泉也”。故元鼎六年（前 111 年），在建置酒泉郡之后，兴筑了令居至酒泉的障塞烽燧。

第二次：武帝元封四年（前 107 年），由酒泉筑塞至玉门关。前已述及，《汉书・张骞传》载，元封四年（前 107 年），王恢封浩侯，同年，“酒泉列亭障至玉门矣”。根据汉简和田野调查资料，文献中的“玉门”，乃“玉门关”，而非指“玉门县”。汉代玉门县位于今玉门市宽滩山以南的赤金绿洲，而汉代障塞位于宽滩山以北、汉代干齐县所属之花海绿洲以北。

第三次：武帝太初三年（前 102 年），由张掖筑塞至居延泽，和由休屠城筑塞至休屠泽。据《史记・匈奴列传》载，在汉兵的多次打击下，自元封六年（前 105 年）以后，匈奴“单于益西北，左方兵直云中，右方直酒泉、敦煌郡，对河西的安全形成巨大威胁”。太初三年（前 102 年）秋，匈奴“右贤王入酒泉、张掖，略数千人。会任文击救，尽复失其所得而去”。为防御匈奴趁汉远征大宛之机，南下河西，威胁汉兵在西域的军事行动，太初三年（前 102 年），“益发戍卒十八万，酒泉、张掖北，置居延、休屠以卫酒泉”、“使强弩都尉路博德筑居延泽上”，亦即于居延泽、休屠泽南，兴筑障塞亭燧，屯田驻守。

第四次：天汉初（前 100~ 前 99 年），由敦煌西筑亭燧至盐泽。据《史记・大宛列传》载，太初四年（前 101 年），贰师将军李广利伐大宛后，“西至盐水，往往起亭。而仑头有田卒数百人，因置使者护田积粟，以给使外国者”。从此，汉通西域之道路，得以畅通。

第五次：宣帝地节三年（前 67 年），由媪围筑塞至揟次。

前已述及，在建置武威郡时，曾于北驿道沿线，新置媪围、扑两县。在此同时，于两县北境，又新筑一道塞防，以维护北驿道的安全。

此外，在南山（今祁连山）北坡，为防备羌人，兴筑各段北塞的同时，亦筑有障塞烽燧。

汉王朝对河西地区的经营还包括由政府主导向河西地区进行移民。从元狩四年（前 119 年）汉王朝在漠北击退匈奴单于后，即开始向西北边疆地区移民，河西地区的移民实边政策，从朔方以西至令居开始。《史记·匈奴列传》记："是后，匈奴远遁，而幕（漠）南无王庭。汉渡河自朔方以西至令居，往往通渠，置田官，吏卒五六万人。"汉王朝移民建设令居，较大规模的行动在元鼎六年（前 111 年）。《史记·平准书》记："数万人发三河以西骑，击西羌，又数万人渡河筑令居"，从此令居人口猛增。其后汉王朝在河西地区设置开田官，还陆续于元封四年（前 107 年），迁徙大量人口至酒泉、敦煌。从元狩末年到汉武帝死去，汉王朝多次向河西地区迁移居民，总人数达数十万，河西地广人稀的状况得到彻底改变。汉武帝其后的昭帝、宣帝等，继续采取加强屯田力量，流放罪人，自由迁徙等政策，使河西的常住人口有增无减，保证了河西地区稳定。

汉武帝对河西地区的开发，在中国历史上有重要的意义。它不仅把河西地区纳入了西汉王朝的版图，而且在军事上也有着极其重要的意义。开发河西，为打通西域提供了重要的人力、物力保证。西域和汉王朝通使之后，河西地区开始成为中西交通最重要的要道。通过这条道路，中国的各类特产，特别是丝织品源源不断地运往了中亚、欧洲各地。从此中西方以这条"丝绸之路"为纽带，促进了双方在政治、经济、文化、科技等各个方面的全面发展。

参考文献：

1. 张维华：《汉河西四郡建置年代考疑》，《中国文化研究汇刊》，1942 年第 2 卷。
2. 陈梦家：《河西四郡的设置年代》，《汉简缀述》，中华书局，1980 年。
3. 周振鹤：《西汉政区地理》，人民出版社，1987 年。
4. 郝树声：《汉河西四郡设置年代考辨》，《开发研究》，1996 年第 6 期。
5. 王宗维：《汉代丝绸之路的咽喉—河西路》，昆仑出版社，2001 年。
6. 吴礽骧：《河西汉塞调查与研究》，文物出版社，2005 年。
7. 刘光华：《秦汉西北史地丛稿》，甘肃文化出版社，2007 年。
8. 初世宾：《敦煌两关丝路杂谈》，《丝绸之路》，2009 年第 8 期。

The Development and Management of Hexi District of Silk Road in Han Dynasty

E Jun,Director of Gansu Provincial Museum

Hexi is a historical geography concept, which is defined by its location on the west side of the Yellow River. Since Hexi District connects the hinterland of China in the east and the Western Regions in the west, and links the Inner Mongolian Plateau in the north and Tibet Plateau in the south, it has become the major road—Hexi Corridor since the very early time, which bridged China and other countries for more than one thousand years since then.

Before the development in Han Dynasty, Hexi District was only a place for nomadic tribes. However, the development of Hexi District conducted by Emperor Wudi (Hanwudi) had exerted great influnence on Chinese history. The development not only combined Hexi District into the territory of Han dynasty, but has also made it significant in the military aspect. The exploitation of Hexi district ensured the human resources and material supplies for the opening the road leading to the western regions.

After the beginning of mutual exchanges of envoys, Hexi District began to play the most important role as a key road connecting China and the Western Regions. Chinese special products, especially the silk fabrics, were able to be sent to the Central Asia and Europian regions consistently and rapidly.

Since then, the Hexi Route on the Silk Road, which bridged the west and the east, promoted the overall development in politics, economics, cultures, technology on both sides.

丝绸之路在宁夏

宁夏博物馆馆长　李进增

“丝绸之路”是人类历史上最伟大的一条沟通东西方文明的通道，它是连接和传承人类四大历史文化体系——中国、印度、希腊、伊斯兰文明的纽带，其意义已远远超出丝绸贸易的范围，在人类文明发展过程中产生了巨大影响，是跨越国界、跨越历史的人类共同文化遗产。通过这条复杂的网状道路系统，世界各地的文明古国，如希腊、罗马、埃及、波斯、印度和中国由此连接起来，形成了一条连接亚、非、欧的文化大动脉。使这些古代文明经过这一大动脉的互相交流而大放异彩，给世界各族人民的历史文化都打上了深刻的烙印。

一、“丝绸之路”的开通与繁荣

丝路开通的确切年代，或许永远是世界史学界的难解之谜，但目前的考古和文献研究成果表明：东、西方文化交流从公元前1000年左右就已经开始。公元前5世纪，通过东、西方奢侈品贸易，丝绸已经传到希腊等地中海沿岸国家。在中国成书于战国时期的《穆天子传》，记录了周穆王向西旅行的故事，多数学者认为，这应该是记载了春秋战国时期中原商团西行贸易的情景，从中可以判断出抵达的最后的地点是今中亚的吉尔吉斯[1]。周穆王西行在昆仑同西王母欢聚瑶池，尽管带有神话色彩，但是根据有关专家的研究，这一事件历史上应该是存在的，在周穆王赠送给西王母的礼品中，就有“锦组百纯（匹）”。西王母作为西方的代表，“再拜受之”，盼望穆王“尚能复来”[2]，表现出了对东方丝绸的喜爱。

从现存的史料记载看，以中国政府官方身份出使西域的第一人是汉代的张骞。在此之前，中国对西域的情况知之甚少。只有到西汉时期的汉武帝时，才和西域有了正式的往来。因为这一时期中原“天下殷富，财力有余，士马强盛”[3]，于是这位雄才大略的皇帝决心彻底解除边患，为“断匈奴右臂”[4]，对匈奴发动了大规模的战争。同时，派张骞出使西域。张骞于公元前138年至前127年十一年间两次出使并留驻西域，把西域各国的情况介绍到了中国，张骞的这次“凿空”行动，拓展了中国汉王朝的视野，引发了汉王朝与中亚、西亚各国相互贸易的强烈愿望，促成了西汉政府对丝绸之路的开辟和经营。通过张骞出使西域，汉王朝和西域各国建立了非常友好的关系。张骞出使西域，是中国有史记载以来的第一次官方组织的中外交流活动。到了公元前60年西汉政府在西域设置“西域都护府”，正式将西域纳入其统治范围，保证了“丝绸之路”的畅通。因此，丝绸之路的正式形成应该是在公元前2世纪张骞通使西域之后。东段以长安为起点，沿泾、渭河向西而去，经过原州（今宁夏固原），穿越河西走廊，进入西域。

到了东汉时期，传承张骞、维护丝路交通的使命又落到了班超的肩上，出身于史学世家的班超，少小就立下了“大丈夫无它志略，犹当效傅介子、张骞立功异域，以取封侯。安能久事笔砚间乎”[5]的雄心壮志，投笔从戎，出使西域。在西域各族人民的支持下，平定了多起来自匈奴的叛乱，维护了丝路的和平和稳定，被东汉政府任命为当地的最高长官——西域都护。与此同时，班超还以大汉王朝地方行政长官的身份，派遣助手甘英出使大秦。大秦是汉代中国人对罗马的称呼。公元97年，甘英奉命沿丝绸之路西去，直到波斯湾[6]。由于波斯渔人的阻挠，甘英未能完成出使罗马的使命。

三国两晋南北朝时期，北魏以平城（今山西大同）为中心，沿鄂尔多斯南缘路缓慢向高平一带推进[7]，430年，魏太武帝拓跋焘占领平凉，之后，又在其北部地区设立高平、薄骨律两个军镇，防御来自漠北柔然等游牧民族的侵扰，以此保卫了丝路的通畅。这一时期，北魏王朝十分强盛，平城和洛阳成为东西交通线上的政治、经济、文化的中心。而高平自北魏正光五年（524年）改建制为原州（治高平）后，则成为北朝时期过往贡使、商客、僧侣教士活动的主要地区之一。

隋唐时期，“丝绸之路”的发展达到鼎盛。这一时期中原统治者十分重视西北方面的防御，尤其重视对河西走廊的经营。隋初，危及丝路畅通的主要是吐谷浑和突厥，这两股势力呈南北夹击之势，中断了丝绸之路。隋炀帝把降伏突厥、吐谷浑，“混壹戎夏”[8]，交通西域，发展丝路贸易定为国策，并将经营西域的事务交给了裴矩。为了打通丝路，炀帝还亲自西征。与此同时还派遣云骑尉李昱出使波斯，波斯也遣使随李昱入隋进贡方物[9]。

随着 7 至 8 世纪大唐盛世的来临，丝绸之路也迎来了贸易最繁荣、文化交流最活跃的全盛时代。东罗马、印度、波斯、阿拉伯半岛等国和唐王朝通过丝绸之路建立了非常友好的政治、经济和文化关系。当时沿着丝路与中国互有关系的国家有百余个。为了经营和维护这条贸易、友谊大道，唐王朝为此付出了相当大的代价。当时影响丝路的主要势力是西突厥和吐蕃，唐王朝先后在新疆、青海、河西地区与西突厥、吐蕃进行了多次激战，最终彻底控制了新疆、青海、河西，在河西走廊分别设立了凉、甘、肃、瓜、沙五州，在新疆天山南北设置了安西、北庭都护府，这样就保证了丝路的畅通。随着丝路贸易的进行，沿途有许多商埠也发展起来。这时的河西出现了唐代诗人岑参笔下“凉州七里十万家”的盛况。

继隋、唐大统一的局面结束后，中国历史又进入了一个大分裂、大动乱的时期，先后经历了五代、北宋、辽、西夏、金、南宋几个多国并立的政权，丝绸之路不断遭受战乱，也随之进入了一个衰退时期。

二、丝绸之路在宁夏

中国的丝绸早在公元前就已分海陆两路外传，就陆路而言，有“北方草原丝绸之路”、西汉张骞凿空西域的“西北绿洲丝绸之路”、“西南丝绸之路”，海路则有“海上丝绸之路”。这样，丝绸之路实际上有 4 条之多。其中最早的陆上丝绸之路是长城以北的“草原丝绸之路”，大约形成于公元前 8 世纪。古代的游牧民族，最早将中国的丝绸贩运至古罗马。

而我们现在所说的丝绸之路大都是指“西北绿洲丝绸之路”，该线路基本可分为三段，每一段又都分为北、中、南三条线路。东段是由汉代开辟的从长安到玉门关、阳关一线；中段也是汉代开辟的从玉门关、阳关以西至葱岭一线；西段是唐代开辟的从葱岭往西经过中亚、西亚直到欧洲的线路。

其中东段线路从长安至玉门关、阳关。该段路程长达 1800 公里，一般称为河陇道。出长安后又分为三线，到武威或张掖汇合，再沿河西走廊至敦煌。其中北线从泾川、固原、靖远至武威，此路线最短；南线从凤翔、天水、陇西、临夏、乐都、西宁至张掖，路途较长；中线从泾川转往平凉、会宁、兰州至武威。三条路线总汇于敦煌继而向西延伸。敦煌是丝绸之路东段的终点，同时也是中段的起点，汉唐时期，这里就是“华戎所交，一都会也”[10]。宁夏正当东段北道之要冲。

宁夏北踞贺兰，南依六盘，位于中国西北部，素有“关中屏障，河陇咽喉”之称，历代为中国西北要塞，具有重要的军事战略地位。北朝、隋唐时期，是丝绸之路的发展鼎盛时期；至五代宋初，丝绸之路由鼎盛转至衰落；蒙元时期再度繁荣。其间，宁夏正处于少数民族进入中原的丝绸之路之要冲。在宋朝以前，宁夏的原州（今宁夏固原市）和灵州（今宁夏吴忠市）便成为宁夏南部和北部的政治、经济、文化中心，这两个横亘于丝绸之路东段北道上的重镇以丝绸之路为纽带，通过迁徙的游牧民族和中、西亚的贡使、商贾、僧团的频繁往来，将古代希腊文化和欧亚草原文明、中原文化和古波斯文明融会于此，为今人留下了珍贵的文化遗存。

位于宁夏南部山区的原州（今宁夏固原市），历来“据八郡之肩背，绾三镇之要膂”，自古就是西北军事重镇。北魏太延二年(436 年)，在今固原置高平镇，524 年(北魏正光五年)，又改高平镇为原州。北魏时称原州为“国之藩屏”，北周宇文泰曾认为“高平霸业所基”，是西魏、北周王朝统治者的根据地，地理位置十分重要，同时这里也是贯通中西丝绸之路的重要通道。从北朝到隋唐时期，宁夏途经原州的丝绸之路有两条，一条是从长安出发过往西域的东段北道，另一条是原州连接平城（今大同）往返凉州地区的鄂尔多斯南缘路，而原州正好处于两条路线的中心位置，凭借着两条线路将欧亚大陆连接起来，一度成为丝绸之路上重要的国际都市，贡使、商贾、僧侣曾来往不绝。

在整个北朝时期，原州至平城之间商道的开通，大大加强了北魏与西域诸国的交通贸易，直至隋唐，中亚商人的各种奢侈品也源源不断地运来，并且在沿途经过之处留下了众多的遗物，甚至这种中亚风格也影响到了当地贵族的世俗生活，对中西文化交流产生了重要的影响。在北朝至隋唐固原墓葬考古发掘中，史姓粟特人墓群的发现，在中国实属首例。北周李贤夫妇合葬墓出土了诸如萨珊波斯鎏金银壶、玻璃碗、镶蓝宝石金戒指、环手铁刀等一批珍贵西方舶来文物。另外，陶俑的阵容也颇为突出。其中部分陶俑为胡人造型，这显然与当时活动在固原地区的少数民族有密切关系，也反映出民族大融合的历史进程；部分陶俑身披鱼鳞甲，带有波斯风格，说明了它们是中西文化交流的产物。固原出土的2枚萨珊朝卑路斯银币、10枚东罗马拜占庭金币的仿制品和萨珊朝阿尔达希尔金币，显得尤为珍贵。北魏漆棺彩画中人物脚掌相对而坐的坐姿、以联珠纹为边框的图案、宴饮图等内容风格，明显受到萨珊风格的强烈影响，具有浓郁的西方色彩。在固原地区佛教石窟寺的广布（其中以须弥山石窟为代表）和广泛流入民间的佛造像的发现，更进一步证实了宁夏原州在丝绸之路上的重要地位。

位于宁夏北部地区的灵州（今宁夏吴忠市），由于地处黄河中游，“民淳土沃，为西陲巨屏”。756年，唐肃宗李亨在此登基，平定内乱，实现唐代的中兴。因此，它在国防、政治、商贸活动中的地位便更加显赫。吐蕃“陷河陇”、阻断“丝绸之路”后，灵州成为这一中西政治、经济、文化交流通道上的重要城镇。有两条路线分别经过灵州：一条是灵州至凉州（今甘肃武威），另一条是由灵州出发绕过凉州直抵甘州（今甘肃张掖）的道路，绕道的主要原因是为了避开盘踞在凉州的吐蕃人，直接与甘州回鹘人进行贸易。《新五代史》中的一段记载很能说明问题：“至五代时，吐蕃已微弱，回鹘、党项诸羌夷分侵其地，而不有其人民。值中国衰乱，不能抚有，惟甘、凉、瓜、沙四州常自通于中国，甘州为回鹘牙帐，而凉、瓜、沙三州将吏，犹称唐官，数来请命。自梁太祖时，尝以灵武节度使兼领河西节度，而观察甘、肃等州。然虽有其名，而凉州自立守将”[11]。可见，灵州对于河西地区的节制作用还是较为明显的。由此也可看出灵州节度使确保了该段线路的安全，使“丝绸之路”畅通无阻。从五代始至灵州陷落的近百年中，中原与河西、西域诸政权有着十分密切的往来，其中尤以与回鹘人的交往为最多，《册府元龟》、《旧五代史》等历史文献记载的回鹘与中原的交往多达三十次，所贡物品多为马匹，还有玉制品及金属工艺品等。

伴随着考古工作的进一步深入和城市基本建设的大幅度开展，灵州古城丰富的唐代墓葬群不断被发现发掘，如青铜峡市玉泉营农场唐墓、同心县下马关镇唐墓、盐池县苏步井乡窨子梁唐墓、吴忠市北郊唐墓、吴忠市西郊唐墓等，出土的带有中西文化交流印痕的珍贵文物也不断证实着灵州在丝绸之路上的重要地位。同心县下马关唐墓出土的慕容威墓志铭，证实了吐谷浑慕容族在唐代长期居住在今宁夏同心县境内的史实；宁夏青铜峡市玉泉营农场唐契苾部浑公夫人墓志铭的发现，为研究唐时期少数民族铁勒九部之一的契苾部提供了有力的实物资料。这些墓志铭的发现，证实了唐代少数民族沿丝绸之路的迁徙和民族大融合的史实。1984～1985年在宁夏盐池县苏步井乡窨子梁唐代墓葬群出土的两扇雕刻有“胡旋舞”图案的石刻墓门，所刻男伎为典型的胡人形象，他们腾跃在画面上的“胡旋舞”最初传自于中亚“昭武九姓”中的康国、史国和米国等。它的发现，反映出中、西亚乐舞对宁夏地区文化艺术的深刻影响，是中西文化交流十分珍贵的遗存。近几年，宁夏吴忠唐代墓葬群出土的极具胡人形象的男俑，以及蕴含着印度风格和宗教色彩的陪葬器物塔形罐的大量出土，也揭示出灵州在北方国际商贸中的突出地位和宁夏在丝绸之路上曾有过的辉煌与重要位置。

五代，中原地区与西域之间的联系虽然不如唐代那样兴盛，但还保持着一些频繁的往来，此时，西北地区东部的灵州（今宁夏吴忠）成为这一线路的枢纽，在这一商贸线路中地位越来越突出，西域使节、商贾进入中原大都经过灵州。

982年（宋太平兴国七年），党项人李继迁因李继捧归宋，献出五州，进而举兵反叛。在攻取灵州之后，李继迁又把矛头直指河西地区的凉州，经过李继迁、李德明、李元昊三代的奋力经略，先后攻取了河西的凉、瓜、沙、肃四州，完全控制了这条丝绸之路的通道。高昌回鹘、龟兹回鹘、于阗、喀喇汗王朝、大食等西域民族和国家与辽国的贸易往来，必须经过西夏境内，这些国家与宋朝的贸易往来，除了走青海道外，也需过西夏国境。因此，西夏便垄断了丝路贸易，为保证利益最大化，于是出现了“元昊第见朝廷，比年与西域诸戎不通朝贡”的现象。西夏对过境的贸易采取重税制，“夏人率十而指一，必得其最上品者，贾人苦之”[12]。对于国内物资，西夏实行禁运制，其范围包括：“马、披甲、牛、骆驼，其余种种物等，（略）战具：弓箭、枪、剑、刀、铁链枷、马鞍、装箭袋、金、银、种种铁柄、披甲、编链碎段。杂畜物：毡垫、粮食、骡、驴、钱、牛、骆驼、马皮。”对于违反禁运物资进行贸易者有严格的制裁规定，并适用以下西域过境商人：“向他国使人及商人等已出卖敕禁物时，其中大食、西州国等使人、商人，已卖敕禁物，已过敌界，则按去敌界卖敕禁物法断。已起行、他人捕举告者当减一等，未起行则当减二等。举告赏亦按已起行、未起行得举告赏法获得。此外其余国使人、商人来使者，实物已转交，则与已过敌界同样判断”[13]。可见，西夏在过境贸易中的限制是相当严厉的。尽管西夏也有贸易方面的需求，但那完全是一种无奈情况下的被动贸易[14]，所以有时要武力威胁和市。正如宋人所说的那样：“夏国所产羊、马、毛、毯，用之不尽，必以其余与他国交易，而三面戎狄，之不受，故中国和市不能不通”[15]。

与此同时，宋朝基于安全方面的考虑，对于经过西夏境内的使节和商人也采取限制的政策，《宋史·外国传》“大食”条记载：“先是，其入贡路繇沙洲，涉夏国，抵秦州。乾兴初，赵德明请道其国中，不许。至天圣元年来贡，恐为西人钞[抄]略，乃诏自今取海路繇广州至京师”[16]。又史载：“回鹘使不常来，宣和中，间因入贡散而之陕西诸州，公为贸易，至留久不归。朝廷虑其习知边事，且往来皆经夏国，于播传非便，乃立法禁之”[17]。西夏对过境贸易使用重税制以及宋王朝对过西夏境内的使节、商人采取的种种限制政策，刺激了海上“丝绸之路”的发展，使长达二百五十年之久的以灵州为中心的大规模的国际商贸活动趋于萎缩，虽有小规模的贸易仍在继续，但已不是主流，使得陆上丝绸之路东段逐渐走向衰落。

西夏留下了许多交流的痕迹。佛教是伴随着丝绸之路的开通，传入中国的。在西夏故地宁夏发现的大量佛教遗存就是中西文化交流的一个集中表现。西夏佛教深受中原影响，在与吐蕃交往的过程中，藏传佛教在西夏又得以迅速传播和弘扬，形成了显密兼修、汉藏结合的佛教思想和佛教艺术。目前宁夏境内保存较为完好的有位于银川市的承天寺塔、宏佛塔、拜寺口双塔和被不法分子炸毁的拜寺沟方塔、位于青铜峡市的一百零八塔等西夏古塔，以及一些塔林、寺院的建筑遗址。宏佛塔出土的罗汉身像、佛头像、佛面像等，形象生动，有唐宋之遗风；出土于宏佛塔的《炽盛光佛图》、《塔龛千佛图》等一批彩绘绢质佛画和拜寺口双塔出土的彩绘绢质《上乐金刚》唐卡、《上师图》唐卡等，揭示出西夏绘画中既有中原画风的影响，又有藏传佛教艺术的特征，还可找到印度—尼泊尔风格以及中亚回鹘艺术的影子。一百零八塔出土的擦擦、砖雕佛像，拜寺沟方塔出土的《吉祥遍至口和本续》等，也证实了西夏晚期盛行藏传佛教。2005年，在宁夏首府银川（西夏都城兴庆府故地）西约40公里处的贺兰山腹地发现的山嘴沟石窟，改变了西夏国都兴庆府附近没有西夏石窟的传统观点，从中出土的一批文献多为佛教经书，总共约有20种。其中绝大多数是西夏文，也有少量藏文、汉文。这些西夏文佛经多数译自藏传佛经，有经折装的，有卷轴装的，也有蝴蝶装的。这批西夏佛经的出土，更说明了佛教在西夏时期的盛行与广泛的传播。

蒙元时期由于蒙古建立了一个横跨欧亚的大帝国，陆路丝绸之路又变得空前的通畅，丝绸之路宁夏段也重现繁荣。另外，蒙古统治者为了方便对各地区的管辖和各地通商，十分重视交通的建设。原来的西段沿用了丝绸之路的故道，东面则大约到甘肃武威（凉州）之后，便向东南到兰州，再逆黄河北行至内蒙古；抑或由武威东行至宁夏中部，再沿黄河北行至内蒙古，到元代都城，从而向东延伸了丝绸之路，这种变迁主要是政治中心的改变。此时，宁夏和内蒙古成为了极其重要的一段，此道系由长安（或洛阳）至夏州（内蒙古乌审旗与陕西省交界的白城子），由夏州北行，穿过鄂尔多斯至黄河之北的大同[18]，由大同沿阴山山脉南麓往东至古云中城（内蒙古托克托县古城村古城，因这座城是汉代的云中城，故称古云中城），这条沿阴山南麓的东西道路，就是元代阴山与黄河之间的那条路。这条路的存在，除上述文献记载外，在考古发掘中也得到证实。1959年，在内蒙古土默特左旗水磨沟里修建水库时，在一具尸骨旁出土了1枚东罗马金币，头骨旁还有一件弯月形的金饰片[19]。1965年在呼和浩特市北坝子村一座汉唐古城中，当地居民挖渠时出土4枚银币，均为波斯萨珊朝铸造，其中一枚是萨珊朝第十九个国王卡瓦德一世复位后铸造的（499 ~ 531年），另外三枚是库思老一世时铸造的[20]。这些外国货币出土的地点，正是在这条东西大道旁，由此，也证明阴山山脉南麓、黄河之北的平坦草地自古以来就是东西交通的要道。著名地理学家、《水经注》的作者郦道元跟随北魏皇帝来土默川时，大致就是沿着这条路，考察水系和大青山下战国时代赵武灵王所修筑的长城的[21]。元代，东西交通畅通，东来西往的商人、教徒、旅游家不绝于途，元朝的首都又在上都或大都，因此这条道路自然就成为东西交通的干线。

意大利著名旅行家马可·波罗在其《马可·波罗行纪》记述，于1271年，跟随父亲和叔父从威尼斯出发，开始了他的万里之行。他们横渡地中海，越过小亚细亚和帕米尔到达我国的新疆，然后经甘州（张掖）、额里湫国（凉州）、额里哈牙（宁夏）、天德军（呼和浩特东郊）、申达州（兴和路治）、察罕脑儿至上都（内蒙古正蓝旗兆奈罗苏默特）。用今天的地名来描述：即新疆、张掖、银川市、包头市、乌拉特前旗西山嘴、五原刘昭、临河。这也是我国西去的旅行家走的路线。如元初中国有两个著名的景教僧列班扫马（Rabban Bar Cauma）和麻可斯(Mar-cos)都是沿内蒙古阴山南麓西行的[22]。

由此可见，元代东来的欧洲人和西去的中国人都是经过宁夏、内蒙古河套北边的大道，可以肯定地说，这一时期在宁夏北部及内蒙古河套地区的确存在着一条中国通往欧洲的交通干线。

元代宁夏、内蒙古在中西交通中的地位，主要是依靠蒙古人的军事征服而取得的。成吉思汗及其后继者率领蒙古大军，于1223年攻占花剌子模、1231年占领波斯、1234年占领中国北部全部土地。其军事武力向西远达波兰、匈牙利、德意志。“从十三世纪中叶至十四世纪中叶一百多年光景，欧洲和远东之间接触的频繁，前所未有，也可能超过直至快近十九世纪止的后来任何时期。对西方的游客来说，中国是一个充满神奇、财富和文明的地方，一个应该尊重的国土。东西之路敞开了一百年。等到元代覆灭，幕又重新闭起来”[23]。丝绸之路也随之逐渐退出宁夏的历史舞台。

注释：

1. 莫任南：《从〈穆天子传〉和希罗多德〈历史〉看春秋战国时期的中西交通》，中华书局，《西北史地》1984年第4期。

2.《山海经·穆天子传》，岳麓书社，1992年。又《左传·昭公十二年》、《天问》、《史记·赵世家》均有记载。

3.《汉书》卷九十六下，中华书局点校本，第3928页。

4. 同3。

5.《后汉书》卷四十七，中华书局点校本，第1571页。

6.《汉书·西域志》。

7. 前田正名：《北魏平城时代鄂尔多斯南缘路》，《东洋史研究》31卷2号（胡戟中译本，载《西北历史史料》1980第3期、1981年第1期）。

8.《隋书》卷一八〇炀帝大业三年条。

9.《隋书》卷八三《西域传》，中华书局点校本，1973年，第1857页。

10.《后汉书·郡国传》。

11.《旧五代史》卷一百三十八《外国列传》，第1839、1840页；《新五代史》卷七十四《四夷附录》“吐蕃”条，第914页。河西地区名义上完全由灵州方面管辖，而凉州等地是自立守将，但“后数年，凉州人逐出（李）文谦，灵武冯晖遣牙将吴继兴代文谦为留后”（《旧五代史》卷一百三十八《外国列传》，第1840页；《新五代史》卷七十四（四夷附录）“吐蕃”条，第914页）。

12.《宋会要辑稿·蕃夷四·回鹘》引洪皓《松漠记闻》对于逃税者课以重罪。《西夏天盛律令》“使来往门”记载：“依官买卖，未住诸人不许随意买卖。若违律买卖不纳税，则承诸人买卖逃税之罪，（略）依税法纳税，并因不应买卖，徒二年。”（史金波等译《天盛改旧新定律令》卷十一“使来往门”条，法律出版社，2000年，第397页）

13. 史金波等译：《天盛改旧新定律令》卷七“敕禁令”条，法律出版社，2000年，第283—285页。

14. 罗丰：《胡汉之间》，文物出版社，2004年，第354页。

15. 司马光:《论西夏札子》,《温国文正司马公集》卷五,公谊堂全书。同治增刊本。

16.《宋史》卷四百九十《外国传》，第14121页。

17.《宋史》卷四百九十《外国传》，第14117、14118页。

18. 应即隋代的大同城，故址在今内蒙古乌拉特前旗乌梁素海之东的库仑城，《元和郡县志》因此称这一带为“大同川”。

19.《呼和浩特市附近出土的外国金币》，《考古》1975年3月。

20. 同19。

21.《水经注·河水条》。

22. 张星烺:《中西交通史料汇编》第一册《元初中国景教徒之西行》,中华书局，第220页。

23. [美] 卡特：《中国印刷术的发明和它的西传》，商务印书馆，1957年，第146页。

The Silk Road in Ningxia Province

Li Jinzeng,Director of Ningxia Museum

The Silk Road we mention today mostly refers to the northwest oasis Silk Road. This route can be basically divided into three parts, and every part contains three routes—the north, the south, and the middle. The east part of the Silk Road starts from Chang'an, extending to Yumenguan Pass and Yangguan Pass. It was opened up in the Han Dynasty. Ningxia Autonomous Region just situates in the communications centre of the north route of eastern section of the Silk Road.

The Silk Road began its prosperity during the Northern Dynasties, Sui and Tang Dynasties, then fell into its declining period during the Five Dynasties and early Song Dynasty. However, the Silk Road greeted its second prosperity in Yuan Dynasty. Because of Ningxia's key location on the Silk Road, Yuanzhou (Guyuan) and Lingzhou (Wuzhong) became the political, economical and cultural centre in the south and north of Ningxia respectively, where the ancient Greek culture, Euro-Asian nomadic culture, Chinese culture and ancient Persian culture were converged together through the migranting nomadic nationalities, tributary ambassadors, merchants and Buddhist monks from Central and Western Asia. They had made a great contribution to the cultural remains for today

青海丝绸之路在中西交通史中的地位和作用

青海省考古研究所所长　许新国

我国古代通往西方（中亚、欧洲、印度北部等地）的陆路交通最东的一段，在秦汉时已基本形成。学术界以往的观点认为主要有两条路线：一是从关中过陇山，经河西走廊入西域，即所谓的“河西路”；一是从关中或今河南北上经漠南阴山至河西走廊北面的居延海（今内蒙古额济纳旗），向西至西域，即所谓的“居延路”或“草原路”。其中河西路，自汉武帝遣张骞出使西域，于河西设四郡（武威、酒泉、张掖、敦煌）后，开始兴盛，成为中西陆路交通东段的主要干线。而对实际存在的第三条路青海路所起的作用和应具有的地位则认识不足，有必要加以研究和重新评估。

青海地区，位于河西走廊之南，同样处于中西交通的要道上。居于此地的羌族，早在秦汉以前，即与漠北和河西的匈奴、黄河流域的汉族发生了密切的联系[1]。青海黄河河曲（赐支）的羌族，也早在公元前300多年，分几支向东南迁入今四川西北一带[2]。因此，在秦汉以前，青海与蒙古草原，黄河、长江流域的交通就已经存在。至于从青海向西，经过今天的柴达木盆地，入西域到若羌（今新疆若羌）的交通，即所谓的“青海路”，是否也早在秦汉以前已存在呢？30多年前，我国著名的考古学家根据青海湟水流域等地出土大量新石器时代遗物，推测由祁连山南，沿湟水至青海湖，再经柴达木盆地至南疆，是一条主要的中西交通要道[3]。青海很早就是羌族聚居之地，其西直接与汉代“婼羌”相接，这两部分羌人应该是有交往的，他们交往的道路应该经过“青海路”。《史记·大宛列传》[4]：

“张骞，汉中人也，建元中为郎。……汉方欲事灭胡，闻此言，欲通使（月氏），道必更匈奴中，乃募能使者，骞以郎应募，使月氏，与堂邑氏甘父俱出陇西，径匈奴，匈奴得之，传旨单于，……留骞十余岁……骞因与其属亡乡月氏”。

“骞从月氏至大夏，竟不得月氏要领，留岁余，还，并南山，欲从羌中归，复为匈奴所得”。

“骞身所至者：大宛、大月氏、大夏、康居，而传闻其旁大国五、六，具为天子言之，曰：……大夏去汉万二千里，居汉西南。今身毒国又居大夏东南数千里，有蜀物，此其去蜀不远矣！今使大夏，从羌中，险，羌人恶之；少北，则为匈奴所得；从蜀，宜径又无寇”。

以上所引，乃是张骞首次探险的梗概。其第三段，明文记述张骞说中国通大夏有三条道路，即“从羌中”、“少北”和“从蜀”的道路。值得注意的是，这是文献中有关“羌中道”的首次记述，它是由张骞发现的，关于“羌中道”目前学术界颇多争议，有必要加以论述。

张骞首次探险在武帝即位初年。当时汉的西疆，仅抵黄河，陇西而止。当时的河西走廊被匈奴占领与汉接壤，对峙紧张。但祁连以南，尤其河湟一带的羌人与汉朝之间，基本上是平和无隙的。这是当时的大形势，此其一。

张骞出发前，朝野上下只知道经匈奴通大月氏的一条路，所谓“道必更（经）匈奴中”即是。正因此唯一通道被匈奴堵截，才招募勇士前往冒险，此其二。

张骞去时，“径匈奴”，而返回时“并南山，欲从羌中归”，走的不是同一路线，此其三。

张骞首次探险归来向武帝建议的三条道路中“羌中道”，是一次经过筹划，路线具体，已经实施的行动。只因半路又被捉获，才未能实现，此其四。

汉时南山，一般是指河西走廊南侧的祁连山。即今新疆南疆昆仑山以东逶迤至祁连山西侧的阿尔金山，当时亦称南山。秦汉时我国西部羌、胡二族的地理分野，大致以南山为界，山北多胡人邦国，山南羌人世代居住，而南山附近羌胡杂居。张骞自大夏东返，必先越葱岭。葱岭以东至阳关，沿着西域南道，为莎车、于阗、抒弥、精绝、且末、鄯善（楼兰）诸胡人国。但在这条大道南侧，昆仑山以至南山脚下，又有一些不当道的非胡人小国，如无雷、依耐、蒲黎、西夜、若羌……等，《汉书·西域传》称之为羌、氐之邦。张骞西行时，匈奴已括有西域东部和河西走廊全部。在这种形势下，张骞“旁南山”而行，只能是沿前述旁山诸羌氏小邦，从若羌的阿尔金山山口，潜入今青海省，从羌中东返长安。这也是出于政治、安全因素的最佳选择。若羌以东的路，即羌中道，亦即后世吐谷浑人自湟中、西宁、青海湖、柴达木、若羌、且末、于阗（或高昌）的“吐谷浑道”、“青海道”。

从目前文献资料看，从秦汉至东晋十六国时期中西陆路交通最东一段，主要是经由河西路，其次是居延路，而青海路虽然未正式见于记载，但它事实上是存在的，从青海湟水流域，经西宁西北养女山（娘娘山）、扁都口到张掖，然后经河西路西段入西域的道路，则有明确记载。如晋隆安三年(399 年)，从长安出发到印度求法的僧人法显，走的就是这条路线。过去有的著作还认为宋永初元年(420 年)，到印度求法的僧人昙无竭，走的是青海路[5]。关于昙无竭，《高僧传》卷三《释昙无竭传》记：

“释昙无竭……姓李，幽州黄龙人。……尝闻法显等躬践佛国，乃慨然有忘身之誓。遂以宋永初元年，招集同志沙门僧猛、昙朗之徒 25 人，共赍幡盖供养之具，发迹此土，远适西方。初至河南国，仍出海西郡，进入流沙，到高昌郡……”

无竭等人出发地点文中未记，从其为幽州（今河北蓟县）黄龙人看，可能是从今河南省或关中出发，度陇山，“初至河南国”。此河南国，有各种说法，有人认为指北魏[6]，有人说是吐谷浑[7]，夏鼐先生说是指西秦乞伏氏[8]，此说可信。因西秦乞伏乾归及其子炽磐均称“河南王”，且西秦亡于431 年[9]，因而绝不会是指北魏；吐谷浑当时还没有自称或为其他政权封为河南王，故当时也不得称河南国。乞伏炽磐时仍都苑川（今甘肃兰州东）。“仍出海西郡，进入流沙，到高昌郡”。此海西郡当为西海郡之误，这已为前人所指出。此西海郡非王莽时于青海湖附近所设之西海郡，而应是指东汉献帝兴平二年(195 年)置于居延海的西海郡，以后西晋、前凉、西凉、北凉、北魏均因之[10]。此地是秦汉以来居延路的要冲，从居延向西经流沙可达高昌（今新疆吐鲁番）。如此，昙无竭所走的这段途程，是从苑川、金城、武威，后沿弱水至居延，再向西至高昌。

自 420 年进入南北朝之后，国内形势发生了变化。北魏统一了北方，与南方汉族所建政权相对峙；兴起于漠北的柔然与北魏相对峙；在青海和陇右、河西建立政权的南凉、西秦、北凉先后灭亡，吐谷浑则兴起于甘南、青海之地，后与北魏相邻。在南北朝的这种形势下，北方的柔然、西北的吐谷浑以及西域各地均同时与南、北两大政权交往。而南方汉族政权也力图打通与西方的交通，以便与西方贸易。可是，从江南向漠北或西域的主要道路均为强敌北魏所据，于是南朝各政权只有从西北的四川经吐谷浑的河南、青海等地与漠北柔然和西域交往。“青海路”就势必兴盛起来。

早在宋景平元年（423 年），盘踞河西的北凉沮渠氏和吐谷浑阿豺均向刘宋朝贡，并接受宋的封号，然后双方不断有使臣往返[11]。至 429 年左右，柔然的使者也出现在宋的国都建康（今江苏南京）[12]。柔然在大檀时(414 ~ 429 年)，势力已达今新疆哈密一带。因此，柔然到宋的使者应是从居延路或蒙古草原南下，经其盟国北凉的酒泉或张掖，再经吐谷浑所据河南的浇河，沿西倾山北麓至龙涸，顺岷江而下，入蜀。上述北凉、吐谷浑也均由此段后一段遣使至宋。这条道路就是《南齐书·芮芮虏传》所云“芮芮（柔然）常由河南道而抵益州（成都）”的“河南道”。

北魏太延五年(329 年)，北凉为北魏所灭，沮渠牧犍弟无讳、安周等西奔鄯善，于 441 年袭据高昌，重建北凉。次年，无讳遣常侍记隽奉表到刘宋[13]。记隽从高昌是经过什么道路至刘宋的呢？学术界一般认为他很可能是经过柔然及吐谷浑的河南道入蜀的。

以上仅是说明南北朝初期，漠北、高昌、青海等地由河南道入蜀一段交通兴盛的情况。在北魏太平真君六年，北魏高凉王拓跋那征吐谷浑慕利延。在魏军的追击下，慕利延从青海湖东面的曼头城，向西逃入白兰，然后由柴达木盆地西入鄯善、于阗。他退却的这条路线，就走的是“青海路”。自此以后，经由青海路往来于西域者，文献记载颇多。说明青海路的兴盛，始于吐谷浑慕利延在位的后期，即 5 世纪 40 年代前后。

由青海经柴达木盆地通西域的“青海路”，大致有三条道路可行：一是由伏俟城经白兰（今青海都兰、巴隆一带），西北至今小柴旦、大柴旦，到今甘肃之敦煌。此即前述慕利延为魏军追击，故慕璝子被囊一支逃走之路线。由敦煌西出阳关至西域鄯善（今若羌），合传统的通西域南道。二是由伏俟城经白兰，西至今格尔木，再西北经尕斯库勒湖，越阿尔金山至西域鄯善，与前一路合。此路大致与青海至新疆公路一致，为古青海路之主线。北魏时慕利延西遁于阗，以及唐李大亮等追击吐谷浑伏允可能皆取此道。三是由伏俟城经白兰、格尔木，再往西南之布伦台，溯今楚拉克阿干河谷入新疆，西越阿尔金山，顺今阿牙克库木湖至且末，再与上述

一、二条线路相合。此道为通新疆较便捷之路，解放前仍为西宁、和阗之间商队行道。但此道入新疆多经山岭，旅途不便，只能视为古青海路之一支线（以上三条路线的考述，可参见吴景敖《西陲史地研究》第6～7页）。

正是由于联系中西交通的青海路的兴盛，使占有此路的吐谷浑的地位日趋重要，国内商业迅速发展，并逐渐肩负了中西方政治、经济和文化交流的重任。继慕利延而立的拾寅之世，这种情况便突出地显露出来。日本学者松田寿男以拾寅之世，吐谷浑城居之风的产生、国中佛教的流行和与北魏交往的急速增加三个方面论证吐谷浑拾寅时，商业得到了很大的发展，说明以上三个方面情况是与吐谷浑开始进行大规模的国际贸易有关。[14]

青海路的发展和兴盛，使其在中西交通史上所占地位日益重要，表现在以下几个方面：

第一，《史记》、《汉书》关于羌中道的记载明白无误，早在2100年前，它就被张骞发现，作为中国交通西方三条大道之一，提供朝廷选择定夺。作为丝绸之路大道中的一段，羌中道曾发挥极其重大的历史作用。西汉宣帝神爵年间青海发生羌族反乱，赵充国率军西征平羌，将中原王朝的势力扩充到了临羌和青海湖附近，平抚了羌乱，同时彻底打通了贯通羌中的东西大道和羌中通联河西走廊的支路。这条路，特别是从金城沿湟水到青海湖和布哈河流域的一段，为羌中道的要害和关键。控制了鲜水，由此穿越柴达木，出当金山口（或嘎斯山口），西通诸羌、鄯善是不困难的。羌中这条通道的最初提出，首先与汉王朝开发西域密切相关，至宣帝中期始得以辟通，绝不是历史的偶然，而是有其特殊的背景和需要的。

第二，在5世纪40年代后，因北魏巩固了对河西走廊的统治，漠北的柔然及据高昌的北凉要从居延南下，横切河西走廊是比较困难的。大致在慕利延西入于阗的前后，柔然、高昌北凉政权向刘宋遣使贸易的道路，已改由高昌南下至鄯善，然后向东进入柴达木盆地，走青海路、河南道入蜀[15]。《南齐书·芮芮虏传》记，南齐益州刺史刘悛遣使江景玄到丁零（即指从柔然分出的高车副伏罗部，时据高昌等地，建高车国），“道经鄯善”。可见，江景玄所行之路是经过吐谷浑的河南道、青海路到鄯善、高昌的。这一事实，可说明5世纪40年代后，柔然等到南朝的交通是要经由青海路的。

第三，6世纪以前，北魏与西域的交通，主要经由居延路和河西路。6世纪初以后，北魏在西域的势力削弱，北魏与西域的交通也不时改经青海路。518年（北魏神龟元年），宋云、惠生即是经由青海路而去西方的。

不仅如此，公元534年北魏分裂后，北方先后形成东、西魏，北齐、北周的对峙局面。东魏、北齐因阻于占据河西的西魏、北周，故其与西域等地的通使贸易，也多走青海路。《魏书·吐谷浑传》云：“兴和中（539～542年），齐神武（高欢）作相，招怀慕远，蠕蠕即附于国，夸吕遣使致敬。”又记吐谷浑使“赵吐骨真假道蠕蠕，频来东魏”。可见，吐谷浑遣使至东魏、北齐，是假道柔然的，当时，吐谷浑与西域已有密切的交往，因而西域商胡欲与东魏、北齐贸易，就需要通过吐谷浑人做向导。西域商胡经由的路线，也就是先由青海路到吐谷浑中心伏俟城一带，然后横切河西走廊北入居延路，至柔然，再从阴山南下到东魏的都城邺。欲证明此点，可举《周书·吐谷浑传》所记为例：

“魏废帝二年（553年）……是岁，夸吕又通使于齐氏。凉州刺使史宁觇知其还，率骑袭之于州赤泉西，获其仆射乞伏触板、将军翟潘密、商胡240人，驼骡600头，杂彩丝绢以万计”。[16]

这条资料表明：(1)吐谷浑与东魏、北齐通使贸易是横切河西走廊；(2)吐谷浑使者一行由其国重臣仆射、将军率领，带有商胡240人，驼骡600头，杂彩丝绢以万计。可见，吐谷浑与南、北朝各政权的通使，实质上是一种贸易关系，而吐谷浑作为中西贸易中继者和向导的作用是名副其实的；(3)这些商胡显系西域人，他们在吐谷浑的引导和护送下，从西域到吐谷浑一段必定是走青海路，然后冒险横切河西走廊；(4)从商胡由北齐带回的货物是丝绸看，当时中西贸易中丝绸是主要的商品，青海路成为著名的丝绸之路一段，也是名副其实的。

第四，地处江南的南朝，特别是梁朝，与西域等地的交往十分频繁，双方使者、商人不仅要通过吐谷浑控制下的河南道，而且经由青海路。据现有文献的记载，梁代，远在今中亚阿姆河流的嚈哒[17]于天监十五年(516年)，普通元年(520年)、七年(526年)，大同元年(535年)、七年(541年)向梁遣使。波斯萨珊王朝于大通二年(530年)、五年(533年)，大同元年(535年)也遣使至梁。龟兹遣使见于记载的有天监二年(503年)、普通二年(521年)，于阗遣使有天监九年(510年)、十三年(514年)、十八年(519年)、大同七年(541年)等[18]。这些地区和国家遣使至梁，应走的是青海路、河南道。理由有三：一是他们至梁的道路，从青海、河南入蜀是较捷近的路线。当时吐谷浑已充当了中西陆路交通的中继者和向导。二是《梁书·诸夷传》滑国条云：“其（哒）

言语待河南人译然后通”。这正暗示出嚈哒向梁朝遣使贸易，是通过吐谷浑人的引导，且走的是吐谷浑所据的青海路、河南道。三是宋赞宁《宋高僧传》卷二七云：“系曰：未闻中华演述佛教倒传西域有诸乎？通曰：昔梁武世，吐谷浑夸吕可汗使来，求佛像及经论十四条……原其使者必通华言，既达音字，到后，以彼土言译华成胡，方今通会。彼亦有僧，必展转传译，从青海西达葱岭北诸国。不久均行五竺，更无疑也。”此明言吐谷浑与西域的交通，是“从青海西达葱岭（今新疆帕米尔）”。可见，梁朝与西域等地的交通是经由青海路的。

第五，到隋大业年间，因隋炀帝重用裴矩，努力开通由河西走廊的交通，击灭吐谷浑，使河西路畅通无阻，与青海路一道，成为当时中西交通的干线。唐代，从青海南经柏海入西藏高原的南路昌盛起来。这与崛起于青藏高原的吐蕃同吐谷浑、唐朝关系日益密切有关。关于从青海入吐蕃的南路的具体路线，《新唐书·地理志》鄯城条注里有详细记述。文成公主入藏大致就走的这条道路。从青海南下到拉萨，再从拉萨向南翻过喜马拉雅山，可通尼泊罗（今尼泊尔）、印度等地。

第六，663 年，吐蕃攻灭吐谷浑。吐谷浑王诺曷钵及其妻弘化公主被迫逃往凉州，请求内徙。吐谷浑“故地皆入吐蕃”。据文献记载，这部分吐谷浑人虽然被吐蕃人所统治，但仍有自身的建制，自己的可汗，自己活动的特定区域，并以部落为单位，保持着自己民族的组织结构，他们作为吐蕃统治下的邦国存在。关于这部分吐谷浑人，文献记载不详，成为学术界争论的要点。而近年来我省都兰吐蕃墓群的发掘和研究，使我们有理由认为，吐蕃统治下的吐谷浑邦国的活动区域主要是在柴达木盆地，而其国的政治中心应在都兰县。那么，吐蕃统治下的青海路的作用是否发生了变化呢？目前学术界一般认为，青海路只是作为河西路的辅助线路存在，只是在河西路由于战争的原因不通时才绕道青海路；另一种意见认为，青海路兴盛之时只限于吐谷浑控制的 5 ~ 6 世纪，而在 7 ~ 8 世纪吐蕃占领这一地区后，便衰落不振，已不复成为贸易孔道。封建统治阶级的正统史书中也有“……自吐蕃陷河陇，隔绝不通”[19] 的记载。青海路的地位和作用似乎已经盖棺定论。然而，历史的真实与常识的判断往往大相径庭。从考古发掘中的出土文物来看，我们不能同意上述的观点。让我们以出土文物为证。1965 年我国考古工作者在敦煌莫高窟的 K130 窟内及 K122、K123 窟前遗址中发掘出一些丝织品，其时代属于盛唐，品种有数十种；新疆吐鲁番阿斯塔那古墓群是建国以来丝绸出土较多的一处。其年代从汉一直到唐代中期。从发表资料看，其品种有七八十种；陕西省扶风县法门寺地宫内出土了大量的丝绸，品种多达百种，但多数属晚唐之物；除此之外，在日本正仓院内亦保存着大量的丝绸，时代为 7 ~ 9 世纪，品种有一百几十种，与上述四处相比，都兰吐蕃墓所出丝绸数量之多、品种之全、图案之美、技艺之精、时间跨度之大（北朝晚期—唐代中期，约 6 世纪末至 8 世纪后半叶）均有过之而无不及。种类之多几乎囊括唐代的所有品种。其中织金锦、缂丝，嵌合组织显花绫、素绫、絣锦等均属国内首次发现。据我们统计，这批丝绸中，共有残片 350 件，不重复图案或色泽的品种达 130 余种。其中多半为中原汉地织造，占品种总数的 85%，18 种为西方中亚、西亚所织造，占品种总数的 14%。西方织锦中有独具异域风格的粟特锦和波斯锦，一件织有中古波斯使用的钵罗婆文字锦，是目前所发现世界上仅有的一件确证无疑的 8 世纪波斯文字锦。

除丝织品外，中原汉地文物还发现有“开元通宝”铜钱，小宝花铜镜，大量的漆器如杯、盘、碗等。西方文物发现有粟特金银器、突厥银饰件、玛瑙珠、玻璃珠、红色蚀花珠、铜盘残片和铜香水瓶等……这么多的来自东、西两方的文物集中于此，充分地说明这时期青海路的地位和作用。此时的青海，确已成为交流东、西方物资的中心和融合东西方文化的中心。很难设想财富仅仅来源于吐蕃进行的战争和掠夺。我们认为，这些物品的绝大多数应是吐蕃与中原、中亚、西亚进行贸易的结果。出土文物证明，在这一历史时期内，青海丝绸之路是畅通的，即使是在吐蕃控制下的 7 至 8 世纪，其与东、西方贸易的规模也是前代所无法比拟的。那种认为青海丝绸之路只是辅助线路，7 至 8 世纪吐蕃占领衰落不振、隔绝不通的观点应予以纠正，青海丝绸之路的重要历史地位和所起的作用应给予重新评估。事实雄辩地证明，从北朝晚期至中唐时期（6 世纪末至 8 世纪后半叶）漫长的岁月里，青海路事实上成了中西交通的中心之一。从青海向北、向东、向东南、向西、向西南，都有着畅通的交通路线，联系着中国与漠北、西域、西藏高原、印度等地的交往，是丝绸之路上的一段重要干线和东西方贸易的中转站，其地位绝不亚于河西走廊。

正是由于联系中西交通的青海丝绸之路的兴盛，使占据此路的吐谷浑、吐蕃的地位日趋重要；国内商业迅速发展，并在不同时期内，肩负了东西方政治、经济和文化交流的重任，在中国古代史上扮演了重要角色。

回顾这段历史，对于我们今天致力于开发青海，振兴青海，不乏有益的启示。

注释：

1.《后汉书·西羌传》。

2.《后汉书·西羌传》。

3. 裴文中：《史前时期之东西交通》，载《边政公论》1948 年第 7 卷 4 期。

4.《汉书·张骞传》同。

5. 夏鼐：《青海西宁出土的波斯萨珊朝银币》，《考古学报》1958 年 1 期。

6. 张星烺：《中西交通资料汇编》第六册，第 225 页。

7. 松田寿男：《古代天山之历史地理学研究》第 157 页，昭和四十五年增订版，早稻田大学出版社。

8. 夏鼐：《青海西宁出土的波斯萨珊朝银币》。

9.《晋书·乞伏乾归载记》。

10. 见洪亮吉：《十六国疆域志》。

11.《宋书》卷 46《少帝纪》

12.《宋书·张邵传》。

13.《宋书·氐胡传》。

14.《吐谷浑遣使考》。

15. 唐长孺：《北凉承平七年写经题记与西域通往江南的道路》。

16. 此事又见《魏书·吐谷浑传》、《北史·史宁专传》等。

17.《梁书》作『滑国』。

18. 以上均见《梁书·诸夷传》、同书《武帝纪下》。

19.《资治通鉴》。

The Status and Role of the Silk Road-Qinghai Route in the History of Sino-Western Communications

Xu Xinguo,Director of Qinghai Provincial Institute of Archaeology

Qinghai locates in the south of Hexi Corridor. Heading west, there is a path going through the Qaidam Basin, arrives in Ruoqiang (nowadays Ruoqiang county, Xinjiang) in the Western Regions called Silk Road-Qinghai Route. The development and prosperity of the Qinghai Route made itself an important part of the famous Silk Road, and occupied an important position in the history of Sino-Western communications. Based on the enormous cultural relics unearthed from Archaeological excavations, we could draw a conclusion that the Qinghai Roure had actually become one of the Sino-Western communication centers and the center of goods exchanges and cultural integration between the East and the West during a long period since late Northern Dynasties to mid-Tang Dynasty(A.D. late 6~late 8 century). It was an essential part of the Silk Road and the trade transfer station. Its significant status is not second to the Hexi Corridor.

It was the prosperity of the Silk Road-Qinghai Route which connected the Sino-Western communications that made T'u-yü-hun and Tibet, the governors here, became more and more important.

With the rapid development of domestic economic, the Qinghai Route took the responsibility of being a political, economic and cultural communication representative between the East and the West, and had contributed a lot in Chinese history.

汉唐西域丝绸之路上的多元文化交流

新疆维吾尔自治区博物馆馆长　侯世新

丝绸之路在人类历史上曾经发挥着沟通亚、非、欧三大洲、为世界各民族繁荣发展输送“文化养料”的大动脉作用。而西域地处古代中国文明与古代埃及、希腊、印度文明之中介，因此成为连接这些文明的纽带和桥梁。西域丝绸之路，是中国丝绸之路的重要构成，也是世界四大古文明交流汇通的重要场地。在西域历史文化的发展进程中，通过丝绸之路所进行的多元文化交流，始终是牵动各种文化繁荣发展的重要力量。

一、文化主体的多元性及交流

多元文化的交流，要通过文化主体——不同民族的交流来完成。西域丝绸之路上多元文化的交流，首先是文化主体——活跃在丝绸之路上的各民族的交流。

1. 汉—唐时期涉足西域的各民族

从先秦时期活跃在亚欧北方草原上斯基泰塞人，到汉代以来被汉文史料所记载的乌孙人、羌人、匈奴人、鲜卑人、吐谷浑人、粟特人、突厥人、回鹘人，他们的足迹都沿着丝绸之路涉及西域大地，在不同的历史时期留下了他们生息繁衍创造文化的深刻印记。

我国汉代时，乌孙活动地域在伊犁河、楚河、纳林河及中部天山一带。汉代丝绸之路开通后，乌孙与汉王朝密切交往，向东联盟，在经济、文化、技术各方面相互影响、相互学习、吸收，壮大了自身，为繁荣西域文化发挥了重大作用。

羌人活动地域在哈密、阿尔金山、昆仑山及帕米尔高原一带，东汉时期塔里木盆地北缘一带也有羌人的活动足迹。1959 年在沙雅县玉奇喀特遗址发现了一方“汉归义羌长”铜印。这是汉朝赐给西域羌族酋长的官号。

匈奴最初活动在内蒙古河套及阴山一带，建立了草原帝国。公元前 176 年深入到西域，环准噶尔盆地周缘居住。学界有人认为和静县察吾呼三号墓地属于匈奴人墓葬。

鲜卑是东胡后裔，因居地鲜卑山而得名，语言属于阿尔泰语系通古斯语族。49 年东汉册封其首领作鲜卑王。鲜卑在檀石槐首领时北败丁零，南败乌桓和匈奴，东败扶余，西败北匈奴和乌孙。将牙帐（统治中心）设立在弹汗山（今蒙古高原杭爱山脉的东段），建立了鲜卑政权，鲜卑右部的活动地域在西域境内。

吐谷浑原为鲜卑徒河部人，起初他们建都河源（今青海省）。5 世纪时进入鄯善、且末，并进攻于阗，杀死于阗王，这在西域历史上影响比较大。6 世纪初吐谷浑的势力又一次达到了西域的鄯善国。529 年吐谷浑的疆域东至叠川，西邻于阗，北接柔然、高昌，东北通秦岭，成为横跨流沙东西的大汗国，大批的吐谷浑人因而迁居罗布泊周围。史料记载，吐谷浑国有文字，况同魏，风俗、政治多用夷法。从 609 年隋炀帝亲统六军讨伐吐谷浑开始，至唐朝征西域，吐谷浑被唐和吐蕃瓜分。（参见王博、吴艳春、祁小山编著《新疆历史图说》，新疆大学出版社，2006 年版，55、56、57 页）

粟特是中亚地区非常善于经商的民族。4~8 世纪，随着丝绸之路的繁荣，粟特人经商的范围遍及中亚及东亚、北亚各地。为了保障商队的安全并为经商活动提供便利，他们在丝绸之路的交通要冲之地设立了驼队棚舍和一些自我保护性的组织，随着时间的推移，初期临时性的过客变成了留居的侨民，而驼队棚舍的所在地也就相应地成了粟特侨民的聚落。这种情景在吐鲁番出土的汉文古籍中得到了反映。例如粟特人到汉族集聚区后，往往都取自己国家的国名为自己的姓氏，再把名字音译为汉文，如吐鲁番阿斯塔那 31 号墓中出土的一件残名籍上，保留了 45 个人的姓名，其中有来自康国的康婆颉骑知、康莫天等，来自曹国的曹莫门陁、曹莫毗等 27 人。（吴震《阿斯塔那—哈拉和卓古墓群考古资料中所见的胡人》，《新疆维吾尔自治区博物馆论文集》第一辑，新疆大学出版社，2005 年版，36 页）

可以断定中亚地区的粟特人在 4 世纪末 5 世纪初沿着丝绸之路进入吐鲁番盆地。5 世纪中叶他们成为吐鲁番区域内数量最多的外来少数民族之一，他们不仅在吐鲁番地区定居、经商，还从事军政界的管理。到了 7 ~ 8 世纪，中亚地区的粟特人更是成群结队大量东迁，这些胡人中的相当一部分移居西域地区，据《沙洲伊州志》残卷记载，蒲昌海地区的石城镇、新城、蒲桃城、萨毗城等，是“康国大首领康艳典”于贞观中（627 ~ 649 年）率领东迁的粟特胡人，在原鄯镇废址上重建的；伊州地区（今哈密）的七城亦居住有以石万年为首领的石国移民。唐高宗时期，在播仙镇（今新疆且末）居住着以何伏帝延为城主的昭武九姓聚落，可以说在唐代，西州、蒲昌海、伊州、播仙镇、敦煌、甘州、凉州、长安、洛阳、盐州、云州、范阳、营州的柳城等地以及漠北回鹘汗国境内都分布有许多昭武九姓的聚落。这些东迁的九姓胡人除聚居在一处者外，更有一部分与汉族和回鹘人杂居，并有许多胡人与当地的汉人或回鹘人通婚。

6 世纪末，西域北部草原上兴起了一个西突厥汗国。它占据着阿尔泰山以西以南的地区，初期建庭于中西天山的冬都（南牙），后来又在千泉（楚河以西）建立夏都（北牙）。西突厥曾与中国中原的隋、唐政府保持着良好的关系，隋朝还曾要求西突厥人迁居内地，西突厥的几位可汗也都曾接受过唐朝的册封。

回鹘，意为“回旋轻介如鹘也”。早期游牧于鄂尔浑河流域，历史上有“袁纥”、“韦纥”、“回纥”等音译。744 年，回纥人在蒙古草原建立汗国，史称回纥汗国。840 年回鹘西迁西域，并且建立了西州回鹘政权，或称高昌回鹘，建都于今吐鲁番高昌故城。其疆域以吐鲁番盆地为中心，西达龟兹、东接甘肃，北越天山、南接塔克拉玛干沙漠。最高统治者是亦都护。回鹘人起初信仰佛教的大乘教派，也有一些人信仰的是摩尼教、景教。（参见王博、吴艳春、祁小山编著《新疆历史图说》，新疆大学出版社，2006 年版，62、63 页）

2. 汉—唐时期进入西域的汉民族

作为中华文明主体承载者的汉民族，对丝绸之路的开拓、发展和建设，更是倾注了巨大的努力。从张骞通西域，把汉王朝强大繁荣的讯息带给西域各民族，到汉朝联络乌孙，共同反对匈奴掌控丝路贸易主权。其间汉朝有细君、解忧两位公主来到西域与乌孙王联姻。把丝绸之路草原道上的民族文化交流，推向了物质与精神文化交流齐头并进、意义更为深远的层次。

随同公主们陪嫁到西域草原上的，不仅是车装、马拉、骆驼载的金银财宝、绫罗绸缎，还有包括建筑、饮食、音乐、歌舞等方面的工匠和艺人。中国的第一只琵琶就是因为细君公主远嫁乌孙而创造的。随细君公主之后嫁到乌孙的解忧公主及其儿女们，更是在沟通西域各民族文化交流方面起了重要的作用。解忧公主与乌孙王所生的女儿第史，被派去中原学鼓琴，回到西域路过龟兹时，被龟兹王绛宾看中嫁给了他，此后他们多次去中原，回龟兹后推行汉朝的服饰礼仪，为中原文化与西域文化的交流发挥了重要作用。

丝绸之路东段的楼兰古城，有学者认为是一座卫戍城镇，它的建立，是为了维护丝绸之路的畅通而存在的。近年来新疆考古工作者在楼兰一带发现了大量的汉式彩棺，这些彩棺墓及许多汉族传统丧葬习俗的呈现，“与汉晋时期楼兰道屯戍和经营西域的历史背景有着直接而密切的关系。……汉兵军事聚落要塞的建立、形成，中原内地汉人的徙入，无疑将汉文化直接带到了西域，在楼兰地区扎下了根，而对在此羁难、身故而无法归葬故里的军吏等而言，用传统的礼俗丧葬制度料理丧事，是完全有可能的。”（于志勇、覃大海《营盘墓地 M15 的性质及罗布泊地区彩棺墓葬初探》，《吐鲁番学研究》2006 年 1 期 74~75 页）但如果仔细观察对比彩棺上的纹样绘画，又会发现，其中融入了西域文化的一些因素，如石榴纹样、金驼、银驼等，这种变化说明，因丝绸之路文化主体——不同人群集团的接触交流，各种习俗也相应发生着微妙的、思想文化层面的变化。

楼兰地区还发现了汉—晋时期的丝绸、漆器、汉代钱币、木简、汉文文书等等。表明随着丝绸之路开通，汉族屯垦守边将士的驻守，文化交流从多个层面得到了长足的发展。

唐代是丝绸之路繁盛时期，这一时期汉民族在吐鲁番地区形成了一定规模的聚集区，这一点通过吐鲁番出土各类人物象形艺术可加以考察。从吐鲁番阿斯塔那墓地出土著名的劳动妇女泥俑、弈棋仕女图、文吏俑、泥塑彩绘仪仗俑、童子图、侍马图等这些反映吐鲁番各阶层社会生活的人物，到伏羲女娲图、彩绘天王俑、各式形状奇特的镇墓兽等神话主题形象，无不突现汉民族的风俗人情和文化风格，也说明随着丝绸之路的发展繁盛，汉民族在吐鲁番地区形成了一个独特的文化区域。

二、多种文明渗透中语言文字的多样化

丝绸之路上文化主体的多元化，决定了人们交流沟通的工具——语言文字的多样化。自汉代开始，西域各地都出现了“译语人”，即专门负责翻译沟通各种语言、文字的有才能之人。如乌孙政权中就有导译一职。在中国唐朝时期的西州地区，有许多从事语言文字翻译的译语人是粟特人。他们利用语言上的优势，充当外交使节，来往于诸国之间，比如，

定居在中国酒泉的粟特人安诺槃托就奉西魏太祖之命首次出使西突厥。中国唐朝最有名的皇帝李世民在和突厥颉利可汗的使臣密谈时，只有一个名叫安元寿的亲信（他是粟特人的后裔）担任侍卫兼翻译。正因为有了这样的译语人，多种语言文字并存的局面并没有影响各民族之间的交流和沟通。

1. 西域发现的汉文文献遗存及说明的问题

汉朝在西域建立都护府后，先后有许多守边屯垦将士来到西域，将汉民族从物质到精神各层面的文化在西域传播开来。先说汉语言文字在西域的传播。从现有的考古发掘资料看，在西域的东部楼兰古城、吐鲁番阿斯塔那古墓区、东南部的尼雅古城遗址等地方，都发现了大量汉晋时期的汉木简，木简上的文字内容大多与屯垦戍边的行政事务有关。其中有较早纪年的是永光五年（前39年）、河平四年（前25年）的汉文木简。有趣的是，新疆发现的木简，又是我国目前发现时代最晚的汉文木简，因为随着东汉时期纸张的发明，纸张逐渐替代了木简，成为文字的载体。吐鲁番地区发现的大量晋唐时期汉文文书，大部分使用纸张书写，内容涉及政治、经济、宗教、历史、文学、历法、医药、法律等方面，这些文书，一方面表明，随着汉民族沿着丝绸之路的西进，丝绸之路上的文化交流也得到了深入的发展，再则也表明，内地新技术产品沿着丝绸之路迅速在西域传播。

2. 西域发现的多种古文字文书

当然，汉唐时期西域也流行着其他民族的语言文字，从考古资料来看，有用阿拉美字母表述古印度西北俗语的佉卢文。这种文字随着佛教的传播，流传在楼兰和尼雅等地。4世纪以后，随着尼雅、楼兰文明的神秘消失，佉卢文的使用也中断了。6世纪起，出现了一种使用古印度婆罗米字母表述于阗塞人东伊朗语的文字，被称作于阗文。目前发现的考古资料表明，于阗文在西域的使用延续到10世纪，内容主要是佛经，但也有其他内容。如1978年在策勒老达磨沟发现的魏晋时期于阗文书，内容是关于人口买卖的契约。在塔里木盆地北缘的库车、焉耆、吐鲁番一带，还发现了用婆罗米字母拼写印欧语系西语支的焉耆语文献和龟兹语文献，时代在汉唐时期，内容多是佛经，典型的如焉耆锡克星佛寺发现的《弥勒会见记》文本等。唐朝晚期，西藏的吐蕃进入西域南部地区，留下了许多吐蕃文献。新疆若羌县米兰古城发现的360多件吐蕃文文书是最显著的代表。这些文献有用纸张书写，也有用木简和羊胛骨书写。体现出藏族进入西域后，既吸收当时先进的书写方式，又保留了古老传统习俗的做法。

汉唐西域丝绸之路上，有一个十分活跃的商业民族——粟特人，他们的故乡在中亚的两河流域。绿洲丝绸之路开通后，他们向东迈进，进行商业活动，在西域南部的吐鲁番、罗布泊、且末、和田、楼兰、疏勒、巴楚、焉耆等地建立自己的居民点，也留下了他们的语言文字文书。在新疆楼兰、和田发现的粟特文书，内容多为商业性。吐鲁番发现的粟特文书，除买卖契约外，还有佛教、摩尼教、景教写经等，说明粟特文在西域多元文化交往中发挥了重要作用。

3. 从钱币图案和文字看多元文化在西域的融合

汉唐之际随着丝绸之路的畅通、丝路贸易的扩大，用于贸易交换的货币作用显得越来越重要。西域各地除了使用中国中原王朝的货币、古罗马金银币、贵霜钱币外，地方政权还自铸货币。从这种自铸货币上的图案和文字来看，也能反映出多元文化交流融合的影响。先说和田马钱，也称作"汉佉二体钱"，它一面为汉文，一面为佉卢文，在造型上吸收了中原汉王朝和希腊—贵霜朝钱币的特点，采用圆形内无孔形制，将汉文与佉卢文体都模压在钱币表面上。钱币正面中心塑造一匹马或一峰骆驼的图像，由于马的形象居多，人们习惯上称这种钱为"马钱"。在马或骆驼的周边一圈为佉卢文字母，是一种颂词，大意是"大王、王中之王，加之国王名"。背面的中央为花纹，似"月桂树的环"，外边一周铸有"重廿四铢铜钱"或"六铢钱"汉文篆体，表示钱币的重量和面值。

和田马钱是西域地方政权古于阗国的自铸货币。古于阗国在汉代隶属于西域都护府，与大夏、大月氏（贵霜国）、塞种诸国的关系很密切，因此采用佉卢文作为铸币上的文字。魏、晋时期于阗兼并了戎盧、渠勒、皮山等国成为西域几个较大政权之一。唐代设于阗镇，后又设毗沙都督府，隶属安西都护府。因此于阗国王自行铸币，使用了汉文及换算制度，又使用佉卢文及马纹和骆驼纹图案，代表了于阗的地域文化，《魏书》就记载于阗有好马驼骡的习俗。和田马钱的产生，是丝绸之路多元文化交流在经济领域的典型代表。

目前发现西域地区另一种铸有两种文体的钱币"汉龟二体钱"，是古龟兹国铸造、发行和流通的货币。这种货币流通于公元3～7世纪，仿汉代五铢钱样式铸造，圆形，方孔，狭缘，浇铸，继承了中原秦汉以来钱币的特点，因此又称为"龟兹五铢"。钱币铭文为汉文和龟兹文合璧。古龟兹国在汉代属西域都护府管辖，唐代为安西四镇之一。由于丝路贸易的繁荣，为满足市场流通的需要，因此就仿照中国中原王朝外圆方孔钱的形制铸造五铢。

新疆发现的“和田马钱”与“汉龟二体钱”，是丝绸之路多元文化融合在货币上的具体体现。

三、多元文化影响下的文学及象形艺术

西域丝绸之路，因为特殊的地理环境而成为国际文化交汇的大舞台。这个大舞台的繁盛，必定要以各种文化的繁盛和兴旺为基础，且以各文化主体的价值判断为导向。尤其是意识形态领域的价值取向，值得我们用心去关注。

1. 中原文学在西域的传播及佛教戏剧文学的开拓

随着汉代丝绸之路的开通，进入西域的汉族逐渐增多，他们所需要的各种文化食粮也被带入西域地区。典型的如文学、史学、诗歌等都在西域流传开来。从发现的文书来看，要首推《三国志·孙权传》晋抄本残卷。虽然文书仅残存四十行，共五百七十字，但可以看出其内容是记述吴国国主孙权的生平事迹。《三国志》是晋代陈寿私人编著的史书，得到了当时中原统治者的承认，影响较大。其手抄本在西域地区的流传，一方面表明《三国志》面世后广泛流传，地域范围向西到达西域；另一方面表明，汉语言传记文学的形式占据了新疆文学史册的一页。

随着丝绸之路的繁荣发展，汉语言文学的另一种表达形式——诗歌的创作和流传也在西域一些地区传播开来，而这种传播是通过汉唐朝政府的教育体制实施的。典型的例子是新疆吐鲁番阿斯塔那古墓中，发现了当时的小学生抄录的《论语郑氏注》，这是唐朝推行的学生通用教材。西域发现这种教材的手抄本，表明唐代在西域推行文化教育的情况。在抄本上，有一位12岁小学生卜天寿在课外之余所写的诗歌：“书写今日了，先生莫（咸迟）嫌迟。明朝是贾（假）日，早放学生归。”“落日西山夏（下），湟（黄）河东海流。人（生）不满百，恒作万古优（忧）。”诗中虽然有错别字，但却非常真实地反映了一个小学生的心理活动和人生情感。同时也反映出当时中原文化教育的状况和水平。

汉唐时期是西域佛教发展繁荣的时期，佛教信仰不仅仅作为一种超脱的思维方式和意识形态而存在，它还深刻影响了西域地区的文学和象形艺术。象形艺术作为佛教文化的重要表现，我们单独叙述，这里重点讲一讲佛教戏剧文学在西域的诞生。这一重要的史实，还须从1975年在焉耆锡克星佛寺发现的焉耆文《弥勒会见记》剧本残页讲起。剧本为纸本，两面用焉耆文书写着佛经中所记载的弥勒生平事迹。剧本写作时代在北朝，是佛教在西域迅速传播的时期。当时居住在这里的居民讲焉耆语，而焉耆文是用印度的婆罗米文拼写印欧语的文字。这说明当地居民在佛教文化的熏陶下，采用了独特的文学表达方式宣扬佛教精神。德国学者葛玛丽推测，“可能由不同的人扮演不同的角色，向人们演唱诸如《弥勒会见记》之类的原始剧本……”就观众、剧院等因素，李肖冰女士认为：“西域没有固定的舞台，寺院、集市，大凡僧侣、人民群众较多的地方，便是演出的场所。”（李肖冰、黄天骥、袁鹤翔、夏写时《中国戏剧起源》，知识出版社，上海，1990年版，234页）

对《弥勒会见记》作为西域戏剧剧本的出现，学术界给予了极高的评价：“西域戏剧以《弥勒会见记》剧本为代表，无论是文化现象，还是戏剧现象，它是属于开拓性的，它开启了我国宗教剧的先河。”（李肖冰、黄天骥、袁鹤翔、夏写时《中国戏剧起源》，知识出版社，上海，1990年版，234页）

1959年，新疆哈密县天山人民公社脱米尔地出土了另一件回鹘文《弥勒会见记》大型剧本。剧本由序幕和正剧构成，主要情节有“出生”、“出家”、“成佛”、“会见”、“转法轮”、“拯救生灵”等。全剧长达二十七幕，“每一幕都表明时间、地点、出场人物，剧中采用对话式文体，每一幕都有一个中心事件，并且自成格局。每幕之间有一定的联系，都构成与弥勒佛有关联的故事”。虽然这个剧本的时代较晚，出现在我国北宋时期，但剧本末尾有专门的说明，说剧本是由圣月菩萨大师从印度语翻译成焉耆语、智护法师又从焉耆语译为突厥语系的回鹘文。（李肖冰、黄天骥、袁鹤翔、夏写时《中国戏剧起源》，知识出版社，上海，1990年版，239、235页）这个说明恰好表明，佛教文学在西域地区经历了多元文化熔炉的提炼，形成了独具特色的西域戏剧文学艺术。

2. 北方草原开放性游牧文化艺术的辉煌

西域丝绸之路，实际上由草原丝绸之路和绿洲丝绸之路两部分构成，在不同的历史时期发挥着重要作用。汉唐以来，虽然绿洲丝绸之路的地位十分重要，但草原丝绸之路也依然发挥着自己独特的作用，而且以其独特的魅力与绿洲文化艺术交相辉映。

草原丝绸之路在汉代之前，也被学界称作黄金之路。因为在亚欧大草原这条天然的绿色通道上，游牧文化艺术以崇拜黄金、并用黄金打造动物纹艺术而著称于世。汉代丝绸之路开通的过程中，这种传统依然被继承并在文化交往中应用。中国汉文史料中曾记载了这样一件有趣的事：汉朝的汉武帝希望能够得到中亚大宛的汗血宝马，曾命工匠铸造金马带到大宛换取其汗血宝马。至于为什么要铸造金马，史料中

没有解释。但当代考古学界的许多重要发现和科学研究表明，在古代欧亚草原上生活的游牧民族，往往把神奇的骏马神化为威力无穷的神灵。在古代印度——伊朗许多民族的宗教观念中，马是太阳和太阳神的象征，如马萨格特塞人用动物中奔跑最快的骏马，祭祀众神中行走最快的神——太阳神。哈萨克斯坦伊塞克古墓出土的古代塞克首领的黄金宝冠上，就装饰着头长山羊角、体侧生翼的神奇骏马。（阿基舍夫著，吴艳春译《伊塞克古墓—哈萨克斯坦的塞人艺术》，《新疆文物》1995 年 2 期）也就是说，金马象征的是神圣的民族图腾。中国汉朝的皇帝为了得到天马，而铸造金马换取，是尊重其民族传统的表现。汉武帝为了迎接大宛汗血宝马，下令在丝绸之路沿线专门设立了候马亭，以迎送汗血宝马，并称大宛汗血宝马为“天马”。为纪念大宛马的西来，汉武帝又诏令相马专家铸大宛马鎏金铜像，立于鲁班门外，故鲁班门又称金马门。

新疆的考古工作者在克孜勒苏柯尔克孜自治州的阿合奇县库兰萨日克古墓，发现了一件用黄金打压制成的骏马造像，这匹骏马头颅瘦长骏美，体格矫健匀称，腰部细瘦，两条前腿呈奔跑状，后部躯体上翻，两条后腿扬起，一蹄触及马头后脑，另一蹄搭接着右后腿弯曲的关节。长长的马尾下垂向前弯曲，裹住了马的左前蹄。阿合奇黄金骏马造像的体态特征，与传说中的汗血宝马十分相像。

西域北方草原因地理环境和开放型游牧经济文化类型的相类似，各民族文化艺术表现出开放、统一而又各具特色的风格。除了上述崇拜黄金、善于打造动物纹艺术外，利用动物皮毛制造纺织布料、革制品，并在上面精心创造出各式象形化图案纹样。最典型的如鹿形纹饰，反映出游牧文化与绿洲文化交融、民族图腾与民族精神的积淀。早在汉代丝绸之路开通之前，亚欧草原道的存在就已经为北方游牧文化的交流打下了良好的基础。但从鹿的象形图案来说，汉代之前在亚欧草原广泛分布的鹿石上的鹿形图案，作为图腾文化的标志物，在汉代西域绿洲的毛纺织品上也得到了体现。如且末扎滚鲁克古墓出土的多件汉代毛织品上，有大角鹿的形象。从其鸟鹿合体特征来看，与鹿石上的鹿形十分相像，很可能属于同一文化渊源。汉代随着绿洲丝绸之路的开通，北方草原文化中的一部分有南下的迹象。扎滚鲁克古墓中同时出土的漆器、丝绸刺绣等，又表明了多元文化在西域绿洲的交汇。

3. 绿洲文化积淀下图像艺术多元多彩的魅力

中国丝绸在古代世界文化交流史上影响广泛而意义深远。这不仅仅是因为中国丝绸的商品功能，更重要的是其作为先进技术和博大文化的象征，对世界文化所产生的影响。汉唐两代中国丝绸珍品，被较多地保存在了西域绿洲的土地中而今重见天日。尤其是汉唐两代的丝绸在考古发现中数量较多，也反映了丝绸之路在汉唐时期的繁荣。从目前发现的丝绸文物来看，其上丰富的纹样图案，清晰地反映出不同时代的文化特征。汉代丝绸上的纹样，体现出当时社会人们崇尚自然、遵循五行、追求道德仙境的理想精神。典型文物如“五星出东方利中国”锦、云气瑞兽纹锦、茱萸纹锦等，许多织有典型祈福祝辞的织锦。而汉之后到唐代的丝绸，则透射出海纳百川、恢宏包容的风格。尤其是大量圆珠纹的使用，更是显出丝绸之路多元文化交流使各种文明因素得以融会、相互吸纳。

如果说中国丝绸在丝绸之路多元文化交流中由东向西发挥着它的无限魅力，那么西域毛纺织品则以它独特的图案艺术形象，展示着来自西方的文化风貌。和田洛普山普拉墓地发现的吹奏乐器的希腊马人像和持矛武士俑，以其显著的神话内涵昭示着希腊罗马文化对西域的影响；而尉犁营盘古墓男尸身穿罽袍上的对人对兽树下舞蹈图案，人物造型及整体画面的思想内涵，与希腊文化有着密切联系。

在西域发现的纺织品中，能够反映印度佛教文化与西亚及当地文化相融合情况的是尼雅遗址出土汉代印纹棉布上的图案。这块残缺的棉布用几何条纹分割出几个块面，分别印出手拿角形器的菩萨（又说是丰饶女神）、龙、狮子。手拿角形器的菩萨头后有项光，显然是佛教文化的元素，而角形器据说与古希腊、西亚的丰育女神有关。（李安宁《民丰出土东汉时期蓝印花布研究》，《新疆艺术学院学报》2006 年 1 期，29 页）狮子图像虽然仅残存脚部分，但从“佛教里狮子一直被作为护法之物”的认识来看，也与印度佛教文化有关。（樊小敏《狮舞在新疆的源起与衰落》，《新疆艺术学院学报》2006 年 1 期，31 页）龙之图像的出现，应该与中原文化因素有关。

四、四大文明辐射下多种宗教并存的局面

在本文第一部分，我们首先讲到汉唐西域丝绸之路上的多元文化交流，首先是文化主体——不同民族的人的交流。而人作为有意识思维、有思想情感的动物，必定有文化的核心价值观念。在古代社会，文化的核心价值观念是与人的信仰紧密相联的。西域丝绸之路上的文化交流，尤其在宗教文化交流方面反映突出。

1. 道教在西域的传播

道教是我国中原地区的本土宗教，自汉代发展起来后，随着丝绸之路的开通，汉族的西迁，5世纪左右传入新疆，在新疆宗教文化史上留下了自己独特的印痕。道教的核心思想是神仙信仰，将太上老君奉为无世不存的至尊天神，认为在他的前后左右有青龙、白虎、朱雀、玄武四神护卫。所以，在道教道观的山门内往往一左一右绘青龙神与白虎神。又因为道教重方术，于是这些观念通过一定形式扩展到生活的各个方面。在吐鲁番阿斯塔那出土的东晋末年衣物疏中，就发现了书有左青龙、右白虎、前朱雀、后玄武等字样的道教符咒。道教在发展过程中分化出不同的教派，天师道实行授箓制度，即对入道教的教徒授以符箓，随身佩戴，并随着道行与年限，更换不同等级的符箓。在吐鲁番麴氏高昌时期的墓葬中，发现了折叠成小块、放在绢囊中的道教符箓。符箓黄纸朱书，上端有一位双手持刀叉的神，下端书符咒。显然是佩戴在死者身上的，说明当时高昌居民中有虔诚的早期天师道教徒。

2. 佛教在西域的传播与发展

公元前2世纪，新疆于阗、龟兹、高昌先后成为新疆古代佛教文化昌盛的三大中心，又以这三个中心为基点，在西域全境辐射、传播，历时一千五百年。佛教在其传播的过程中，因不同地区、拥有不同文化理念的信众对其教义的理解，对佛国，即信众心中理想世界的构想，对信仰行为的诸多表达方式的不同，而呈现出累结于佛教基本理念、教义主干上千姿百态的文化硕果。佛教最初是反对偶像崇拜的，但在传播过程中，古印度、古波斯、古希腊文化逐渐交融，形成了以佛传故事、姻缘故事等为表现体裁的象形艺术，这种艺术在犍陀罗得到了广泛的发展，称作犍陀罗艺术。在犍陀罗艺术中依然存在着古印度艺术的因素，如佛像的创作遵循了佛教中关于释迦牟尼佛有非凡超人的32相，最为突出的是头上的肉髻相（或叫发螺相），以及前额正中眉间白毫的说法。在巴楚县图木舒克遗址出土的木雕佛首像上，这种古印度的艺术风格得到了充分地表现：佛的面部饱满圆润，眉目清秀，相貌端庄，头上的发式呈发螺相，前额正中的眉间有白毫。肉髻代表着佛的智慧，白毫是法力的象征。

20世纪初，英国人斯坦因在古于阗和高昌两大佛教圣地的中间地段，若羌的米兰遗址佛寺中发现了7幅有翼天使画像。事隔80多年后，中国新疆的考古学者又发现了两幅有翼天使画像。这种肩生翼翅的人物形象，是古希腊、罗马文化东渐过程中，与西亚、中亚文化因素相结合的产物。具体地说，古希腊神话中的爱神厄洛斯被描述为肩长翅膀的美少年。公元前4世纪马其顿王亚历山大一世征服西亚、中亚及南亚部分地区时，希腊文化的诸多因子传播到了这些地区。公元前后，当佛教的精神渗透到这些地区时，古希腊的爱神被包容在佛教的诸多神灵之中，并借助于佛教的力量再次展开翅膀向东飞翔，飞到了新疆的米兰。新疆的有翼天使像产生的时间应在3～4世纪间。更有意味的是，有翼天使头上的发式，与中国北方游牧民族鲜卑的髡发相同，这意味着我国北方游牧民族的艺术形象也曾影响到了佛教的艺术创作。

在新疆古代的佛教壁画艺术中，具有典型龟兹画风的菱格画，是将佛教中的“十二因缘故事”及佛传故事，分别描绘在菱格中，组成既独立又统一的宣教画面。这种绘画风格在创作过程中，受了中原建筑及丝绸装饰图案中菱格纹的影响。同时，这种画风又是小乘佛教学说的艺术体现，小乘学派在阐释佛教教义时，善用“十二因缘说”宣传佛教的四谛思想，龟兹是新疆古代小乘学派的主要留居地，故而形成了龟兹式的菱格纹绘画风格。

高昌是大乘佛教学派的中心，大乘佛教认为寻求个人解脱的途径在于“菩萨行”，通过解救众生来解救自己。所以在古代新疆的大乘派佛教艺术中，表现菩萨形象的画面就十分突出。佛教教义中的菩萨是“抱着广大志愿，要救渡一切众生脱离苦海，从而得到彻底觉悟的人”。他们并无性别差异。在新疆古代佛教壁画中的菩萨，突显男性特征：嘴唇上留着两捋胡须。而大乘佛教在中原流传的过程中，菩萨则逐渐女性化，尤其是观世音菩萨，在民间被看成是大慈大悲、能救渡一切苦难的女菩萨。高昌古城出土的一幅具有回鹘风格的绢画——观世音菩萨像，头戴花冠，身着绣花红袍，表现出中原女性的装扮特点，正是中原佛教回流新疆的反映。

3. 摩尼教、景教在西域

摩尼教传入西域的时间是6世纪，其发展与兴盛与回鹘的西迁有关。回鹘人在漠北时就接受了摩尼教，迁居高昌后将摩尼教奉为国教，虽然后来回鹘王室改信佛教，但摩尼教在吐鲁番地区一直流传到15世纪。吐鲁番出土的铜摩尼雕像，塑造的是摩尼教的创始人摩尼。摩尼是古波斯人，他吸收祆教、基督教、佛教的思想，在24岁时创立了摩尼教。

在佛教的影响下，高昌摩尼教徒开凿了不少摩尼教石窟寺院。38窟主室正壁上方画着代表摩尼教光明王国的生命树。摩尼教在传教过程中，将教徒分为若干教团，教团内下设五个教阶，前三个教阶是神职人员，后两个教阶是信徒。由于等级的不同，教徒的服饰也不同。前四个等级的教徒要穿白衣戴白帽。吐鲁番高昌古城中厅西侧的摩尼及众徒壁画画面，表现的是摩尼与他的高级教徒，也称选民。摩尼头戴华丽的高冠，颈后有象征日月的光环：浅红色的日轮外缘勾画出半月形月牙，象征摩尼教。摩尼身后立着 4 排教徒，他们全都着白衣戴白色扇形高冠，可能正是摩尼教前 4 个等级成员。

由于世界许多民族都信仰摩尼教，所以流传下来的摩尼教经典有多种语言文本。吐鲁番高昌古城出土的摩尼教徒抄经图就是摩尼教典籍中的插图，图中端坐抄写经文的摩尼教徒身着白衣，头戴白帽，但帽的形状与前述不同，可能有着不同等级的差别。插图中间有墨书的三行回鹘文字，说明摩尼教的写经师们，使用回鹘文书写摩尼教经典。

回鹘人接受摩尼教是受了中亚粟特人的影响，所以在高昌摩尼教文献中发现了粟特文经典。1980 年在柏孜克里克石窟中发现的粟特文摩尼教经卷抄本，墨书粟特文 134 行，中间有精美的插图。插图中部上方有一个黑色三尖衬托的白色高冠，与高昌古城 K 中厅西侧摩尼佛头戴的高冠类同，显然是摩尼的象征，高冠下方两侧立着两位脚踩莲花、头有背光、手执乐器吹奏的人物，显然是摩尼教中的神。

景教在新疆流传的时间很长，6 世纪传入，一直到清朝后期才逐渐衰亡。唐代西州曾是景教传播的一个中心，这里发现过叙利亚文、中古波斯文、粟特文的景教经典残页，还有景教壁画。景教壁画展现了景教徒过“主进圣城节”的情景。当时，城里的信徒手持棕榈枝热情欢迎耶稣基督。在画面的四个信徒中间，可以看到有类似于动物腿蹄的画面，但已残缺了，估计应是基督耶稣骑毛驴的画像。

结　语

汉唐西域丝绸之路的开拓畅通，为世界四大古代文明的交流融会开拓了先决前提；中国中央王朝对西域的统辖管理，为丝绸之路的畅通提供了安全保障。西域丝绸之路上多元文化主体的频繁接触、摩擦、沟通、包容，使各种文化的交流、融会、创新发展成为可能。西域丝绸之路的本质是开放，而决定这种本质的是多元文化主体开放的胸襟和包容、创新的理念和思想。

The Divertified Cultural Exchanges on the Silk Road in the Western Regions during Han and Tang Dynasties

Hou Shixin,Director of Xinjiang Uygur Autonomous Region Museum

The Silk Road in the Western Regions is an essential part of the whole Chinese Silk Road. Its opening up and unblockedness provided necessary prerequisities for exchanges and integrations of Four Civilizations in the ancient world. The control and administrative institutions built by Chinese central government assured the security and obstructedness of the Silk Road.

The frequent contacts, conflicts, communications and tolerance made the cultural exchanges, integrations and innovations become possible. During the developing process of the Western Regions' history and culture, the multicultural exchanges on the Silk Road had always been the important forces which promoted the prosperities of diverse cultures.

The essence of the Western Regions Silk Road lies in its openness, which was determined by multicultural open mind and tolerance and innovation ideology.

The Western Regions of Silk Road had become the great stage of international cultural integration because of its key geographic location. The prosperity of this very stage was based on the prosperities of various other cultures and guided by value judgments of different dominant cultures, especially the value orientation of the ideology field to which should be paid more attention.

魏晋南北朝时丝绸之路东段北道上的文化交流

宁夏固原博物馆副馆长　韩彬

自公元前2世纪以来，中原炫彩华丽的丝绸，掀起了欧亚大陆东西方各族之间商业贸易交往的热潮，这种交往是沿着一条崎岖复杂而又神秘的古道进行着，这就是著名的"丝绸之路"。她东起中国汉都长安，西至罗马郡士坦丁堡，全长8000多公里，在中国境内达1700公里，其东段北道必经之地，就在今宁夏南部的固原境内。

一

宁夏南部历史重镇固原，自古为交通要道，关中之屏障，河陇之咽喉。这里曾是北方游牧民族迁徙、割据、战争的舞台，中原、西域使者、僧侣、商贾必经的中转站。在这里，中原农业经济与草原游牧经济相互交错，西方文明、中原传统文明、草原游牧文明融会贯通，兼容并蓄，孕育了这座古老城镇新鲜多元而又富有魅力的古代文明。

随着中外学者研究成果的不断丰富，经多方考证，固原"丝绸之路"东段北道必经之地的历史地位已经确立。

从汉到魏晋南北朝时期，途经固原的丝绸之路称之为"萧关道"。其大致走向是由今西安沿泾河向西北行，经陕西的咸阳、礼泉、乾县、永寿、彬县、长武及甘肃的泾川、平凉进入固原境；过三关口，再由瓦亭折而向北，经青石嘴至开城抵达固原城；沿清水河向北行，再经三营、黑城，沿苋麻河谷至海原的郑旗、贾埫，过海原县城、西安州、干盐池，再次进入甘肃；从甘肃靖远县东北的石门附近渡黄河，经景泰县抵凉州（今甘肃武威）。这是丝绸之路由长安抵河西凉州最便捷的丝路干道，即长安—凉州北道。

史书中有萧关的词语屡屡出现，"萧关"成为丝绸之路东段北道必经之地的代名词，曾多次出现于文人将士的诗词之中。如汉乐府饶歌《上之回》："回中道路险，萧关烽堠多。五营屯北地，万乘出西河。单于拜玉玺，天子按雕戈。振旅汾川曲，秋风横大歌。"唐王维的《使至塞上》："单车欲问边，属国过居延。征蓬出汉塞，归雁入胡天。大漠孤烟直，长河落日圆。萧关逢候骑，都护在燕然。"《送韦平事》："欲逐将军取右贤，沙场走马向居延。遥知汉使萧关外，愁见孤城落日边。"杜甫《喜闻》："萧关陇水入官军，青海黄河卷塞云。北极转愁龙虎气，西戎休纵犬羊群。"唐岑参《胡笳歌送颜真卿赴河陇》："君不闻胡笳声最悲，紫髯绿眼胡人吹。吹之一曲犹未了，愁杀楼兰征戍儿。凉秋八月萧关道，北风吹断天山草。昆仑山南月欲斜，胡人向月吹胡笳。胡笳怨兮将送君，秦山遥望陇山行。边城夜夜多愁梦，向月胡笳谁喜闻。"等等，脍炙人口，从另一面反映出萧关古道的重要性。

二

汉代的固原，称"高平第一城"，除汉人以外，降服的南匈奴与东归的月氏、羌人也进入该地，进一步促进了东西的交往和地区经济的发展。据史书记载，这里"牛羊衔尾，骡马塞道"，经济繁荣，为东、西方商旅提供了良好的过往环境。从固原汉墓出土的文物观察，当时高平社会安定，人民过着殷富的生活。固原出土的一件绿釉陶灶，图案既有厨房用具，也有鱼、馒头等食物，还有甲鱼，说明当时高平居民已经有烹食甲鱼的饮食习俗。九龙山西汉墓出土的金条饰、金花饰，制作工艺复杂精细，图案纹饰精美，金饰器物制作技艺有明显西域痕迹。高平不但是汉王朝抵御匈奴的前沿阵地，更是中原文明与西域文明的接触地。瓦亭就是当时设在萧关古道上的重要驿站。

魏晋南北朝时期，北方各民族在内迁的过程中，形成民族大融合的趋势，不同种族、习俗各异的民族，迁徙到新的居住地，客观上促进了交往的频繁和文化的交流。据史书记载，当时迁居高平的北方游牧部族主要有匈奴、鲜卑等。240年，匈奴别部休屠胡两千余众自凉州降雍州，归附曹魏，被置于高平一带。西晋泰始初，鲜卑鹿结七万人屯居高平川（今固原的清水河）。后来，乞伏部与鹿结部迭相攻击，右邻战胜鹿结，“尽并其众，因居高平川”。右邻死，其子结权立，再徙居牵屯山（今固原西南）一带。后来，乞伏部继续南迁，到达甘肃靖远、陇西一带，史称“陇西鲜卑”。十六国时期，乞伏国仁趁前秦苻坚败亡，自称大单于，建立西秦政权。256 ~ 263 年间，秃发鲜卑数万降众被“置于雍、凉之间，与民杂居”。其地即今东起甘肃靖远和宁夏固原，西至青海，北到内蒙古等黄河以西地区，史称“河西鲜卑”。该部在其四世孙树机能的领导下，进行反晋斗争，攻占高平，杀死秦州刺史与凉州刺史。西晋灭亡后，司马睿在江南重建政权，史称东晋。从此以后，北方广大地区长期处于各少数民族上层分子和汉族官僚地主混战、割据的“十六国”时期，而高平则成为前赵、后赵、前秦、后秦、大夏等战争的中心。

439 年，北魏攻占关中、秦陇，先后灭北燕、北凉，统一了北方，结束了长达 200 余年的割据争战局面。太延二年（436 年），在宁夏设立高平、薄骨律（今灵武西南）两个军镇，同时采取安置少数民族降众和内地遗民的办法充实这里的人口。被迁置高平的少数民族主要有柔然、敕勒等族部众。

北魏政权的建立者拓跋鲜卑部，原是一个以畜牧业为主要经济生活的游牧部落集团。在长期的历史进程中，拓跋部逐渐南迁，接触中原农耕文化并深受其影响，农业成为其经济生活的重要组成部分。入住中原后，拓跋统治者“以五方之民各有其性，故修其教不改其俗，齐其政不易其宜”，使各族人民守其俗，各尽其业，促进了经济、文化的发展。

北魏正光五年（524 年），高平镇民赫连恩（匈奴族）等聚众起义，推敕勒酋长胡琛为高平王，攻占高平以应破六韩拔陵。高平起义历时七年，各族人民在战斗中，紧密团结，英勇战斗，极大地促进了彼此的融合。同年，高平镇改为原州，州治高平城，即今固原城，领高平、长城二郡。

魏分为东、西以后，西魏于公元 536、538 年，先后平息原州州民豆卢狼、莫折后炽的反叛，同时击退了柔然对原州的进攻，原州恢复平静。

西魏恭帝三年（556 年），宇文泰病死，其子宇文觉废西魏而自立（北周武帝），改国号曰周，史称北周。在北周统治的 20 余年间，原州基本上没有发生战事。

魏晋时期，虽然北方处于战乱之中，但割据和战乱并没有完全阻断中西交通。而北魏统一北方后，太祖拓跋焘与伊犁河流域的悦般国联合，东西夹击，给占据西域的柔然以沉重的打击，扫除了丝路障碍，使西域及中亚各国与北魏都城洛阳间的来往络绎不绝，而高平则成为使者、商人前往洛阳的必经城市。《魏书》卷 102，《西域传》记载，北魏建义元年（528 年），波斯使者给北魏统治者贡献的一头狮子途经高平时，被当时高平起义军首领万俟丑奴截获，并改年号为“神兽”。起义被镇压后，波斯使者再将狮子送往洛阳。隋唐时期固原的中亚史姓粟特人，可能就在这时迁居到原州的。频繁往来于东西方的使者、商人，把西方文化和奇珍异宝带到原州。尘封千年的原州北朝时期墓葬出土异域风格的文物，见证着当时丝绸之路必经之地原州中西方文化交流的盛况。

三

1983 年，固原市原州区南郊乡深沟村北周李贤夫妇墓葬出土的鎏金银壶、玻璃碗均为波斯萨珊制品。鎏金银壶为波斯王朝酒具，银质鎏金，器形呈鸭梨状，壶把与壶身用两羊头相接，把上端有一胡人头像，鸭嘴状流，肩、腰、足部饰三周联珠纹，腹上部饰一周莲瓣纹，中部饰男女相对浮雕三组，为古希腊神话中金苹果的故事，腹下部雕涡纹和怪兽游鱼图案。玻璃碗通体呈淡绿色，腹上下错位排列两周凸边凹心的饼形装饰，其工艺特点是，运用吹烧技术制成，再利用雕花的技术进行腹部、底部及口缘整形，为钙钠玻璃，与萨珊玻璃成分一致，体现了萨珊玻璃器形和纹饰上的独特风格和精湛工艺，是我国发现的典型萨珊玻璃器。

李贤生前佩带的环首刀，刀把包银，单面刃，刀鞘木质，外表涂褐色漆，下部包银，银质双附耳，铜质刀，这种刀最早出现在波斯地区。李贤妻吴辉生前佩戴的镶嵌青金石金戒指，戒面雕刻一舞动花环的异域人物形象，其材料和风格也源自西亚。

1996 年北周田弘墓出土了五枚拜占庭金币，其中一枚是东罗马皇帝列奥一世金币，双面压花纹，正面为东罗马皇帝列奥一世(457 ~ 474 年在位)半身肖像，面稍侧，头戴王冠，冠上有三周联珠纹，脑后有冠带，身着铠甲，头像两侧各有两个不对称的小圆孔；背面为女神座像，身体稍偏向右方，右手扶一长双杆十字立柱，左侧有翼，从两肩起围绕一周铭文。一枚为东罗马皇帝查士丁一世金币，双面压花纹，正面为东罗马皇帝查士丁一世稍左侧半身像，头戴王冠，冠上有三周联珠纹，右侧有束起的冠带，身着铠甲，币面打有三个小圆孔，呈不对称三角形，其中一孔从王冠中间打穿；背面为一胜利女神立像，右手执一长十字架，左侧有翼，一周饰铭文。第三枚是查士丁一世摄政期的查士丁—查士丁尼金币，双面压花纹，正面为查士丁与查士丁尼并坐全身像，头部有神圣光环，二帝左手各持一圆球，象征统治全球，头部之间有一十字架，币面两侧打有四个较为对称的圆孔，边缘有一周铭文；背面一站立神像，右手执一长十字架，左手托一圆球，球上有一十字架。第四枚是查士丁尼一世大帝朝金币，双面压花纹，正面为查士丁尼一世正面半身肖像，头戴王冠，两边有垂索饰，身着铠甲，右手举一十字架；背面有胜利女神像，右手执一长十字架。第五枚是查士丁尼二世金币，正面为东罗马帝国皇帝查士丁尼二世（565 ~ 578 年在位）正面肖像，头戴珠饰皇冠，两耳侧垂珠饰，上方刻拉丁文皇帝的名字；背面有立像和字母。

同一墓葬一次出土五枚东罗马帝国金币，一方面反映了丝路权臣田弘的富有和较高的地位，另一面反映了丝绸之路商业贸易的繁荣。这些由西方商人带入原州购买丝绸等物品的货币，被原州上层贵族打上孔，作为象征身份和赋予美好愿望的饰品，最终作为随葬品和主人一起埋葬。而罗马上层贵族因疯狂购买中国的奢侈品丝绸，致使帝国国库一度空虚。

1981 年原州区东郊乡雷祖庙村北魏墓出土了一枚波斯卑路斯银币。轮廓不甚规则，正面边有一周联珠纹，中为萨珊卑路斯王侧面肖像，王冠上部有翼状饰物，冠顶上有一新月，托一圆球，币面铭文已模糊不清，完整的铭文应是“KaDIPiRUCI MLKA”，意为“圣上，卑路斯王”；背面中央为拜火教祭坛，祭坛火焰上有星、月，两侧站立为两祭司。北魏时，原州居民可能已经接触到拜火教，即波斯的索罗亚斯德教。

北朝原州墓葬出土的陶俑阵容中，除了少数民族特征鲜明的胡人外，还有白种人。1983 年固原彭阳新集北魏墓出土了一批深目高鼻的胡人军俑，其中具装甲骑俑连同战马个个身披鱼鳞铠甲，而这种铠甲源于波斯。李贤墓出土一组胡人俑，高额，头发卷曲，面施粉色，手持物，是明显的白种人形象，他们从西方来到原州，成为李贤门下的卫士。

1981 年原州区东郊乡雷祖庙村北魏墓出土的漆棺画，“明显地察觉到草原文化与中原文化合并而未合、汇而未融的时代气息”。漆棺画中的人物皆是鲜卑人的装束，而漆棺盖上的主体花纹却是道教色彩浓厚的东王父、西王母以及日月、银河。漆棺侧板画绘画内容是汉文化中传统孝子故事。漆棺前档所绘墓主身材魁梧，着鲜卑装于榻上，右手举杯，小指翘起，左手持小扇，表现出哒人的风范。公元 5 世纪，哒人曾一度崛起，活跃于丝绸之路，并与北魏通好。漆棺右侧档联珠纹圈内对兽画法，是典型的波斯风格，同时也出现了联珠圈内人物成对出现的画法。该墓出土的一件舟形银耳杯，也出自西亚。

佛教石窟与造像是丝绸之路宗教文化传播与交流的物质载体。固原境内石窟多达上百座，其中须弥山石窟规模最大。须弥山石窟开凿于北魏，发展于西魏，兴盛于北周与隋唐。第 45、46、51 窟等北周大窟与圆雕大佛造像堪称北周造像中的艺术精品。彭阳出土的北魏建明二年石造像碑、石雕菩萨造像等，有的带有犍陀罗造像风格，也有的带有北魏前期鲜卑化褒衣博带式的秀骨清相和后期汉化逐渐丰腴的敦厚相，反映了佛教自印度传播到中国本土化的过程。

魏晋南北朝时，随着丝绸之路的畅通，源自西域的乐舞东传，并逐渐被中原人接受，广泛流传。1986 年，固原粮食局家属院工地出土一件绿釉陶扁壶，残高 11.3、宽 9.5 厘米，腹部图案为胡旋舞或称胡腾舞。壶扁腹部所饰乐舞图，三人翩翩起舞，中间一人在圆台上舞蹈，周围花树上有乐人伴奏，表现了热闹欢快的西域乐舞场面。

北魏新集墓出土的胡人伎乐陶俑，有击鼓者，吹角者，神情专注。须弥山石窟第 51 窟中心塔柱座每面八个伎乐人，有的吹横笛，有的弹琵琶，有的击羯鼓，有的奏箜篌等。丝路的繁荣与文化交流，促进了北朝音乐艺术的繁荣和发展。

魏晋南北朝时期是丝绸之路东段北道必经之地原州文化交流发展的高峰期。由于北方游牧民族的大量迁入和频繁战争，以及中西亚民族的迁徙，民族大融合，促进了原州经济发展和社会文化生活的繁荣。当时的原州成为丝绸之路上东西方交往的一个重要聚会地。

参考资料：

1.《原州古墓集成》，宁夏固原博物馆、中日联合考古队编，文物出版社，1999 年。
2.《北周田弘墓》，原州联合考古队发掘调查报告 2，日本勉诚出版社，2002 年 2 月。
3. 刘长青主编：《原州古代诗文选》，宁夏人民出版社，2003 年。
4. 宁夏固原博物馆编：《固原历史文物》，科学出版社，2004 年。
5.《固原北魏墓漆棺画》，宁夏人民出版社，1988 年。
6.《宁夏通史古代卷》，宁夏人民出版社，1993 年。

Cultural Exchanges along the Northern Section of Eastern Route of Silk Road during Wei, Jin, Northern and Southern Dynasties

Han Bin,Vice-Director of Guyuan Museum,Ningxia

Guyuan was a key path of strategic importance in southern Ningxia in history. It was the protective screen of Guanzhong plain, and the strategic passage of western Gansu. Guyuan had been the stage of migration, dissociation and battle field of the nomads in the north, and the only transfer station for envoys, monks and merchants from both China and the Western Regions. The interlock of central China's agricultural economy and the Steppe nomadic economy, the interlacement of western civilization, Chinese civilization and nomadic civilization bred the new dynamic ancient culture here in Guyuan, where was rich in charm.

With the more and more publications of related works of the scholars at home and abroad, the historic position of being the only place in north route of east Silk Road, which owed to Guyuan, had been proved and established From Han Dynasty to the Northern and Southern Dynasties, the Silk Road which passed Guyuan had been called "Xiaoguan Path".

The Wei, Jin, Northern and Southern Dynasties period was the peak of cultural communication and development in Yuanzhou, the only place on north route of eastern Silk Road. Due to the great immigration of the nomads from the north and endless wars, as well as the immigration of people from central and western Asia, the national amalgamation, the economic development and booming of social cultural life had been accelerated. As a result, Yuanzhou became the important meeting place on the Silk Road.

英文概略

English Schematic

English Schematic

英文概略

Part I

Rudimentary Stage—The Spring and Autumn to Warring States Period(770-221BC)

During the Spring and Autumn and the Warring States Period,some nomadic or semi-nomadic people,including Qin,Rong,Hun and Rouzhi,acted as the medium of the trade between the west and the regimes in the central plain. Their transship businesses laid foundation for the opening of the Silk Road.

Bronze Tripod with Design of Dropping Scales p31
The Spring and Autumn Period(770-476B.C.)
H:37.5;D:of rim 38,of ear 31.5cm
Unearthed from Dabuzi mountain,Lixian county,Gansu province
Gansu Provincial Museum

Bronze Gui Container Belonging to Duke Qin p32
The Spring and Autumn Period(770-476B.C.)
H:19.2;D:of rim 17.6,W:31cm
Unearthed from Yuanding mountain,Lixian county,Gansu province
Gansu Provincial Museum

Bronze Fu Container p33
The Spring and Autumn Period(770-476B.C.)
H:21.8;D:of rim 18.8cm
Collected at Lixian county,Gansu province
Gansu Provincial Museum

Bronze Winged-Animal-Shaped He Container with A Loop Handle p34
The Spring and Autumn Period(770-476B.C.)
H:30.2;L:20.8;W:22.5cm
Unearthed from Jingchuan county,Gansu province
Gansu Provincial Museum

Gold Scale-shaped Ornamental Piece p35
The Spring and Autumn Period(770-476B.C.)
L:12.1(vertically);W:7.65(horizontally)cm
Unearthed from Dabuzi mountain,Lixian county,Gansu province
Gansu Provincial Museum

Gold Tiger-shaped Ornamental Piece p36
The Warring States Period(475-221B.C.)
L:8;W:6cm
Unearthed from Tomb 3,Majiayuan cemetery, Zhangjiachuan,Gansu province,2006
Gansu Provincial Museum

Gold Phoenix-shaped Ornamental Piece p37
The Warring States Period(475-221B.C.)
L:6.5;W:5.2cm
Collected
Gansu Provincial Museum

Gold Dragon-shaped Ornamental Piece p38
The Warring States Period(475-221B.C.)
L:11.2;W:6.1cm
Collected
Gansu Provincial Museum

Gold Ornamental Piece with Design of A Pair of Birds p39
The Warring States Period(475-221B.C.)
L:5.3;W:3.6cm
Collected
Gansu Provincial Museum

Gold Plaque with Design of Monster p40
The Warring States Period(475-221B.C.)
L:6.2;W:4.7cm
Collected at Hezhong town,Yuanzhou district,Ningxia,1996
Guyuan Museum,Ningxia

Gold Belt Plaque with Design of a Mythical Beast p41
The Warring States Period(475-221B.C.)
W:6.9;H:4.5cm;Weight 94.2g
Unearthed from Sanying town,Yuanzhou district,Ningxia,1980
Guyuan Museum,Ningxia

Gold Buckle with Design of A Tiger Bitting A deer p42
The Warring States Period(475-221B.C.)
D:3.1;H:1.2cm,weight 26.5g
Unearthed from Pingle village,Touying town,Yuanzhou district,Ningxia,1981
Guyuan Museum,Ningxia

Gold Ornamental Piece with Design of Coiled Dragon p43
The Spring and Autumn Period(770-476B.C.)
L:7.1;W:6.1;H:2.6cm
Collected
Shaanxi History Museum

Gold Foil Belt Ornament with Design of Confronting Tigers p44
The Warring States Period(475-221B.C.)
L:20.5;W:3.5cm
Unearthed from Tomb No.30 at Alagou, Xinjiang,1977
Xinjiang Uyghur Autonomous Region Museum

Gold Roundel with Design of Tiger p45
The Warring States Period(475-221B.C.)
D:5.2cm
Unearthed from Tomb No.30 at Alagou,Xinjiang,1977
Xinjiang Uyghur Autonomous Region Museum

Gold Plaque with Design of A Wolf Biting An Ox p46
The Third Century B.C.
L:20;W:13cm
Unearthed from Qilian county,Haibei prefecture,Qinghai province,1994
Qinghai Provincial Museum

Bronze Plaque with Design of A Tiger Biting A Donkey p47
The Spring and Autumn to Warring States Period(770-221BC)
L:13.7;W:8.2cm
Unearthed from Yanglang,Guyuan county, Ningxia,1977
Guyuan Museum,Ningxia

Bronze Plaque with Design of Camel and Its Rider p48
The Spring and Autumn to Warring States Period(770-221BC)
H:5.1;L:6.3cm
Unearthed from Zhangjie village,Caomiao town, Pengyang county,Ningxia,1987
Guyuan Museum,Ningxia

Silver Ornamental Piece with Geometric Design p49
The Warring States Period(475-221B.C.)
Side L:9.2cm
Collected
Gansu Provincial Museum

Bronze Buckle with Design of Phoenix p50
The Warring States Period(475-221B.C.)
L:6.2;W:4.2cm
Unearthed from Chenyangchuan village, Xinying town,Xiji county,Ningxia,1989
Guyuan Museum,Ningxia

Silver Ornamental Piece with Design of Animal Mask p51
The Warring States Period(475-221B.C.)
Side L:10.6-16.1cm
Collected
Gansu Provincial Museum

Bronze Chisel p52
The Warring States Period(475-221B.C.)
L:18.3;D:of rim 2.9cm
Unearthed from Gongliu county,Xinjiang,1976
Xinjiang Uyghur Autonomous Region Museum

Bronze Adz p52
The Warring States Period(475-221B.C.)
L:8.5;W:3.8cm
Collected at the waste station,Wulumuqi, Xinjiang,1973
Xinjiang Uyghur Autonomous Region Museum

Bronze Axe p53
The Warring States Period(475-221B.C.)
L:8;W:5cm
Unearthed from Gongliu county,Xinjiang,1995
Xinjiang Uyghur Autonomous Region Museum

Bronze Duck p53
The Warring States Period(475-221B.C.)
H:2.7;L:3.5cm
Unearthed from Yuergou,Wulumuqi city, Xinjiang,1977
Xinjiang Uyghur Autonomous Region Museum

Bronze Fu Container with Double Ear and Ring Feet p54

The Warring States Period(475-221B.C.)
H:47;D:of rim 41cm
Collected at Dongnangan town,Huocheng county,Xinjiang,1997
Xinjiang Uyghur Autonomous Region Museum

Woolen Piece with Woven Design of Animals p55

The Spring and Autumn to Warring States Period (770-221BC)
L:130;W:70cm
Unearthed from tomb No.3,Zhagunluke, Xinjiang,1985
Xinjiang Uyghur Autonomous Region Museum

Part II

The Officially Opening of Silk Road —Han Dynasty(206B.C.-220A.D.)

From 138B.C. to 125B.C.,Zhang Qian,a Hanzhong native finished his first trip to the western regions as an envoy of Han court,whose mission aimed to find an ally against Hun nomadic people,the biggest enemy of the unfledged Han dynasty.Although his diplomatic goal fall through,he brought back many rare information in detail on many western states after experiencing untold difficulities and dangers.His heroic exploits were highly awarded by the emperor,the road he opened leading to the central Asia was brought under the military and institutional protection.Since then,countless merchants were busy with the long distance commercial intercourse stretching further west to the mediterranean via Silk Road.They traded Chinese silk,tea,lacuqer,procelain and iron with the precious goods of western areas,such as horse,lion,grape,lucerne, walnut..

Zhang Qian's Link of Silk Road

The fierce and tough Hun nomads had been the most serious threats since the Warring States Period.When the Han dynasty was founded and unfledged,the emperors of five generations suffered huge loss whether in material or in ideology.Emperor Wu of the Han Dynasty invented an idea to launch a series of combined military actions against the Hun enemies with Rouzhi,another nomadic people who had lost homeland after being defeated by Hun,and migrated to Bacteria.When Zhang Qian finally come back,he became the first envoy who opened a road linking China to the western world.
The central government took many concerted and fruitful measures to keep the road safe and through.Envoy Commandant and Protectorate were established by the emperor in 100B.C. to gurantee the security and prosperity of this vital passageway.Postal relay stations and beacon towers were built by the Eastern Han government along the vital communication centers on the Silk Road functioned as the same purpose.

Painted Pottery Warriors p60

Western Han Dynasty(206B.C.-8A.D.)
H:42-50cm
Unearthed from Lv Empress's Tomb,Xianyang city,Shaanxi,2003
Xi'an City Museum

Painted Pottery Horseriders p62

Western Han Dynasty(206B.C.-8A.D.)
H:52cm
Unearthed from Yangjiawan,Xianyang city,Shaanxi
Shaanxi History Museum

Pottery Winged Horse p63

Han Dynasty(206B.C.-220A.D.)
H:39;L:55;W:19cm
Unearthed from Baqiao,Xi'an city,Shaanxi,1991
Xi'an City Museum

Pottery Winged Monster p64

Han Dynasty(206B.C.-220A.D.)
H:23;L:44;W:25cm
Unearthed from the northern suburbs,Xi'an city,Shaanxi,1977
Xi'an City Museum

Bronze Winged Figure p64

Han Dynasty(206B.C.-220A.D.)
H:2cm
Unearthed from Hongmiaopo, Xi'an city,Shaanxi,1964
Xi'an City Museum

Pottery Figures of Dancing Girls p65

Western Han Dynasty(206B.C.-8A D.)
H:18.8cm
Unearthed from Xi'an city,Shaanxi
Shaanxi History Museum

Certificate of Zhangye Governor p66

Western Han Dynasty(206B.C.-8A.D.)
H:21.5;W:16cm
Unearthed from Jianshuijinguan,Jinta county, Gansu province,1973
Gansu Provincial Museum

Wooden Slip Recording Mileage of Gaoping Post Road(Reproduction) p67

Western Han Dynasty(206B.C.-8A.D.)
L:13.5;W:1.8cm
Unearthed from Pochengzi,Juyan,Ejina banner, Inner Mongolia
Gansu Provincial Museum

Wooden Slip Recording Mileage of Hexi Post Road(Reproduction) p68

Western Han Dynasty(206B.C.-8A.D.)
L:18.9;W:2.2cm
Unearthed from Xuanquanzhi,Dunhuang city, Gansu province
Gansu Provincial Museum

Wooden Passport for Jiaquhouguan Pass(Reproduction) p68

Western Han Dynasty(206B.C.-8A.D.)
L:18.6,15.5;W:4.6,2.8cm
Unearthed from Jiaquhouguan,Juyan,Ejina banner,Inner Mongolia
Gansu Provincial Institute of Archaeology

Wooden Passport for Jianshui Jinguan Pass(Reproduction) p69

Western Han Dynasty(206B.C.-8A.D.)
H:13.6,15.4;W:2.6cm
Unearthed from Xuanquanzhi,Dunhuang city,Gansu province
Gansu Provincial Museum

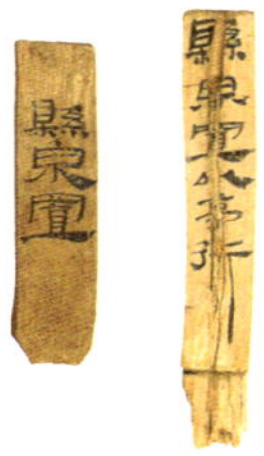

Wooden Passport for Xuanquanzhi Pass(Reproduction) p69

Western Han Dynasty(206B.C.-8A.D.)
H:10,13.6,15.4;W:2.5,2.2cm
Unearthed from Xuanquanzhi,Dunhuang city,Gansu province
Gansu Provincial Institute of Archaeology

Heavenly Horses and Silk

The Han emperors attached great importance to the introduction and breed of fine horses from central Asia regions to enforce his cavalry against Hun. Horse breeding bases were built in Gansu areas,and the national standard for fine horse appraisal was published.The bronze model cast for identifying Dawan horse accorded with the standards in Book of Horse.

Bronze Galloping Horse(Reproduction) p71

East Han Dynasty(25-220A.D.)
L:45;H:34.5;W:13.1cm
Unearthed from A Han Tomb Leitai,Wuwei city,Gansu province,1969
Gansu Provincial Museum

Bronze Figures and Horses on Procession(11) p71

Eastern Han Dynasty(25-220A.D.)
Unearthed from Leitai,Wuwei city,Gansu province,1969
Gansu Provincial Museum

Wooden Horse p74

Western Han Dynasty(206B.C.-8A.D.)
H:54.5;L:37cm
Unearthed from Mozuizi,Wuwei city,Gansu province,1973
Gansu Provincial Museum

Wooden Horse p75

Western Han Dynasty(206B.C.-8A.D.)
H:60;L:59cm
Unearthed from Mozuizi,Wuwei city,Gansu province,1973
Gansu Provincial Museum

The Silk Road provided a thoroughfare for the spread of Chinese silk,which exerted great influence to the west.Both the Chinese and foreign envoys and merchants contributed to its dissemination all over the world,therefore,the Chinese traditional geographical and universial concept was enormously enriched.

Gilded Bronze Silk Worm p76

Western Han Dynasty(206B.C.-8A.D.)
L:5.4;D:of finial 0.6cm
Unearthed from Shiquan county,Shaanxi province
Shaanxi History Museum

Silk with Embroidered Design of Two Male Figures p76

Western Han Dynasty(206B.C.-8A.D.)
H:7.2cm
Unearthed from a Han tomb,Mozuizi,Wuwei city,Gansu province,1959
Gansu Provincial Museum

Woolen Belt p77

Western Han Dynasty(206B.C.-8A.D.)
L:184;W:13.5cm
Collected
Gansu Provincial Museum

White Cotton Sleeve p77

Han Dynasty(206B.C.-220A.D.)
L:43;W:17cm
Unearthed from M1,Shanpula cemetery,Luopu county,Xinjiang,1984
Xinjiang Uyghur Autonomous Region Museum

Cloth with Impressed Design of Figures p78

Eastern Han Dynasty(25-220A.D.)
L:85;W:48cm
Unearthed from M1,Niya cemetery,Minfeng county,Xinjiang,1959
Xinjiang Uyghur Autonomous Region Museum

Purple Red Wool Gloves p78

Eastern Han Dynasty(25-220A.D.)
L:28;W:9cm
Unearthed from Shanpula cemetery,Luopu county, Xinjiang,1984
Xinjiang Uyghur Autonomous Region Museum

Brocade with Auspicious Characters p79

Eastern Han Dynasty(25-220A.D.)
L:25;W:48cm
Collected in Wulumuqi city,Xinjiang,2003
Xinjiang Uyghur Autonomous Region Museum

Cock-shaped Pillow with Woven Characters "Yan Nian Yi Shou Da Yi Zi Sun" p79

Eastern Han Dynasty(25-220A.D.)
L:46;W:16;H:10cm
Unearthed from M 1,Niya cemetery,Minfeng county,Xinjiang,1959
Xinjiang Uyghur Autonomous Region Museum

Knit Skirt With Design of Hook Lines p80

Han Dynasty(206B.C.-220A.D.)
Skirt Hem:92;Length:63cm
Unearthed from Shanpula cemetery,Luopu county,Xinjiang,1984
Xinjiang Uyghur Autonomous Region Museum

Tufted Carpet with Design of Rhombus and Triangle p81

Han Dynasty(206B.C.-220A.D.)
L:43;W:17cm
Unearthed from Shanpula cemetery,Luopu county,Xinjiang,1984
Xinjiang Uyghur Autonomous Region Museum

Numismatics and Silk Road Trade

The usage of Silk Road as trade passageway promoted the development of handicraft,commerce and numismatics casting.The western numismatics also played a role in the trade and cultural exchange between the east and the west.

Gold Discs p83

Han Dynasty(206B.C.-220A.D.)
D:6.2-6.5cm
Unearthed from Shilipu,Xi'an city,1999
Shaanxi History Museum

Pottery Mold for Casting Coins "Da Quan Wu Shi" p84

Han Dynasty(206B.C.-220A.D.)
L:13;W:9;H:9cm
Unearthed from the city site of Xihai prefecture, Haiyan county,Haibei city,Qinghai province
Qinghai Provincial Museum

Kushan Coins p84

1st-3rd Century A.D.
D:2.7,2.5cm
Shaanxi History Museum

Coins p85

Han Dynasty(206B.C.-220A.D.)
Shaanxi History Museum

Part III

Continuation of the Silk Road—Wei,Jin,Southern and Northern Dynasties(220-581A.D.)

During the turbulent period spaning from 3rd to the end of 6th centuries,trade and cultural exchange increased in scale due to the protection and constructive measures taken by the regimes occupied the Hexi areas,and the communication demands from the western states.Indian Buddhism was knewn by Chinese in the late Western Han Dynasty,and was introduced via central Asia and western regions,then gradually spread,attracting devotees from the elite and the common people.

Continuation of the Road

The important communication centers,
such as Dunhuang,Niya,Gaochang,and other posts in the western regions,were successively under the control of Wei,and continued the functions to link the hinterland of China to the west.

Pottery Figures in Procession p90

4th Year of Tianhe Reign(569A.D.),Northern Zhou Period
Unearthed from the tomb of Lixian and his wife, Guyuan city,Ningxia,1983
Guyuan Museum,Ningxia

Iron Sword with A Ring Handle p96

4th Year of Tianhe Reign(569A.D.),Northern Zhou Period
L:86cm
Unearthed from the tomb of Lixian and his wife, Guyuan city,Ningxia,1983
Guyuan Museum,Ningxia

Gold Ring p97

4th Year of Tianhe Reign(569A.D.),Northern Zhou Period
Outer D:2.4;Inner D:1.75cm
Unearthed from Lixian' tomb,Guyuan city, Ningxia,1983
Guyuan Museum,Ningxia

Tomb Wall Painting with a Warrior Holding A Blade p98

4th Year of Tianhe Reign(569A.D.),Northern Zhou Period
H:134;W:63.5cm
Unearthed from Lixian' tomb,Guyuan city, Ningxia,1983
Guyuan Museum,Ningxia

Pottery Camel p99

4th Year of Tianhe Reign(569A.D.),Northern Zhou Period
H:18.4;W:20.5cm
Unearthed from Lixian' tomb, Guyuan city,Ningxia,1983
Guyuan Museum,Ningxia

Brick with Design of Non-Chinese Leading A camel p100

Southern and Northern Dynasties(420-589A.D.)
L:18.7;W:15.5cm
Unearthed from Xujiazhai,Huangzhong county, Qinghai province,2000
Qinghai Provincial Museum

Grey Pottery Camels with Cargo p101

Northern Dynasties(386-581A.D.)
H:20;L:19cm
Collected
Shaanxi History Museum

Painted Pottery Camels in Kneeling Position p101

Northern Zhou Period(557-581A.D.)
H:30;L:30cm
Collected
Shaanxi History Museum

Painted Pottery Camel with Cargo p102

Western Wei Period(535-556A.D.)
H:21;L:21cm
Unearthed from Houyi's tomb, Hujiagou, Xianyang city,1984
Shaanxi History Museum

Bronze Openwork-carving Ring Handle p103

Northern Wei Period(386-534A.D.)
H:11.2;W:10.5cm
Unearthed from Northern Wei Period's tomb,Leizumiao village,Dongjiao town, Guyuan city,1981
Guyuan Museum,Ningxia

Openwork-carving Plaque p104

Northern Wei Period(386-534A.D.)
H:7.5;W:11cm
Unearthed from Northern Wei Period's tomb,Leizumiao village,Dongjiao town, Guyuan city,1981
Guyuan Museum,Ningxia

Copper Seal of Qiang People's Tribal Leader p104

Northern Wei Period(386-534A.D.)
H:2.6;W: 2.2cm
Collected at Baimian town,Jingyuan county,Ningxia,1984
Guyuan Museum,Ningxia

Sasanian Persian Silver Coins p105

Northern Dynasties(386-581A.D.)
D:2.8cm
Unearthed from Huangmiao street,Xining city, Qinghai province,1956
Qinghai Provincial Museum

Roman Gold Coin p106

Northern Dynasties(386-581A.D.)
D:1cm
Unearthed from Dananwan,Tongpu,Delingha city,Haixi prefecture,Qinghai province,1999
Qinghai Provincial Museum

Sasanian Persian Silver Coins p106

Northern Wei Period(386-534A.D.)
D:2.7cm;Weight:3.5g
Unearthed from a Northern Wei Period's tomb, Leizumiao village,Dongjiao town,Guyuan city, Ningxia,1981
Guyuan Museum,Ningxia

Gilt Silver Goblet with Lotus Design p107

Northern Dynasties(386-581A.D.)
H:8;D:9.6cm
Unearthed from Astana,Turfan,Xinjiang,1973
Xinjiang Uyghur Autonomous Region Museum

Silver Plate with Design of Lion p108

5-6th Century A.D.
H:3.5;D:of rim 21.2cm;
Unearthed from Laocheng village,
Yanqi county,Xinjiang,1989
Bayangol Mongolian Autonomous
Prefecture Museum,Xinjiang

Silver Plate with Design of Seven Ostriches p109

5-6th Century A.D.
D:of rim21.2;H:3.5cm
Unearthed from Laocheng village,Yanqi
county,Xinjiang,1989
Bayangol Mongolian Autonomous Prefecture
Museum,Xinjiang

Silver Bowl with Sogdian Characters p110

5-6th Century A.D.
D:of rim21;H:7.4cm
Unearthed from Laocheng village,Yanqi
county,Xinjiang,1989
Bayangol Mongolian Autonomous Prefecture
Museum,Xinjiang

Byzantine Gilded Silver Plat p111

4-5th Century A.D.
D:of rim31,of foot10.9;H:4.6cm
Unearthed from Beitan town,Jingyuan
county,Gansu province,1988
Gansu Provincial Museum

Gilded Silver Ewer p112

4th Year of Tianhe Reign(569A.D.),Northern Zhou
Period
H:37.2;D:of belly 12.8cm,Weight:1200g
Unearthed from Lixian' tomb,Shengou
village,Nanjiao town,Guyuan city,Ningxia,1983
Guyuan Museum,Ningxia

Gold Necklet p114

Northern Wei Period(386-534A.D.)
W:12cm;Weight 43.2g
Unearthed from Licha village,Zhaike
town,Guyuan,Ningxia,1987
Guyuan Museum,Ningxia

Gold Earrings Inlaid with Turquoises p115

Northern Wei Period(386-534A.D.)
D:4.8cm;Weight:14.7,16.3g
Unearthed from a Northern Wei tomb,
Huaping village,Sanying town,Guyuan,Ningxia,1991
Guyuan Museum,Ningxia

Calm Shell Cup With Gold-mounted Rim p116

Wei and Jin Period(220-420A.D.)
L:13.7;W:10;H:4.2cm
Unearthed from Brick and Tile Factory,
Nantan,Xining city,Qinghai province,1985
Qinghai provincial Museum

Glass Dish p117

Northern Zhou Period(557-581A.D.)
H:3;D:of rim 10.8cm
Unearthed from Xianyang city,Shaanxi province,
1988
Shaanxi Provincial Institute of Archaeology

Glass Bowl p118

4th Year of Tianhe Reign(569A.D.),Northern Zhou
Period
H:8;D:of rim 9.5;Depth of belly 6.8cm
Unearthed from Lixian' tomb,Shengou village,
Nanjiao town,Guyuan city,Ningxia,1983
Guyuan Museum,Ningxia

The painted pottery Jar p119

The kingdom of Gaochang(460-640A.D.)
H:10.7cm;D:of rim8.5cm
Unearthed from Astana,Turfan,Xinjiang,1960
Xinjiang Uyghur Autonomous Region Museum

Agate Seal p119

Sasanian Empire(4-7Century A.D.)
H:2.2;L:2.5;W:1.5cm
Unearthed from Bachu,Xinjiang,1959
Xinjiang Uyghur Autonomous Region Museum

Silk Road and Silk Renovation

With the extension of silk market to more areas,the diversified demands for decorative motifs created new style for Chinese silk products by combing the Chinese elements and western aesthetic trends.

Brocade with Design of Sheep and Lamp Tree p121
Northern Dynasty(386-581A.D.)
L:24;W:21cm
Unearthed from M186,Astana,Turfan,Xinjiang,1972
Xinjiang Uyghur Autonomous Region Museum

Brocade with Design of Character "Ji" p122
Northern Dynasty(386-581A.D.)
L:57;W:8cm
Unearthed from M169,Astana,Turfan,Xinjiang,1960
Xinjiang Uyghur Autonomous Region Museum

Calico p121
Northern Dynasty(386-581A.D.)
L:11;W:7cm
Unearthed from the site of Wuyulaike,Yutian,1959
Xinjiang Uyghur Autonomous Region Museum

Silk with Design of Confronting Animals p123
Northern Dynasty(386-581A.D.)
L:30;W:30cm
Unearthed from M303,Astana,Turfan,Xinjiang,1960
Xinjiang Uyghur Autonomous Region Museum

Daily Life along the Silk Road

Hexi corridor was situated in the strategic passage of the Silk Road.The peaceful and rich life brought by this commerical link were completely rivived in a group of burial tombs scattered in a huge areas along the new castles in the northeast Jiayuguan city,extending almost 20km.

Painted Brick with Design of Double Camels p125
Wei and Jin Period(220-420A.D.)
L:35.5;W:17;Thickness 5.3cm
Unearthed from Guoyuan town,Jiuquan city,Gansu province,1972
Gansu Provincial Museum

Painted Brick with Design of Winnowing Scene p125
Wei and Jin Period(220-420A.D.)
L:34.8;W:17;Thickness 4.5cm
Unearthed from Xincheng,Jiuquan city,Gansu province,1972
Gansu Provincial Museum

Painted Brick with Design of Postman (Reproduction) p126
Wei and Jin Period(220-420A.D.)
L:35;W:17;Thickness 5cm
Unearthed from Guoyuan town,Jiuquan city,Gansu province
Gansu Provincial Museum

Green-glazed Pottery Flask p127
Northern Wei Period(386-534A.D.)
H:11.3;W:9.5cm
Unearthed from a construction site of residential quarter of Grain Bureau,Guyuan,Ningxia,1986
Guyuan Museum,Ningxia

Wall Painting Depicting A Maid Holding A Round Fan p128
4th Year of Tianhe Reign(569A.D.),Northern Zhou Period
H:136;W:59cm
Unearthed from the tomb of Lixian and his wife, Shengou village,Nanjiao town,Guyuan city,Ningxia,1983
Guyuan Museum,Ningxia

Pottery Ox Cart p129
Northern Wei Period(386-534A.D.)
Ox:H:21.9;L:31.5cm Cart:H:24.6;L:20.4cm
Figure:H:34.5cm
Unearthed from a Northern Wei tomb at Shiwa village,Xinji town,Pengyang county,Ningxia,1984
Guyuan Museum,Ningxia

Green-glazed Figure of A Drinking Non-Chinese p130
Northern Dynasty(386-581A.D.)
H:10;W:6cm
Unearthed from Caochangpo,the southern suburbs of Xi'an,Shaanxi,1979
Xi'an City Museum

Painted Pottery Musical Instrument Players on Horse Back p131
Northern Dynasty(386-581A.D.)
H:34.5,35.2;W:30,32cm
Unearthed from Dongjia village,northern suburbs of Xi'an city,1996
Shaanxi Provincial Institute of Archaeology

Part IV

Prosperity of the Silk Road —Sui and Tang Dynasties(581-907A.D.)

The Tang dynasty brought the Silk Road to its heyday with a strong and effective centralized government.Infrastructures such as post stations and checkpoints were further strengthened.The local administrations,such as Longyou Circuit,Beiting Protectorate,Anxi Protectorate directly managed and operated the Silk Road trade business.Merchants,envoys and religious preachers traveled safely on the road.

Prosperity of the Silk Road

Under the strenuous efforts of the central government,the Silk Road kept its vitality and prosperity.Traders and envoys from all over the regions gathered on the road and crowded in the capital city.The exotic objects and cultures were absorbed and transformed by local people.

Foreign Merchants

The foreign trade caravans appeared all over Tang territory after passing through many different places along the Silk Road.Many foreigners settled in cities and towns,and blended with the local people,which exerted far-reaching influence on the diversified social structure and multi-nationality composition of population.

Painted Pottery Figure of Black Man p136

Tang Dynasty(618-907A.D.)
H:15cm
Unearthed from the southern suburbs of Xi'an,Shaanxi
Shaanxi History Museum

Tri-colored Pottery Figure of a Foreign Lady p137

Tang Dynasty(618-907A.D.)
H:20cm
Unearthed from Princess Yongtai's tomb,Qian country,Shaanxi,1960
Shaanxi History Museum

Painted Pottery Figure of a Foreign Lady p138

12th Year of Kaiyuan Reign(724A.D.),Tang Dynasty
H:26cm
Unearthed from the tomb of Jinxiang county governess,Xinzhu town,Xi'an city,Shaanxi,1991
Xi'an City Museum

Tri-colored Pottery Figure of a Foreigner p139

Tang Dynasty(618-907A.D.)
H:28;W:13cm
Unearthed from Xi'an city,Shaanxi,1978
Xi'an City Museum

Foreign Figures p142

Tang Dynasty(618-907A.D.)
Tri-colored Figures:H:29,43,30cm
Painted Figures:H:47,27cm
Shaanxi History Museum

Steeds and Camels

The Tang government took active measures to introduce fine horses from the western regions,and encouraged domestic horse-breeding industry.The number of horses in the 13th year of Kaiyuan Reign totalled 43000.Due to its indispensability for the long-distance desert travel,camel was treated as the symbol of Silk Road.

Pottery Camel with Its Rider p142

Tang Dynasty(618-907A.D.)
H:50;L:62;W:28cm
Unearthed from Hansenzhai,Xi'an city,1985
Xi'an City Museum

Tri-colored Pottery Camel with Cargo p143

Tang Dynasty(618-907A.D.)
H:51;L:45cm
Unearthed from Mechnized Chicken Farm,Xi'an city,Shaanxi province,1983
Xi'an City Museum

Painted Pottery Camel p144

Tang Dynasty(618-907A.D.)
H:74;L:55cm
Unearthed from Hansenzhai,Xi'an city,Shaanxi,1987
Xi'an City Museum

Painted Pottery Camel p145

Tang Dynasty(618-907A.D.)
H:85;L:66cm
Transferred by Xi'an Public Security Bureau,2005
Xi'an City Museum

Painted Pottery Horse and Its Leader p146

Tang Dynasty(618-907A.D.)
H:58cm
Unearthed from Hansenzhai,Xi'an city,Shaanxi,1987
Xi'an City Museum

Painted Pottery Horse p147

Tang Dynasty(618-907A.D.)
H:80;L:67cm
Unearthed from Hansenzhai,Xi'an city,Shaanxi
Xi'an City Museum

Painted Pottery Camel Leader p148
Tang Dynasty(618-907A.D.)
H:56cm
Unearthed from Zhang Xiong Couple's tomb, Astana,Turfan,Xinjiang,1973
Xinjiang Uyghur Autonomous Region Museum

Tri-colored Pottery Horse p149
Tang Dynasty(618-907A.D.)
H:49;L:51cm
Transferred by Shaanxi Provincial Committee of Cultural Relics,1951
Shaanxi History Museum

Bronze Camel-shaped Pot p150
Tang Dynasty(618-907A.D.)
L:10.5;W:4.7;H:6.7cm
Unearthed from Xiji county,Ningxia
Xiji County Museum,Ningxia

Tri-colored Pottery Camel and Its Leader p151
Tang Dynasty(618-907A.D.)
Figure:H:76cm
Camel:H:93.4cm
Unearthed from Yejiabu village,Qin'an county, Gansu province,1965
Gansu Provincial Museum

Screen Painting Depicting the Scene of Horse Herding p152
Tang Dynasty(618-907A.D.)
L:75;W:57cm
Unearthed from M188,Astana,Turfan,Xinjiang,1972
Xinjiang Uyghur Autonomous Region Museum

Color-painted Paper Painting Depicting the Scene of flower and bird p153
Tang Dynasty(618-907A.D.)
L:42;W:29.5cm
Unearthed from Astana,Turfan,Xinjiang,1968
Xinjiang Uyghur Autonomous Region Museum

Tomb Wall Painting Depicting the Scene of A Man Leading A Horse p154
2nd Year of Shengli Reign(699A.D.),Tang Dynasty
H:69cm
Unearthed from Liang Yuanzhen's tomb at Yangfang village,Nanjiao town,Guyuan,Ningxia,1986
Guyuan Museum,Ningxia

Tomb Wall Painting Depicting the Scene of A Man Leading A Horse p155
2nd Year of Shengli Reign(699A.D.),Tang Dynasty
L:79cm
Unearthed from Liang Yuanzhen's tomb at Yangfang village,Nanjiao town,Guyuan,Ningxia,1986
Guyuan Museum,Ningxia

The Silk Road and Women's Life
The Tang people's life was greatly influenced and changed by the Silk Road,especially the vision and the way of life of women.The new exotic things,including the dress and adornments,hair ornaments and face decoration,were the prefect expressions of freedom and openness that the Tang women enjoyed,and the new demonstration of their boldness and outlook.

Painted Wooden Figure p157
Tang Dynasty(618-907A.D.)
H:33.8;W:10.8;Thickness:7.7cm
Unearthed from Nantan,Xining,Qinghai,1958
Qinghai Provincial Museum

Painted Wooden Figure p158
Tang Dynasty(618-907A.D.)
H:34;W:10.8;Thickness:7.7cm
Unearthed from Nantan,Xining,Qinghai,1958
Qinghai Provincial Museum

Silk Painting Depicting the Scene of Ladies p159
Tang Dynasty(618-907A.D.)
L:80;W:75cm
Unearthed from M187,Astana,Xinjiang,1972
Xinjiang Uyghur Autonomous Region Museum

Female Figures p160
Tang Dynasty(618-907A.D.)
(1)Painted Pottery Female Figure
H:40cm
Unearthed from Hansenzhai,the eastern suburbs of Xi'an city,1955
(2)Painted Pottery Female Figure
H:33cm
Donation of Guan Yunqiao,1952
(3)Painted Pottery Female Figure
H:24cm
Transferred by Shaanxi Provincial Committee of Cultural Relics,1951
(4)Painted Pottery Female Figure
H:50cm
Unearthed from the Textile Factory,the western suburbs of Xi'an city
(5)Tri-colored Pottery Female Figure
H:24.5cm
Shaanxi History Museum

Foreign Music and Dance

The Silk Road contributed greatly to the prevalence of foreign musics and dances all over Tang territory.There were ten national musics with dance accompaniments(Ten Melody,Yan Melody,Qing Melody,Xiliang Melody,Tianzhu Melody,Gaoli Melody,Qiuci Melody,Anguo Melody,Kangguo Melody,Shule Melody,Gaochang Melody),eight of them were from the western regions.

Painted Pottery Female Figure in Foreign Suit p162

Tang Dynasty(618-907A.D.)
H:50.3cm
Unearthed from Yang Jianchen's tomb,Xianyang city,Shaanxi,1952
Shaanxi History Museum

Painted Pottery Female Figure in Man's Suit p163

Tang Dynasty(618-907A.D.)
H:39cm
Unearthed from Guojiatan,Xi'an city,Shaanxi,1955
Shaanxi History Museum

Painted Clay Female Figure on Horse Back p164

Tang Dynasty(618-907A.D.)
H:42;L:28.4 cm
Unearthed from M187,Astana,Xinjiang,1973
Xinjiang Uyghur Autonomous Region Museum

Painted Clay Female Figure p164

Tang Dynasty(618-907A.D.)
H:28.6cm
Unearthed from Astana,Turfan,Xinjiang,1973
Xinjiang Uyghur Autonomous Region Museum

Painted Pottery Female Figure Wearing A Hat and Veil p165

Tang Dynasty(618-907A.D.)
H:37.3;L:26cm
Unearthed from Zheng Rentai's tomb,Liquan county,Shaanxi,1972
Shaanxi History Museum

Painted Clay Civil Figure p166

Tang Dynasty(618-907A.D.)
H:14.3cm
Unearthed from Astana,Turfan,Xinjiang,1960
Xinjiang Uyghur Autonomous Region Museum

Stone Tomb Gate with Huteng Dance Performance p168

Tang Dynasty(618-907A.D.)
Door:H:89;L:43;Thickness:5cm
Pivot:H:13;D:10cm
Unearthed from Yinziliang,Subujing town,Yanchi county,Ningxia,1985
Ningxia Museum

Gilded Bronze Figure of A Male Dancer p170

Tang Dynasty(618-907A.D.)
H:13.5cm
Collected in Shandan county,Gansu province
Shandan County Museum,Gansu Province

Tile-end with Design of a Winged Figure p170

Tang Dynasty(618-907A.D.)
D:13cm
Unearthed from Chuankou Cement Factory, Minhe county,Qinghai province
Qinghai Provincial Museum

Painted Clay Figure of a Horse Rider p171

Tang Dynasty(618-907A.D.)
H:11.7;L:14cm
Unearthed from M336,Astana,Xinjiang,1960
Xinjiang Uyghur Autonomous Region Museum

Painted Pottery Figure of a Black Acrobat p172

Tang Dynasty(618-907A.D.)
H:13cm
Unearthed from M336,Astana,Xinjiang,1960
Xinjiang Uyghur Autonomous Region Museum

Painted Pottery Figure Performance As a Lion p173

Tang Dynasty(618-907A.D.)
L:10;H:13;W:5.5cm
Unearthed from M336,Astana,Xinjiang,1960
Xinjiang Uyghur Autonomous Region Museum

Painted Pottery Male Figure of a Black Dancer p173

The Eighteenth Year of Kaiyuan Reign(730A.D.),Tang Dynasty
H:50cm
Unearthed from Qingcheng county,Gansu province
Qingcheng County Museum,Gansu Province

Painted Pottery Performancing Figures p174

Tang Dynasty(618-907A.D.)
H:7-8cm
Unearthed from Beishi Shinang's tomb,western suburbs of Xi'an city,1983
Shaanxi History Museum

Pottery Figures Playing Polo p175

Tang Dynasty(618-907A.D.)
H:8.5;L:14cm
Shaanxi History Museum

Pottery Horse p176

Tang Dynasty(618-907A.D.)
H:47;L:50.5cm
Unearthed from Zhangshigui's tomb,Liquan county,Shaanxi province
Shaanxi History Museum

Silver and Gold Wares

The gold and silver industry of Tang dynasty was fundmentally transformed by the western gold and silver techniques.The imperial family and the nobles were fascinated with the elegant shapes and beautiful designs of western wares,the huge market need they created accelerated the Silk Road trade.

Six-ridged Silver Pot with a Loop Handle p178

Tang Dynasty(618-907A.D.)
H:20cm
Collected
Shaanxi History Museum

Silver Dish with Gilded Raised Design of Flower p178

Tang Dynasty(618-907A.D.)
D:15.5cm
Unearthed from Xi'an city,Shaanxi province,1972
Xi'an City Museum

Silver Bowl p179

Tang Dynasty(618-907A.D.)
H:7.3;D:18.4cm
Unearthed from Hejia village,Xi'an city,Shaanxi province,1970
Shaanxi History Museum

Silver Box p179

Tang Dynasty(618-907A.D.)
H:2.8;D:8cm
Unearthed from Hejia village,Xi'an city,Shaanxi province
Shaanxi History Museum

Gold Mask p180

Tang Dynasty(618-907A.D.)
H:30.5;W:18.5cm
Unearthed from Shi Daode's tomb at Wanglaoba village,Nanjiao town,Guyuan,Ningxia,1982
Guyuan Museum,Ningxia

Gold-mounted Silver Belt with Design of Western Mythological Deities p181

Tang Dynasty(618-907A.D.)
L:95;W:3.3cm
Collected
Qinghai Provincial Museum

Gold Ornamental Roundel with Design of Animals p182

Tang Dynasty(618-907A.D.)
D:3;Thickness:0.3cm;Weight:2.6g
Unearthed from Shi Daode's tomb at Wanglaoba village,Nanjiao town,Guyuan,Ningxia,1982
Guyuan Museum,Ningxia

Jade Belt Plaques with Inlaid Gold and Gem Design p183

Tang Dynasty(618-907A.D.)
L:150cm
Unearthed from Douxiao's tomb,Nanliwang village,Chang'an county,Shaanxi province,1992
Shaanxi Provincial Institute of Archaeology

Glass Wares

Glass wares were brought to China as tribute,gift or commodity,and were cherished by the upper class for its dazzling color and rarity.The techniques for making glass were also pursued and absorbed by Chinese craftmen,leading to the development of Chinese glass making.

Talcum Cup with Design of Floral Medallions p185
Tang Dynasty(618-907A.D.)
D:of rim 8.5;H:4cm
Collected
Shaanxi History Museum

Green Glass Bottle p186
Sui Dynasty(581-618A.D.)
H:8.4;D:7cm
Unearthed from sarira tomb,Changle Road,eastern suburbs of Xi'an city,Shaanxi,1986
Shaanxi History Museum

Light Green Glass Bowl p187
Tang Dynasty(618-907A.D.)
H:12.6;D:of rim:9.3cm
Unearthed from Handou's tomb,Dizhangwan, Xianyang city,Shaanxi province,1985
Shaanxi Provincial Institute of Archaeology

Glass Pitcher p188
Sui Dynasty(581-618A.D.)
H:15cm
Collected
Shaanxi History Museum

Gilded Blue Crystal Pendant p189
Tang Dynasty(618-907A.D.)
L:4;W:2.6;Thickness:1.2cm
Unearthed from Shi Suoyan's tomb(664A.D.) at Yangfang village,Nanjiao town,Guyuan,Ningxia,1985
Guyuan Museum,Ningxia

Gem Seal p190
Tang Dynasty(618-907A.D.)
D:1.6;Thickness:0.5cm
Unearthed from Shi Hedan's tomb (669A. D.)at Xiaomazhuang village,Nanjiao town,Guyuan,Ningxia,1986
Guyuan Museum,Ningxia

Foreign Numismatics
The prosperity of Silk Road trade enlarged the circulation areas of various kinds of exotic numismatics as exchange medium,and promoted the development of commodity economy and foreign trade.

Persian Silver Coins p192
7 Century A.D.
D:3.1cm
Unearthed from Wuqia county,Xinjiang,1959
Xinjiang Uyghur Autonomous Region Museum

Imitation of Sasanian Gold Coin p193
Tang Dynasty(618-907A.D.)
D:2cm;Weight:7g
Unearthed from Shi Tiebang's tomb (670A.D.)at Yangfang village,Nanjiao town,Guyuan,Ningxia,1985-1986
Guyuan Museum,Ningxia

Byzantine Gold Coin p193
Byzantine Emperor Justinian II Period(567-578A.D.)
D:2.1cm;Weight:4.6g
Unearthed from Shi Daoluo's tomb (658A. D.)at Xiaomazhuang village,Nanjiao town,Guyuan,Ningxia,1995
Guyuan Museum,Ningxia

Byzantine Gold Coin p194
Ca.6th Century A.D.
D:1.9cm;Weight:0.8g
Unearthed from Shi Hedan's tomb (669A. D.)at Xiaomazhuang village,Nanjiao town,Guyuan,Ningxia,1985-1986
Guyuan Museum,Ningxia

Imitation of Byzantine Gold Coin p194
Ca.6th Century A.D.
D:2.4cm
Unearthed from Shi Suoyan's tomb (664A.D.)at Yangfang village,Nanjiao town,Guyuan,Ningxia,1985
Guyuan Museum,Ningxia

Imitation of Byzantine Gold Coin p195
Ca.6th Century A.D.
D:2cm;Weight:4g
Unearthed from Shi Daode's tomb (678A.D.)at Wanglaoba village,Nanjiao town,Guyuan,Ningxia,1982
Guyuan Museum,Ningxia

Last Words of Administrator Siyou p196
Gaochang Kingdom(460-640A.D.)
L:27,28,27.5;W:22,12,12cm
Unearthed from M10,Astana,Turfan,Xinjiang,1964
Xinjiang Uyghur Autonomous Region Museum

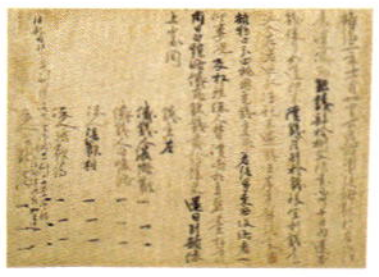

Contract on Zhang Haihuan's Debt p197
2nd Year of Linde Reign(665A.D.),Tang Dynasty
L:39.8;W:29.5cm
Unearthed from M4,Astana,Turfan,Xinjiang,1964
Xinjiang Uyghur Autonomous Region Museum

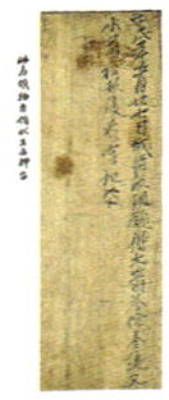

The Certificate of Obtaining Ordnance p198
Tang Dynasty(618-907A.D.)
H:29.8;L:9.4cm
Originally Collected by Zhang Zongxiang
Zhejiang Provincial Museum

The Certificate of Paying Ordnance p199
Tang Dynasty(618-907A.D.)
H:29.6;L:9.3cm
Originally collected by Zhang Zongxiang
Zhejiang Provincial Museum

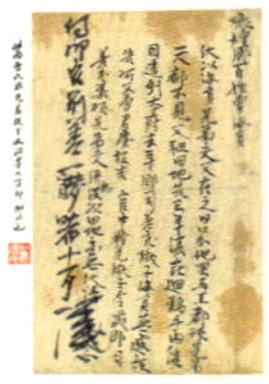

The petition and judgement of Civilian Cao Haiyuan in Dunhuang p200
Late Tang Dynasty and Five Dynasties(827-960A.D.)
H:29.8;L:18.2cm
Originally collected by Zhang Zongxiang
Zhejiang Provincial Museum

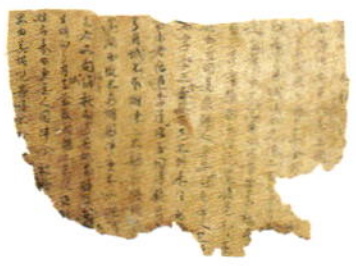

Document of Anxi Protectorate Recording Cao Lushan's Sue Against Li Shaojin p201
Tang Dynasty(618-907A.D.)
L:50;W:40cm
Unearthed from M61,Astana,Turfan,Xinjiang,1966
Xinjiang Uyghur Autonomous Region Museum

Linen Recording the Regular Tax of He Sijing p202
Tang Dynasty(618-907A.D.)
L:245;W:58.5cm
Unearthed from M108,Astana,Turfan,Xinjiang,1968
Xinjiang Uyghur Autonomous Region Museum

The Development of Silk Industry

The silk industry was rapidly progressed both in techniques and quantities in order to meet the ever increasingly demand from Silk Road trade.The new handicraft system was established.which was characterized by twill weft brocade and combination of foreign pattern motifs.

Dyed Yellow Thin Silk p204
Tang Dynasty(618-907A.D.)
L:69.5;W:28cm
Unearthed from Astana,Turfan,Xinjiang,1968
Xinjiang Uyghur Autonomous Region Museum

Brocade with Design of Confronting Character "Ji" p204
Tang Dynasty(618-907A.D.)
L:24.5;W:15.8cm
Unearthed from Astana,Turfan,Xinjiang,1960
Xinjiang Uyghur Autonomous Region Museum

Brocade with Design of Confronting Chickens and Beads p205
Tang Dynasty(618-907A.D.)
L:28;W:16.8cm
Unearthed from Astana,Turfan,Xinjiang,1969
Xinjiang Uyghur Autonomous Region Museum

Brocade Mask with Design of Pig Head and Beads p206
Tang Dynasty(618-907A.D.)
L:45;W:36cm
Unearthed from M138,Astana,Turfan,Xinjiang,1969
Xinjiang Uyghur Autonomous Region Museum

Brocade with Design of Confronting Horses Against Red Background p207
Tang Dynasty(618-907A.D.)
L:17;W:11cm
Unearthed from M161,Astana,Turfan,Xinjiang,1972
Xinjiang Uyghur Autonomous Region Museum

Brocade with Design of Confronting Birds and Flowers p208
Emperor Dai of Tang Dynasty(778A.D.)
L:24.4;W:37cm
Unearthed from M48,Astana,Turfan,Xinjiang,1966
Xinjiang Uyghur Autonomous Region Museum

Brocade with Design of Sun against Yellow Roundels p210
Tang Dynasty(618-907A.D.)
L:42;W:23cm
Unearthed from Reshui cemetery,Dulan county,Haixi prefecture,Qinghai province,1983
Qinghai Provincial Museum

Brocade with Design of Confronting Horses and Birds and Beads p211

Tang Dynasty(618-907A.D.)
L:45.5;W:11cm
Unearthed from Reshui cemetery,Dulan county,Haixi prefecture,Qinghai province,1983
Qinghai Provincial Museum

Brocade with Design of Confronting Birds p211

Tang Dynasty(618-907A.D.)
L:23;W:17.5cm
Collected
Gansu Provincial Museum

Foreign Elements in Daily Life

The great influence that the Silk Road extered on the daily life of Tang people was extensive in scale and far-reaching in depth.New changes were obvious in daily utensils,food and drinking vessels,as well as the varities of foods.

Tri-colored Pottery Ewer with A Phoenix Head p213

Tang Dynasty(618-907A.D.)
H:31;D:of base:9.3cm
Unearthed from Xi'an city,Shaanxi province,1959
Shaanxi History Museum

Tri-colored Pottery Ewer with A Phoenix Head p214

Tang Dynasty(618-907A.D.)
H:31cm
Unearthed from Gangu county,Gansu province,
Tianshui City Museum,Gansu Province

Tri-colored Pottery Ewer in the Shape of Double Fish p215

Tang Dynasty(618-907A.D.)
H:28;D:of rim:9cm
Unearthed from Sanqiao,Xi'an city,Shaanxi province,1957
Shaanxi Provincial Institute of Archaeology

Tri-colored Pottery Bowl p216

Tang Dynasty(618-907A.D.)
D:of rim:7;H:4.2cm
Unearthed from Hansenzhai,Xi'an city,Shaanxi province
Shaanxi History Museum

Bronze Mirror with Design of Sea Animals and Grapes p216

Tang Dynasty(618-907A.D.)
D:20.4cm
Unearthed from Xi'an city,Shaanxi province,1964
Shaanxi History Museum

White Porcelain Ewer in the Shape of a Leather Bag p217

Tang Dynasty(618-907A.D.)
H:24;W:20cm
Unearthed from Hansenzhai,Xi'an city,Shaanxi province
Shaanxi History Museum

White Porcelain Pitcher with a Dragon-shaped Handle p218

Tang Dynasty(618-907A.D.)
H:31;D:of rim:8cm
Unearthed from Xi'an city,Shaanxi province
Shaanxi History Museum

Pottery Pitcher in the Shape of a Man's Head with Bulging Eyes p219

Tang Dynasty(618-907A.D.)
L:17cm
Unearthed from Yuetegan site,Hetian district,Xinjiang,1976
Xinjiang Uyghur Autonomous Region Museum

Pottery Pot with Three Ear-handles p220

Tang Dynasty(618-907A.D.)
H:57;D:of rim28.5;of base 19cm
Unearthed from Yawuluke site,Kashi district,Xinjiang,1992
Xinjiang Uyghur Autonomous Region Museum

Dried Objects(Pear,Cotton Seeds,Grape,Wheat Head) p221

Tang Dynasty(618-907A.D.)
Unearthed from Astana,Turfan,Xinjiang
Xinjiang Uyghur Autonomous Region Museum

Wooden Objects p222

Tang Dynasty(618-907A.D.)
Unearthed from Astana,Turfan,Xinjiang
Xinjiang Uyghur Autonomous Region Museum

Cooked Wheaten Foods p223
Tang Dynasty(618-907A.D.)
Unearthed from Astana,Turfan,Xinjiang,1922
Xinjiang Uyghur Autonomous Region Museum

Burial Custom

The burial customs and rituals along the Silk Road illustrated the cultural diversification and integration.The burial objects varied in kinds,quantities,qualities and functions,under the influence of the concept of Han nationality "treating the dead as the same as the living".

Tomb Stone and Epitaph Cover of Shi Shewu p225
5th Year of Daye Reign,Sui Dynasty(609A.D.)
Cover:L:46.5;W:47;Thickness:10cm
Stone:L:46.4;W:45;Thickness:6cm
Unearthed from Shi Shewu's tomb at Xiaomazhuang village,Nanjiao town,Guyuan,Ningxia,1987
Guyuan Museum,Ningxia

Tomb Wall Painting with A Warrior Holding A Wat Board p226
5th Year of Daye Reign,Sui Dynasty(609A.D.)
H:120cm
Unearthed from Shi Shewu's tomb at Xiaomazhuang village,Nanjiao town,Guyuan,Ningxia,1987
Guyuan Museum,Ningxia

Tomb Wall Painting with A Warrior Holding A Blade p226
5th Year of Daye Reign,Sui Dynasty(609A.D.)
H:164cm
Unearthed from Shi Shewu's tomb at Xiaomazhuang Village,Nanjiao town,Guyuan,Ningxia,1987
Guyuan Museum,Ningxia

Tomb Wall Painting with A Rosefinch p227
1st Year of Linde Reign,Tang Dynasty(664A.D.)
H:112;L:114cm
Unearthed from Shi Suoyan's tomb at Yangfang village,Nanjiao town,Guyuan,Ningxia,1985
Guyuan Museum,Ningxia

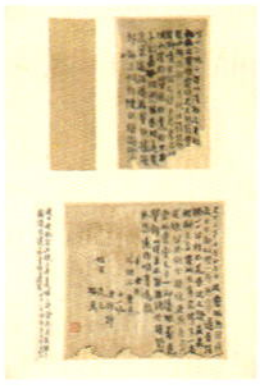

The Funeral Oratio for Sanniangzi's uncle,Nun Linggui's Will(Four pages) p228
Tang Dynasty(618-907A.D.)
Right Upper H:25.8,L:15cm;
Left Upper H:26.2,L:7.9cm;
Right Lower H:26.8,L:27cm;
Originally Collected by Huang Binhong
Zhejiang Provincial Museum

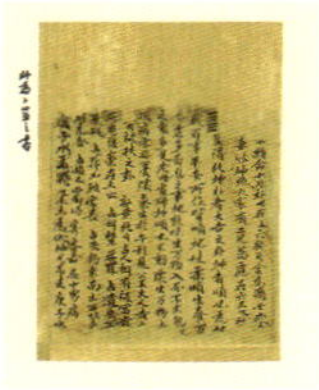

Divination Paper p229
Tang Dynasty(618-907A.D.)
H:17.2,L:16.7cm
Originally Collected by Zhang Zongxiang
Zhejiang Provincial Museum

Painted Clay Tomb Guardian p230
Tang Dynasty(618-907A.D.)
H:80cm
Unearthed from M216,Astana,Turfan,Xinjiang,1972
Xinjiang Uyghur Autonomous Region Museum

Tri-colored Pottery Tomb Guardian p231
Tang Dynasty(618-907A.D.)
H:130.2;W:58.8cm
Unearthed from Yejiabu,Qin'an county,Gansu province,1965
Gansu Provincial Museum

Painted Wooden Heavenly God p232
Tang Dynasty(618-907A.D.)
H:91cm
Unearthed from M216,Astana,Turfan,Xinjiang,1973
Xinjiang Uyghur Autonomous Region Museum

Silk Painting Depicting Fu Xi and Nvwa,Legendary Rulers of Great Antiquity p233
Tang Dynasty(618-907A.D.)
H:221.5;W:105.5(upper),80.9(lower) cm
Unearthed from M19,Astana,Turfan,Xinjiang,1964
Xinjiang Uyghur Autonomous Region Museum

Painted Pottery Tomb Guardians p234
Tang Dynasty(618-907A.D.)
H:46;W:45cm
Unearthed from Hansenzhai,Xi'an city,Shaanxi province,1991
Xi'an City Museum

Painted Pottery Tomb Heavenly God p235
Tang Dynasty(618-907A.D.)
H:92cm
Unearthed from Qinchuan Machinery Factory, Xi'an city,Shaanxi province,1991
Xi'an City Museum

Part V

The Afterlow of Silk Road
—Song to Yuan Dynasties(960-1368)

After the fall of Tang dynasty,the Silk Road declined gradually due to the chaos aroused by the separatist rule in the northwest China.But some routes still connected the hinterland of China and the west and functioned as the passageway for the political and economic exchanges.The communication between east and west was encouraged by Yuan dynasty,the Silk Road resumed its vitality and opened a new era of integration of trade,art and knowledge.

Iranian Bronze Lamp p239

Song Dynasty(960-1279A.D.)
L:12.3;W:7;H:7.5cm
Unearthed from Bachu county,Xinjiang,1959
Xinjiang Uyghur Autonomous Region Museum

Buddhist Convertion Jar p240

Song Dynasty(960-1279A.D.)
H:68cm
Collected
Ningxia Museum

Mirror Decorated with Figures and Pavillion p242

Song Dynasty(960-1279A.D.)
D:18.5cm
Unearthed from a Song Dynasty tomb at Guanzhuang,Longde county,Ningxia,1977
Ningxia Museum

Bronze Seal in Western Xia Characters "shouling" p243

Western Xia Dynasty(1038-1227A.D.)
L:5.6;W:5.5;Thickness:1;H:of knob 1.6cm
Collected
Ningxia Museum

Wooden Engraving with Five Male Servants(Reproducted) p244

The 7th Year of Tianqing Reign(1200A.D.),
Western Xia Dynasty
L:21.5;W:12cm
Unearthed from Tree Farm at the western suburbs of Wuwei city,Gansu province,1977
Wuwei City Museum,Gansu Province

Wooden Engraving with Five Female Servants(Reproducted) p245

The 7th Year of Tianqing Reign(1200A.D.),
Western Xia Dynasty
L:28;W:10.5cm
Unearthed from Tree Farm at the western suburbs of Wuwei city,Gansu province,1977
Wuwei City Museum,Gansu Province

White Porcelain Pot with Pierced Design p246

Western Xia Dynasty(1038-1227A.D.)
H:40.9;D:of rim:14.4;of foot:13.3cm
Collected
Gansu Provincial Museum

Brown-glazed Porcelain Pot with Pierced Design p247

Western Xia Dynasty(1038-1227A.D.)
H:33;D:20cm
Collected
Qinghai Provincial Museum

Porcelain Pot with Pierced Design of Peony p248

Western Xia Dynasty(1038-1227A.D.)
H:20;D:of rim:20.5;of foot 14cm
Unearthed from the hoard at Danma town,Huzhu county,Qinghai province,1980
Qinghai Provincial Museum

Bronze Mirror with Carved Western Xia Characters p249

Western Xia Dynasty(1038-1227A.D.)
L:20.5;D:10cm
Collected
Ningxia Museum

Fragment Stele in Western Xia Characters p250

Western Xia Dynasty(1038-1227A.D.)
L:27;W:22.5cm
Unearthed from Xixia Burial Area,
Yinchuan,Ningxia,1974
Ningxia Museum

Wooden Printing Forme in Western Xia Characters p251

Western Xia Dynasty(1038-1227A.D.)
L:13.7;W:23.3;Thickness:2cm
Unearthed in Hongfo Pagoda,Helan county,
Ningxia,1990
Ningxia Museum

Block Porcelain Flask with Pierced Design p252

Western Xia Dynasty(1038-1227A.D.)
L:35.4;D:31.6;Thickness:17.3cm
Collected
Haiyuan County Committee of Cultural Relics, Ningxia

Brown-glazed Porcelain Vase with Pierced Design of Peony p253

Western Xia Dynasty(1038-1227A.D.)
H:33.1;D:of rim:7.3;of belly:14;of foot:8.7cm
Unearthed from Ciyaobu,Lingwu county, Ningxia,1986
Yanchi County Museum,Ningxia

Gray Pottery Figure of a Kalavinka with Five-pointed Corolla p254

Western Xia Dynasty(1038-1227A.D.)
L:37;W:32.5;H:48cm
Base:L:22.5;W:18.5cm
Unearthed from No.3 Xixia Imperial Mausoleum, Ningxia,2001
Xixia Museum

Painted Earthenware Heads of Buddha p256

Western Xia Dynasty(1038-1227A.D.)
H:36;W:24.4(front),25.5(side)cm
Unearthed from Hongfo Pagoda,Helan county, Ningxia,1990
Ningxia Museum

Painted Earthenware Figures of seated Arhat p258

Western Xia Dynasty(1038-1227A.D.)
H:65.5;W:42(front)cm
Unearthed from Hongfo Pagoda,Helan county, Ningxia,1990
Ningxia Museum

Carved Bamboo Statue of Cakrasamvara p259

Western Xia Dynasty(1038-1227A.D.)
H:15;Pedestal:W:5.5;L:10.4cm
Unearthed from the double-pagoda,Baisikou, Helan county,Ningxia,1986
Ningxia Museum

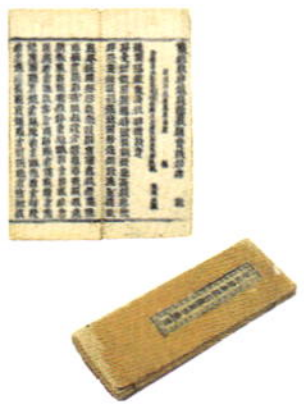

Sutra in Western Xia Characters p260

Western Xia Dynasty(1038-1227A.D.)
L:31.7;W:12;Thickness:1.9cm
Donation of Luo Xueqiao
Ningxia Museum

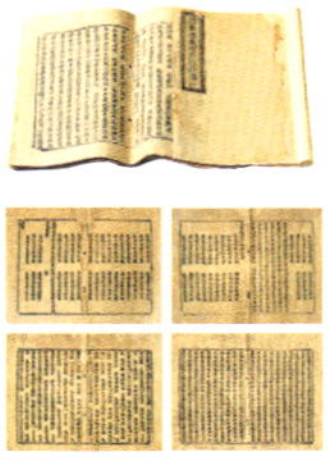

Sutra in Western Xia Characters p261

Western Xia Dynasty(1038-1227A.D.)
L:30.7;W:19.5cm
Unearthed from a square pagoda,Baisigou, Helan county,Ningxia,1991
Ningxia Institute of Archaeology

Printed Silk Fabric with Children at Play p262

Western Xia Dynasty(1038-1227A.D.)
L:86.5,84;W:30cm
Unearthed from Baisikou Double Pagodas,Helan county,Ningxia,1986
Ningxia Museum

Bronze Coins p264

Western Xia Dynasty(1038-1227A.D.)
D:2.3-2.5cm
Collected
Ningxia Museum

Gilded Bronze Statue of Buddha p265

Yuan Dynasty(1271-1368A.D.)
H:48;D:of rim 36cm
Collected at Nanjiao town,Guyuan city, Ningxia,1992
Guyuan Museum,Ningxia

White and Blue Porcelain Yi Pouring Vessel with Design of Phoenix p266

Yuan Dynasty(1271-1368A.D.)
H:4.1;D:of rim:13.2;of foot:8.4cm
Unearthed from Siwa village,Yaxia town,Lintao county,Gansu province
Lintao County Museum,Gansu Province

White and Blue Porcelain Vase with Design of Flowers p267

Yuan Dynasty(1271-1368A.D.)
H:29;D:of rim:7.7;of foot:9.3cm
Unearthed from Siwa village,Yaxia town,Lintao county,Gansu province,1987
Lintao County Museum,Gansu Province

Silver Tally with Basiba Characters p268

Yuan Dynasty(1271-1368A.D.)
H:18;D:11.7cm;Weightness:249g
Collected
Gansu Provincial Museum

Paper currency "Zhong Tong Yuan Bao Jiao Chao" p269

Yuan Dynasty(1271-1368A.D.)
L:29;W:22cm
Unearthed from Ge'ermu,Haixi prefecture, Qinghai province,1955
Qinghai Provincial Museum

Part VI

Introduction and Spread of Buddhism

The prosperity of Silk Road provided a convenient viechle for the spread of religions.Buddhism,Nestorianism,Manichaeism and Islam converged into China across political boundries and cultural identity.The most prevalent Buddhism attracted the highly attention from the elite and the common people,temples and caves scattered all over the empire.China became the most famous Buddhism center,and exerted great influence on the politics,economy and culture of later periods.

Buddhist Scripture and Doctrine

Indian Buddhism was introduces into China along the Silk Road by monks and followers from various ethnics of central Asia.Many eminent monks contributed their enthusiasms and talents to the translation of scriptures,spread of the devotees.The localization of Buddhism in the process of dissemination finally shaped the orbit of its further development in China.

Buddhist Sutra in Regular Script p274

Northern Zhou Period(557-581A.D.)
L:790;H:28.1cm
Donation of Lu Zuxi
Gansu Provincial Museum

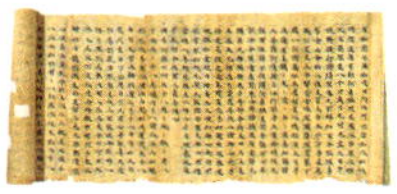

Buddhist Sutra in Regular Script p275

Northern Dynasty(535-557A.D.)
W:27.4;L:641.2cm
Collected
Gansu Provincial Museum

Painted Wall Painting with Bodhisattva p276

Northern Liang Period(401-445A.D.)
H:106.4;W:60cm
From cave temple at Tianti mountain,Wuwei city,Gansu province
Gansu Provincial Museum

Painting Depicting Bodhisattva in Meditation(copy) p277

4th Century A.D.
L:80;W:69cm
Eastern wall of middle room in No.38 cave, Kizil,Xinjiang
Xinjiang Uyghur Antonomous Region

Painting Depicting Maitreya Preaching His Doctrine on the Top of Niche(copy) p278

4th Century A.D.
L:262;W:150cm
Forehead of the door of middle room in No.38 cave, Kizil,Xinjiang,1979
Xinjiang Uyghur Antonomous Region

Stone Stupa of Budda Donated by Gaoshanmu p279

The First Year of Chengxuan Reign(428A.D.)
H:44.6;D:of base 15.2cm
Unearthed from Shifowanzi,Jiuquan city, Gansu province,1969
Gansu Provincial Museum

Stone Stele of Budda Donated by Wang Lingwei p280

2th Year of Jiande Reign(573A.D.), Northern Zhou Period
H:96;W:45;Thickness:12cm
Collected in Qin'an county
Gansu Provincial Museum

Stone Niche of Budda p281

Northern Wei Period(386-534A.D.)
H:29.2;W:17.5(upper),20.5(lower)cm
Unearthed from Shenlin town,Longde county, Ningxia,1996
Guyuan Museum,Ningxia

White Stone Stele of Budda p282

2nd Year of Jianming Reign,Northern Wei Period(531A.D.)
H:48;W:20.7;Thickness:3.7cm
Unearthed from Xinji town,Pengyang county, Ningxia,1981
Guyuan Museum,Ningxia

White Stone Statue of Budda p283

Northern Wei Period(386-534A.D.)
H:18;W:11;Thickness:4cm
Unearthed from Honghe town,Pengyang county, Ningxia,1985
Guyuan Museum,Ningxia

Stone Remant of Bodhisattva p284
Northern Zhou Period(557-581A.D.)
H:46;W:of pedestal:20cm
Unearthed from Liucunbu village,Xi'an city,
Shaanxi province,1973
Xi'an City Museum

Head Statue of Bodhisattva p285
Northern Zhou Period(557-581A.D.)
H:20.5cm
Unearthed from the site of Weiyang Printing and Dyeing Factory,northern suburbs of Xi'an city,Shaanxi province,1992
Xi'an City Museum

Clay Statue of Buddha p285
Northern Dynasty(386-581A.D.)
H:13cm
Unearthed from the site of Tokuz-sarai,Bachu county,Xinjiang,1959
Xinjiang Uyghur Autonomous Region

Buddhist Statues and Wares
The Tang empire adopted tolerant policy toward the foreign religions,which contributed to the prosperity of Buddhism,Cliff temples,caves and other sanctuaries scattered among the key places along the Silk Road.

Stone Statue of Bodhisattva p287
Sui Dynasty(581-618A.D.)
H:132cm
Unearthed from Qin'an county,Gansu province
Gansu Provincial Museum

Painted Pottery Pagoda-shaped Pot with An Elephant-shaped Pedestal p288
Tang Dynasty(618-907A.D.)
H:68;L:32.5;W:30.5cm
Unearthed from Xi'an city,Shaanxi province
Shaanxi History Museum

Painted Pottery Stupa with Sanskrit p289
Tang Dynasty(618-907A.D.)
H:66;D:of base:35.7cm
Unearthed from Wuwei city,Gansu province
Gansu Provincial Museum

Incantation on Silk and Bronze Armlet p290
Tang Dynasty(618-907A.D.)
L:30;W:31cm
Collected in Sanqiao,Xi'an city,1999
Shaanxi History Museum

Head Statue of Budda p291
Tang Dynasty(618-907A.D.)
H:40cm
Unearthed from the site of Liquan temple,Xi'an city,Shaanxi province,1987
Xi'an City Museum

White Stone Statue of Budda p292
Sui Dynasty(581-618A.D.)
H:42;D:of base 26cm
Unearthed from the site of Zhengjue temple,Xi'an city,Shaanxi province,1985
Xi'an City Museum

Gilded Bronze Statue of Bodhisattva p292
Tang Dynasty(618-907A.D.)
H:14;W:5cm
Unearthed from Pingliang city,Gansu province
Gansu Provincial Museum

Gilded Bronze Statue of Budhisattva p293
Tang Dynasty(618-907A.D.)
H:19cm
Unearthed from Baijiakou,northwestern suburbs of Xi'an city,Shaanxi province
Shaaxi History Museum

Gilded Copper Statue of Bodhisattva p293
Tang Dynasty(618-907A.D.)
H:20.7cm
Unearthed from Pingliang city,Gansu province
Gansu Provincial Museum

Gilded Copper Statue of Budda p294
Tang Dynasty(618-907A.D.)
H:15.3cm
Unearthed from Wangjiawan,Jiangtai,Xiji county,Ningxia,1985
Ningxia Museum

Gilded Copper Statue of Buddhism Statue p296

Tang Dynasty(618-907A.D.)
H:11.6,6.5,6.2,6.7.5cm
Unearthed from Hequan village,Nanjiao town,Guyuan city,Ningxia,1985
Ningxia Guyuan Museum

Gilded Silver Statue of Bodhisattva p298

Tang Dynasty(618-907A.D.)
H:15;H:of pedeatal:4.5cm
Unearthed from Basement,Famen temple,Fufeng county,Shaanxi,1987
Famen Temple Museum

Handwriting of Sanskrit in Regular Script p299

Tang Dynasty(618-907A.D.)
H:671;W:25.8cm
Collected
Gansu Provincial Museum

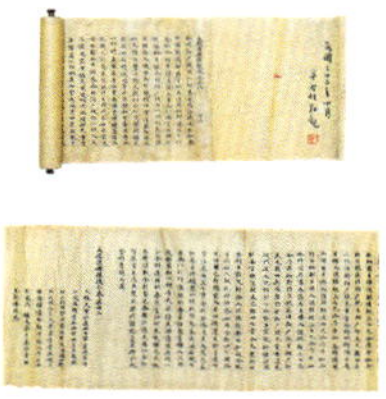

Handwriting of Big Nirvana Sanskrit in Regular Script(Part) p300

The First Year of Jiushi Reign(700A.D.),
Tang Dynasty
Vertical W:28.8;Horizantal L:852.5cm
Donation of Lu Zuxi
Gansu Provincial Museum

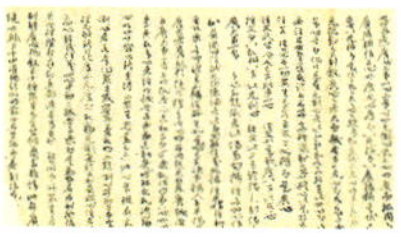

Buddhist Sutra Annotations Pieces of Cursive p301

Tang Dynasty(618-907A.D.)
H:27.5;Whole L:43.2cm
Originally Collected by Zhang Zongxiang
Zhejiang Provincial Museum

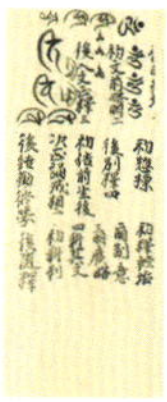

Preaching Buddhism Order of Regular Script p302

Tang Dynasty(618-907A.D.)
H:28.1;L:8.3cm
Originally Collected by Zhang Zongxiang
Zhejiang Provincial Museum

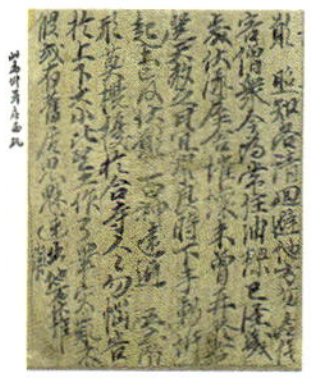

The Memorandum of Repairment of House of one Temple p303

Tang Dynasty(618-907A.D.)
H:30.3;L:22.3cm
Originally Collected by Zhang Zongxiang
Zhejiang Provincial Museum

Coffin-shaped Buddhist Reliquaries from Dayun Temple p304

The First Year of Yanzai Reign(694A.D.),Tang Dynasty
Stone reliquary:H:42.5;L:50.5;W:49.5cm
Gilded copper casket:H:13.2;L:12.3;W:12.3cm
Silver coffin:H:9.3;L:10.7;W:8.4cm
Gold coffin:H:6;L:7.5;W:6cm Glass bottle:H:2.6cm
Unearthed from the site of Dayun temple,Jingchuan county,Gansu province,1964
Gansu Provincial Museum

Gilt Silver Five-lobed Plate with Floral Medallion p306

Tang Dynasty(618-907A.D.)
H:1.9cm;D:of opening 11.1cm;H:of feet 0.7cm;D:of feet 7.5cm
Unearthed from Basement,Famen temple,Fufeng county,Shaanxi,1987
Famen Temple Museum

Gilt Silver Five-lobed Plate with Floral Medallion p307

Tang Dynasty(618-907A.D.)
H:1.9cm;D:of opening 11.1cm;H:of feet 0.7cm;D:of feet 7.5cm
Unearthed from Basement,Famen temple,Fufeng county,Shaanxi,1987
Famen Temple Museum

Gilded Copper and Tin Stick with Six Rings p308

Tang Dynasty(618-907A.D.)
H:of stick 175;H:of top 43;
W:of ring 27;D:of tube 2cm
Unearthed from Basement,Famen temple,Fufeng county,Shaanxi,1987
Famen Temple Museum

Concluding Words

Thousands years had passed since the opening of the Silk Road,on which the miraculous convergence of the Prairie Civilization,Steppe Civilization, Oasis civilization and Agricultural Civilization occurred.The diversified regional cultures evolved into a harmonious medley after a dynamic process of coalition and integration.This ancient transnational road exerted great influence on the past,the present and the future.

后记

Postscript

为配合国家“一带一路”战略，集西北五省（区）二十余家文博单位精品文物的“丝绸之路——大西北遗珍”展览，于2010年8月在陕西历史博物馆成功首展后，六年来，该展览已先后在十三家博物馆顺利展出。2015年8月，为配合中阿博览会暨丝路入遗一周年，作为主要策展单位之一的宁夏回族自治区博物馆精心承办了此展览。展览一经亮相，百余件极具中西交流印记的丝路文物，即在社会各界引起了极大的反响和好评。

为补充完善展览内容、提升学术研究水平、深入丝路文化宣传，展览成功举办后，展览组即开始图录资料的整理编纂工作。经过近一年的悉心准备，如今图书即将付梓。此书能够顺利出版，得益于各方的帮助。陕西历史博物馆、甘肃省博物馆、青海省博物馆、新疆维吾尔自治区博物馆、宁夏固原博物馆等展览原创单位，为本书提供了大量图文资料；国家博物馆、浙江省博物馆、河南博物院等承展单位的领导和专业人员给予了积极配合。该书的初创与完成是跨域团队的智慧结晶和努力成果。在此，对所有为“丝绸之路——大西北遗珍”展览与图录付出辛劳的同志和同仁们，再次表示诚挚的谢意。

最后特别感谢中国博物馆协会丝绸之路沿线博物馆专业委员会在历次巡展中的精心组织和有效实施，促成跨区域合作展览的多次成功尝试。感谢文物出版社和雅昌文化（集团）有限公司为本书出版倾注的心血和努力。

The exhibition of Silk Road:The Surviving Treasures from the Northwest China was successfully held in Shaanxi History Museum in August 2010 for the first time as a supporting event of China's Belt and Road Initiative The exhibition presented a collection of fine cultural relics from more than tweenty museums and cultural units in five provinces (regions) in northwest China. In the past six years,the exhibition has been successively held in thirteen museums.August 2015 saw the First Anniversary of China-Arab States Expo and the successful application of Silk Road as a World Heritage Site. As one of the main curators,Ningxia Hui Autonomous Region Museum elaborately hosted the exhibition,which presented more than 100 pieces of Silk Road cultural relics symbolizing exchanges between the east and the west.The exhibition aroused great repercussions and praise in all sectors of society on its opening.

To supplement and improve the exhibition content, enhance the level of academic research,and promote in-depth publicity of Silk Road culture,the exhibition group started the compilation of catalogs and other materials after the success of the exhibition. After nearly a year of intensive preparation, the book is about to be sent to the printer.We owe the smooth publication to the help of all parties.We received a large amount of textual and graphic resources from original exhibition units including Shaanxi History Museum,Gansu Provincial Museum,Qing Hai Province Museum,Xinjiang Uygur Autonomous Region Museum and the Guyuan Museum of Ningxia.We also received active support from the leaders and professionals from undertaking units like National Museum of China,Zhejiang Provincial Museum and Henan Museum.The beginning and completion of the book is the achievement of the wisdom and efforts of our cross-region team.We hereby once again express sincere gratitude to all the friends and colleagues who have devoted great efforts to the exhibition of Silk Road: The Surviving Treasures from the Northwest China and its catalogs.

Finally,we would like to thank Chinese Museums Association Professional Committee of Museums Along the Silk Road for its great organization and effective implementation in previous exhibition tours,which contributed to the successful attempts of a number of cross-region cooperative exhibitions.Our gratitude also goes to Cultural Relics Press and Artron Art (Group) Co.,Ltd. for their efforts devoted to the publication of this book.